"十二五"职业教育国家规划教材
经全国职业教育教材审定委员会审定

Qiche Jiandan Guzhang Zhenduan yu Paichu

汽车简单故障诊断与排除

（第二版）

秦兴顺 主 编
顾 华 副主编
周林福 主 审

人民交通出版社股份有限公司
China Communications Press Co.,Ltd.

内 容 提 要

本书为"十二五"职业教育国家规划教材，共4个项目，15个学习任务。学习任务以汽车维修企业典型任务为载体，以故障现象和实际派工单引入，突出对学生分析问题和解决问题能力的培养。

本书可供高职院校汽车运用技术专业学生使用，也可供相关岗位培训参考。

图书在版编目(CIP)数据

汽车简单故障诊断与排除 / 秦兴顺主编. —2版
. —北京：人民交通出版社股份有限公司，2015.7
"十二五"职业教育国家规划教材
ISBN 978-7-114-11751-0

Ⅰ.①汽… Ⅱ.秦… Ⅲ.①汽车–故障诊断–高等职业教育–教材②汽车–故障修复–高等职业教育–教材
Ⅳ.①U472.4

中国版本图书馆 CIP 数据核字(2014)第 227485 号

"十二五"职业教育国家规划教材

书　　名：	汽车简单故障诊断与排除（第二版）
著 作 者：	秦兴顺
责任编辑：	丁润铎　周　凯　刘顺华
出版发行：	人民交通出版社股份有限公司
地　　址：	(100011) 北京市朝阳区安定门外外馆斜街3号
网　　址：	http://www.ccpress.com.cn
销售电话：	(010) 59757973
总 经 销：	人民交通出版社股份有限公司发行部
经　　销：	各地新华书店
印　　刷：	北京鑫正大印刷有限公司
开　　本：	787×1092　1/16
印　　张：	18.25
字　　数：	440千
版　　次：	2010年3月　第1版
印　　次：	2018年12月　第2版　第3次印刷　总第6次印刷
书　　号：	ISBN 978-7-114-11751-0
定　　价：	48.00元

（有印刷、装订质量问题的图书由本公司负责调换）

第二版前言

本教材第一版于2010年3月出版,出版后使用效果较好。2014年,本教材第二版入选教育部"十二五"职业教育国家规划教材。

四川交通职业技术学院汽车运用专业在总结五十余年专业建设和教学改革经验的基础上,充分利用与丰田、宝马、通用、东风雪铁龙、一汽-大众、上海大众、东风本田和一汽奥迪厂商的校企合作项目资源,以培养汽车后市场高素质的技术技能型人才为目标,开发出了汽车运用技术专业系列特色教材。本次教材的编写,结合当前高等职业教育的发展和汽车运用技术专业的实际情况,对第一版做了全面修订,形成了本教材的第二版。本版教材的特色如下:

1. 基于整体化的职业资格研究,注重学生综合职业能力培养

本教材内容不是以本科知识为纲进行简化,也不是从岗位出发,而是基于整体化的职业资格研究方法——实践专家访谈会总结出的典型工作任务进行设置。因此,本教材体现了"学习的内容是工作,通过工作实现学习"的工学结合课程特色,实现了学习与工作的一体化,能让学生亲身经历结构完整的工作过程,通过在真实工作情境中的实践学习,帮助学生形成自己对工作的认识和经验,从而培养学生的综合能力,而不仅仅是技能。

2. 任务驱动,学生主体,教师主导,倡导行动导向的引导式教学方法

将每个典型工作任务从教学的角度划分为若干个具体理论与实践一体化的学习任务,按照工作过程组织学习过程。每个学习任务均将知识学习与技能操作有机地渗透在一起,每一个任务,既是学习任务,又是工作任务,包含工作要求、工作对象、工具、方法与劳动组织方式等方面的要素。本教材注重对学习目标和引导问题的设计,体现以学生为主体的思想,强化学生的地位,给学生留下充分思考、实践与合作交流的时间和空间,让学生亲身经历观察→操作→交流→反思的活动过程。

3. 以学习目标为主线,采用全新的结构编排模式

本教材打破了传统教材的章节体例,以工作情境描述(学习任务)入手,明确学习目标、勾勒学习脉络。在学习过程中,以学习目标为主线,按照"计划→资讯→决策→实施→评估→反馈"这样一个完整的行动模式设计引导问题,以引导问题将知识、技能以及素质要求等方面的内容有机地结合起来。

全书共有4个项目,15个学习任务。学习任务以汽车维修企业具有代表性的工作任务为载体,以故障现象和实际派工单引入,突出对学生分析问题和解决问题能力的培养,例如

在方案制订与优选阶段,项目一的4个学习任务由教师给定方案,学生学会阅读分析方案;项目二的任务由学生在教师给定的3个方案中选择一个最优方案,学生学会方案的优化方法;项目三、项目四的学习任务由学生根据工作情境制订实施方案。在教材的内容形式表现上,给定的相关信息从前往后逐渐减少,体现学生的学习能力逐渐增强。

参加本书编写工作的有:项目一由四川交通职业技术学院秦兴顺、李臻编写,项目二由四川交通职业技术学院谢振、卜军伟、秦兴顺编写,项目三由四川交通职业技术学院秦兴顺、卜军伟、谢振、吴建康编写,项目四由四川交通职业技术学院吴建康、秦兴顺、谢振编写。全书由秦兴顺担任主编,成都集大成汽车销售服务有限公司服务总监顾华担任副主编,四川交通职业技术学院周林福担任主审。

限于编者经历和水平,教材内容难以覆盖全国各地的实际情况,希望各教学单位在积极选用和推广本系列教材的同时,注重总结经验,及时提出修改意见和建议,以便再版修订时改正。

编　者

2015年2月

目录

项目一　汽车发动机系统简单故障诊断与排除 ·· 1
 学习任务 1　发动机冷却液温度警告灯点亮故障诊断与排除 ································ 1
 学习任务 2　发动机机油警告灯点亮故障诊断与排除 ·· 21
 学习任务 3　发动机故障警告灯点亮故障诊断与排除 ·· 34
 学习任务 4　发动机不能起动故障的诊断与排除 ·· 46

项目二　汽车传动系统简单故障诊断与排除 ·· 101
 学习任务 1　离合器分离不彻底故障诊断与排除 ·· 101
 学习任务 2　汽车手动变速器换挡困难故障诊断和排除 ···································· 117
 学习任务 3　自动变速器汽车换挡不行驶故障诊断与排除 ································ 128

项目三　汽车转向制动行驶系统简单故障诊断与排除 ·· 154
 学习任务 1　汽车转向沉重故障诊断与排除 ·· 154
 学习任务 2　汽车制动效能不足故障诊断与排除 ·· 166
 学习任务 3　减振器故障诊断与排除 ··· 179
 学习任务 4　汽车轮胎异常磨损故障的诊断与排除 ·· 189

项目四　汽车电气系统简单故障诊断与排除 ·· 220
 学习任务 1　汽车充电指示灯常亮故障诊断与排除 ·· 220
 学习任务 2　汽车前照灯不亮故障的诊断与排除 ·· 230
 学习任务 3　电动车窗不能工作故障的诊断与排除 ·· 239
 学习任务 4　汽车防盗系统失效故障的诊断与排除 ·· 248

参考文献 ·· 285

项目一　汽车发动机系统简单故障诊断与排除

学习任务1　发动机冷却液温度警告灯点亮故障诊断与排除

工作情境描述

张先生驾驶自己的一汽-大众捷达汽车去城区上班，车辆在行驶过程中，仪表板上冷却液温度警告灯突然点亮，很快发动机舱盖下冒出大量蒸汽。张先生致电4S店救援，现车辆已到4S店，服务顾问办理完接车手续后将维修工单交于你，请你解决本车故障。

接/交车单　一汽-大众 FAW-VOLKSWAGEN

基本信息及需求确认					
车牌号	××××	车型	捷达	接车时间	2014/01/18　09:43
客户姓名	张××	客户联系电话	189××××××××	方便联系时间	10:30-11:00
客户陈述及要求：仪表板上冷却液温度警告灯点亮，机舱盖下冒出大量蒸汽				是否预约	是
				是否需要预检	是
				是否需要路试	否
				贵重物品提醒	是
				是否洗车	是
				是否保留旧件	是
				如保留旧件，放置位置	行李舱
服务顾问建议：					
预估维修项目（包括客户描述及经销商检测结果）			预估维修费用及时间（备件、工时等）¥200.00		
			预估交车时间	2014/01/18　11:43	
注意：因车辆维修需要，有可能涉及路试，如有在路试中发生交通事故，按保险公司对交通事故处理方法进行处理					

	检查项目	接车确认	备注(如异常,请注明原因)	接车里程数: 29500km
接车检查	车辆主副及应急钥匙	正常☑ 异常☐		
	内饰	正常☑ 异常☐		油表位置: 1/2 1
	电子指示系统	正常☑ 异常☐		
	刮水器功能	正常☑ 异常☐		外观确认(含轮胎、轮毂(盖)、玻璃等,画圆圈标注在车辆相应位置)
	天窗	正常☑ 异常☐		
	音响	正常☑ 异常☐		
	空调	正常☑ 异常☐		
	点烟器	正常☑ 异常☐		
	座椅及安全带	正常☑ 异常☐		
	后视镜	正常☑ 异常☐		
	玻璃升降	正常☑ 异常☐		
	天线	正常☑ 异常☐		
	备胎	正常☑ 异常☐		
	随车工具	正常☑ 异常☐		
服务顾问签名:李××				客户签名:张××

	检查项目	交车检查(是否与接车状态相同)	备注(如异常,请注明原因)	检查项目	交车检查	备注(如检查内容不合格,请注明原因)
交车检查	车辆主副及应急钥匙	正常☐ 异常☐		客户陈述及要求已完全处理	正常☐ 异常☐	
	内饰	正常☐ 异常☐		维修项目已全部完成	正常☐ 异常☐	
	电子指示系统	正常☐ 异常☐		客户车辆主要设置恢复原状	正常☐ 异常☐	
	刮水器功能	正常☐ 异常☐		实际费用与预估基本一致	正常☐ 异常☐	
	天窗	正常☐ 异常☐		实际时间与预估基本一致	正常☐ 异常☐	
	音响	正常☐ 异常☐		洗车质量符合标准要求	正常☐ 异常☐	
	空调	正常☐ 异常☐		旧件已按客户要求处理	正常☐ 异常☐	
	点烟器	正常☐ 异常☐		告知客户回访时间和方式	正常☐ 异常☐	
	座椅及安全带	正常☐ 异常☐		提醒下次维护里程/时间	正常☐ 异常☐	
	后视镜	正常☐ 异常☐		推荐预约并告知预约电话	正常☐ 异常☐	
	玻璃升降	正常☐ 异常☐		提醒24h服务热线	正常☐ 异常☐	
	天线	正常☐ 异常☐		告知客户回访时间和方式	正常☐ 异常☐	
	备胎	正常☐ 异常☐		实际交车时间	正常☐ 异常☐	
	随车工具	正常☐ 异常☐		服务顾问签名:		

整体评价	客户整体评价(请帮忙在下述相应表格中打"√")				
	特别满意☐	满意☐	一般☐	不满意☐	非常不满意☐

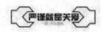 

任务委托书

客　户：张××　　　　　　　　　　　　委托书号：2-2014100××××
地　址：××市××区×路×栋×单元×楼×号
联系人：张××　　　　　　　　　　　　进厂日期：2014/1/18　09:43
电　话：×××××××　移动电话：189×××××××　约定交车：2014/1/18　11:43

牌照号	颜色	底盘号	发动机号	公里	购车日期	旧件带走	是否洗车
×××××	银白色	LFV2A21K5D3020×××	CLTS30×××	29500	2013/03/18	是	是
车型	捷达2013款自动豪华型			付款方式	提车付款	油箱	满# 空
生产日期	2013/02/04	客户描述		仪表板上冷却液温度警告灯点亮，发动机舱盖下冒出大量蒸汽			

维修项目

项目代码	项目名称	工时费(元)	工时	性质	主修人	项目属性
30000×××	检查温度传感器线路	80.00		正常	王××	一般项目
		小计(元)		80.00		

预估备件

备件名称	性质	备件数量	出库单价(元)	合计金额(元)	备注
冷却液	正常	1.00	120.00	120.00	
	小计	1.00		120.00(元)	

预估费用合计：200.00(元)　　　　*注：客户凭此委托书提车，请妥善保管

互检(班组长)：机修—钣金—油漆　　　　终检(质检员)：机修—钣金—油漆

学习目标

通过本学习任务的学习,你应当能:

1. 叙述汽车技术状况变化的原因、影响因素,描述汽车技术状况变化的规律,解释汽车故障,叙述其分类,描述汽车故障的诊断方法及基本流程,叙述汽车主要零部件的耗损形式和修复方法;
2. 描述捷达发动机冷却系的结构特点、装用防冻液牌号以及特性;
3. 解释发动机保持正常工作温度的重要性;
4. 能分析发动机冷却液温度过高故障产生的原因,正确阅读诊断检查方案;
5. 正确使用冷却系统泄漏检查仪、冷却液冰点测试仪等设备进行故障部位检查;
6. 根据维修手册,在 120min 内安全规范地完成捷达汽车冷却液泵更换工作;
7. 向客户解释故障判断及处理结果;
8. 把本次诊断与排除的故障编写成案例或技术公报。

学习脉络

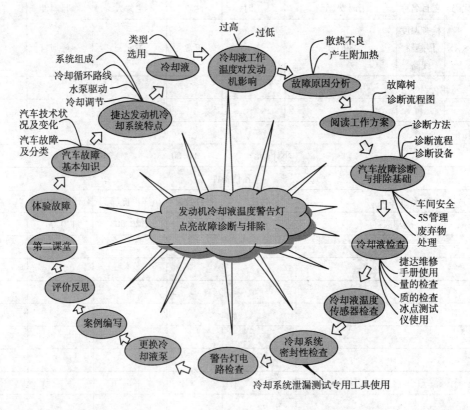

建议学习时间

10h。

引导问题

一、任务准备

引导问题 1 您体验到的车辆故障现象是怎样的？

(1) 作业准备。
① 车辆开进工位 □ 任务完成
② 确认是否安装有座椅、转向盘、驻车制动器操纵杆、换挡杆护套以及脚踏垫 □ 任务完成
③ 检查换挡杆位置，拉起驻车制动器操纵杆 □ 任务完成
④ 安装翼子板布 □ 任务完成
⑤ 检查相关指示灯及油表 □ 任务完成

(2) 故障现象记录：_____

引导问题 2 什么是汽车技术状况？影响因素有哪些？汽车技术状况变化有什么规律？

(1) 汽车技术状况：定量测得的表征汽车某一时刻的外观和性能参数值的总和。

(2) 汽车技术状况变化的原因：自然磨损、_____、_____、_____、_____和偶然事故导致的零件损伤。

(3) 汽车技术状况变化的影响因素包括固有缺陷和使用条件。其中，使用条件的影响包括道路条件、运行条件、运输条件、_____、_____和驾驶技术的影响。

(4) 如图 1-1 所示，汽车技术状况变化规律可分为三个阶段，每个阶段的特点如下：

① 早期损坏阶段。损坏率是时间的减函数。技术状况的变化取决于零件设计质量、制造工艺水平和材料力学性质。

② 随机损坏阶段。_____

③ _____阶段。零件经过长期使用以后，损坏率是时间的增函数。在这个阶段，对汽车及时进行检查、维护和调整是延长汽车使用寿命的有效措施。

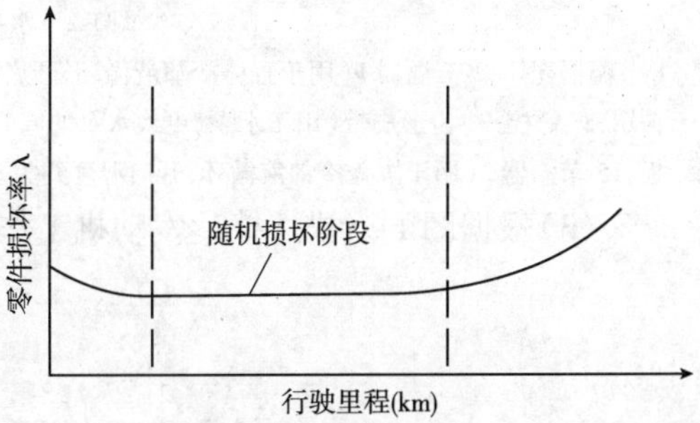

图 1-1 汽车技术状况变化规律

(5) 汽车零部件的常见耗损形式有：_____、_____、_____和_____。

引导问题 3 什么是汽车故障？汽车故障怎样分类？

(1) 汽车故障是指汽车部分或完全_____的现象，其实质是汽车零件本身或零件之间的配合状态发生了异常变化。

(2) 请根据提示完成汽车故障的分类。

根据故障发生的原因：_____

按失去工作能力的程度：_____

按影响汽车性能的情况：_____
按发生的后果：_____
按故障存在时间：_____

引导问题 4　EA211 发动机冷却系统结构有何特点？

2013 款捷达汽车装用 EA211 发动机，其冷却系统为高压密封强制循环式。水泵安装于凸轮轴后端，通过齿形皮带驱动，该皮带为长寿命型。为了使发动机汽缸体温度迅速升高，同时汽缸体的温度比汽缸盖温度稍微高一些，采用双节温器控制冷却循环路线，一个用于控制缸体的冷却循环路线，开启温度约为 87℃；另一个用于控制缸盖的冷却液循环路线，开启温度约为 80℃。采用双节温器可以使汽缸体的温度升高得更快，因为冷却液在温度达到 87℃之前，会一直在汽缸体内循环，由于汽缸体温度较高，使机油的黏度降低，降低了曲轴连杆机构的摩擦，同时可以使活塞与汽缸尽快达到理想配合间隙；而汽缸盖的温度稍低一些，燃烧室的温度也就低一些，可提高充气效率、减小爆震倾向。水泵、两个节温器集中装在一个支架（节温器壳体）上，其结构和安装位置如图 1-2 所示。

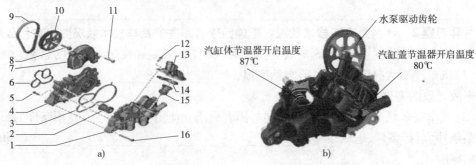

图 1-2　水泵、节温器安装结构图

1-节温器壳体；2-节温器1（用于缸体冷却液循环，开启温度约为87℃）；3、6、14-密封件；4-水泵；5、12-螺钉；7-齿形皮带护罩；8-螺栓；9-齿形皮带（用于水泵，更换水泵的同时更换齿形皮带）；10-齿形皮带轮（用于水泵）；11、16-螺栓；13-盖板；15-节温器2（用于缸盖冷却液循环，开启温度约为80℃）

（3）根据图 1-3，描述捷达发动机工作时双循环冷却液循环路线。

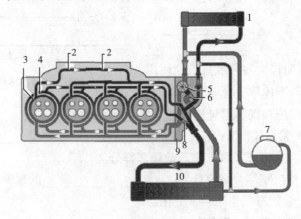

图 1-3　冷却系统冷却循环线路图

1-暖风装置热交换器；2-排气歧管冷却；3-汽缸盖冷却；4-汽缸体冷却；5-水泵；6-汽缸盖节温器2（80℃）；7-储液罐；8-汽缸体节温器1（87℃）；9-节温器壳体；10-散热器

引导问题 5　捷达发动机冷却液有什么特点?

捷达汽车使用的冷却液是蒸馏水与冷却液添加剂 G12(为含防腐剂的乙二醇防冻剂)的混合物。按 1∶1 混合而成的乙二醇型冷却液其冰点约为_____,其沸点(在一个标准大气压下)约为_____。冷却液中还加入防锈剂和泡沫抑制剂,防止锈蚀腐蚀和水泵叶轮搅动产生气泡。使用过程中防锈剂和泡沫抑制剂会逐渐消耗,因此要定期更换冷却液。捷达冷却系统总容积为_____;防冻剂比例不可超过_____。冷却液推荐混合比,见表1-1。

冷却液推荐混合比　　　　　表1-1

防冻温度(℃)	冷却液添加剂比例(%)	冷却液添加剂(L)	蒸馏水(L)
−25	40	3.2	4.8
−36	50	4.0	4.0

小提示

(1)冷却液加注量会因汽车具体车型的不同而略有偏差。

(2)与使用过的冷却液混合会大大影响冷却液的有效性。由于各国乃至各地区的水的成分可能各不相同,因此大众公司对用于冷却系统的水的质量作出了明确规定。蒸馏水可以满足所有要求。

加注冷却液时,冷却液添加剂的比例过高或过低对发动机冷却性能有什么样的影响?

(1)冷却液添加剂比例过高:_____

(2)冷却液添加剂比例过低:_____

一位客户说,他的车常年在不低于5℃的环境温度下使用,因此冷却系统没必要添加防冻液,直接加蒸馏水即可,你认为他的说法对吗?为什么?

_____

_____

引导问题 6　冷却液温度过高或过低对发动机工作性能有什么影响?

(1)发动机正常工作情况下,冷却液的温度为_____

(2)冷却液温度过高或过低对发动机工作性能有何影响?

_____

_____

引导问题 7　捷达汽车的冷却系统和空调加热系统有什么关系?

一般汽车空调不单独设置热源,而是把发动机的_____引入暖风散热器,空气流经_____时被加热。加热系统还可以对前风窗玻璃_____。

二、方案制订与优选

引导问题 8　哪些原因导致发动机冷却液温度过高?

发动机冷却液温度过高主要有两个方面的原因,一是冷却系统自身散热能力不足,二是

发动机产生了附加的热量(如点火过迟、混合气过浓、过稀、长时间大负荷工作等导致的热量过大)。其具体原因有:

(1)发动机冷却液量不足。
(2)冷却风扇电动机及控制线路故障。
(3)节温器失效。
(4)水泵皮带、水泵工作不良。
(5)散热器水垢过厚、堵塞或散热片过脏、变形、损坏。
(6)冷却液道堵塞或水垢过厚。

引导问题9 如何制订发动机冷却液温度警告灯点亮故障诊断方案?

(1)汽车故障诊断与汽车检测有何区别?

(2)汽车故障诊断的基本原则有哪些?

(3)画出汽车故障诊断的一般流程,并说明在验证及重现故障时有哪些注意事项?

(4)发动机冷却液温度警告灯点亮故障诊断流程,如图1-4所示,阅读并编制技术方案。

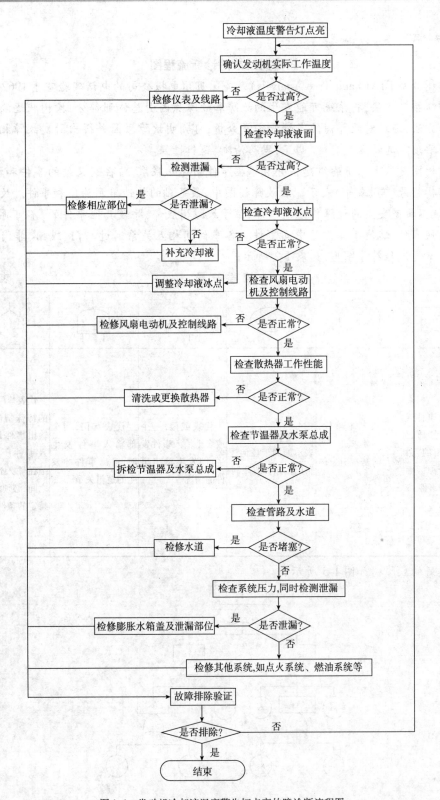

图 1-4 发动机冷却液温度警告灯点亮故障诊断流程图

小知识

故障树及故障诊断流程图

故障树分析 FTA(Fault Tree Analysis)是美国贝尔电报公司的电话实验室于 1962 年开发的一种演绎推理方法,将系统可能发生的故障和故障原因由总体到部分,按树状逐渐细化的图形演绎方法,通过对故障树的定性和定量分析,可判明故障原因并得出引发故障相关因素的相关重要度。其特点是直观、明了,思路清晰,逻辑性强。

故障树图是从上到下逐级建树并且根据事件而建立联系,路径交叉处的事件和状态,用标准的逻辑符号(与、或等)表示。在故障树图中,最基础的构造单元为门和事件。故障树建立时,将最不希望发生的故障作为顶事件;位于故障树底部,导致其他事件的,不可再分的原因事件为底事件,其他事件都是中间事件。各事件间相互关系通过与门、或门、非门等逻辑门表示。常见流程符号图形,如表 1-2 所示。

流程符号　　　　　　　　　　　　　　　表 1-2

代表顶上事件或中间事件,是通过逻辑门作用的、由一个或多个原因而导致的故障事件	代表基本事件,表示不要求进一步展开的基本引发故障事件	代表条件事件,表示施加于任何逻辑门的条件或限制	代表或门,一个或多个输入事件发生,即发生输出事件的情况	代表与门,当全部输入事件发生时,输出事件才发生的逻辑关系	代表禁门,是与门的特殊情况。它的输出事件是由单输入事件所引起的。但在输入造成输出之间,必须满足某种特定的条件

绘制好的故障树如图 1-5 所示。

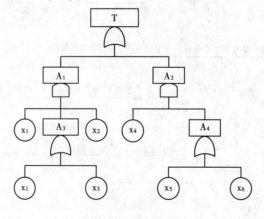

图 1-5　故障树

汽车故障诊断流程图是根据汽车故障特征和技术状态之间的逻辑关系，反映汽车故障诊断综合分析、逻辑推理和判断思路，描述汽车故障诊断操作顺序和具体方法，从故障现象到具体故障部位和原因的顺序框图。在用故障树诊断法绘制出汽车故障树的基础上，依据汽车故障诊断和维修的经验，排除部分具体车型汽车发生可能性很小的基本故障原因，根据从总体到局部、先易后难、由表及里、分层推进的原则，列出汽车故障诊断操作顺序，阐明具体操作方法，并用流程图的形式表达出来。通常，只用到菱形和矩形符号，菱形用于进行判断和选择，矩形用于描述操作或结果。

三、方案实施与控制

引导问题 10 汽车故障诊断的常用方法有哪些？各有何优缺点？
_____
_____

引导问题 11 针对车辆作业中可能存在的下列危险（表 1-3），有哪些规避措施？

危险隐患与规避措施　　　　　　　　　　　　　　　　　表 1-3

危险隐患	规避危险的措施
蓄电池酸液	硫酸具有腐蚀性，操作时需使用必要的个人防护用品（工作服、橡胶手套、护目镜）
电击	
排气	
着火	
移动重物	
举升车辆	
运转的发动机	
短路	
皮肤问题	

引导问题 12 汽车维修作业过程中产生的废弃物主要有哪些？如何进行处理？
_____
_____
_____

引导问题 13 汽车维修作业过程中，5S 管理有哪些具体内涵？
_____
_____
_____

引导问题 14 如何正确进行车辆举升操作？
（1）认一认表 1-4 所列举升机的类型，并在表中填写各类型举升机名称。

举升机类型　　　　　　　　　　　表1-4

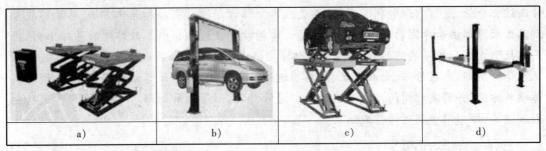

　　a)　　　　　　　b)　　　　　　　c)　　　　　　　d)

(2)柱式举升机安全操作规程。
①使用前应清除举升机附近妨碍作业的器具及杂物,并检查操作手柄是否正常。
②操作机构应灵敏有效,液压系统不允许有爬行现象。
③待举升车辆驶入后,应将举升机支撑块调整移动到该车型规定的举升点,并应保证四个支撑托架在同一水平面上。
④支车时,车辆不可支得过高,支起后四个支撑托架,确保锁止。
⑤举升机不得频繁起落。
⑥有人作业时,严禁升降举升机。
⑦发现操作机构不灵,电动机不同步,托架不平或液压部分漏油,应及时报修,不得带病操作。
⑧作业完毕后,应清除杂物,打扫举升机周围以保持场地整洁。
(3)操作剪式举升机还有哪些注意事项?

_____
_____
_____

引导问题15　如何判断冷却液的量和冰点是否正常?
(1)作业准备。
常用工具:_____
专用工具:_____
量具:_____
设备:_____
备件及辅料:_____
(2)检查发动机冷却液液位。

 小知识

捷达维修手册使用简介

(1)每本手册的封面列有车型年度、卷号、所包括的内容、车型系列和一个按字母顺序排列的索引。可以利用这些信息确认所需要的维修手册。
(2)在手册的开始部分设有横向参考索引,它列出所有的手册代号、内容和所涉及的车型。可以利用任何《车间维修手册》中的横向参考索引寻找所需要的某一卷册。目录中所包括的内容是按组号排列的。在每一组号旁都设有参考标记,这些标记与手册正文中的标记相对应,有助于寻找某一特定组的内容。手册中的正文是按组号和章节号的顺序来排列的。手册中每一组都有一个索引,列出该组中每一章的标题和该组每一章的页号。每页的页号是以组号—章节号—页号的形式排列。

发动机冷却液液位的检查标记,如图1-6所示。

检查条件:_____

检查结果:_____

(3)检测发动机防冻液冰点。

冷却液冰点检测需要使用专用工具冰点检测仪,代号为T10007,如图1-7所示。

①用滴定管将冷却液吸出滴到T10007的玻璃上。

②从亮暗分界线读出检查的精确值。防冻能力应达到 -25℃(在寒带地区要达到 -35℃)。

图1-6 发动机冷却液液位的检查标记

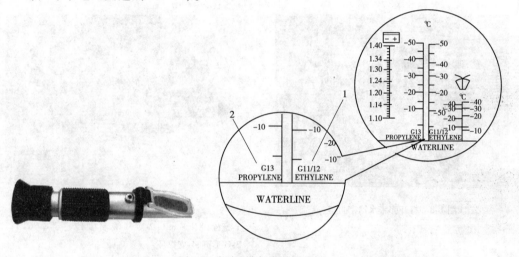

图1-7 发动机冷却液冰点的检查

检测结论:_____

(4)检查冷却液质量。

①检查膨胀水箱盖或散热器加水孔四周,不应有过多的铁锈或水垢沉积,冷却液中不能有机油。

②如果冷却液太脏,则应更换冷却液。

检查结果:_____

(5)检查冷却系统时的注意事项。

①必须关闭发动机。

②请用抹布盖住膨胀水箱的密封盖并小心打开。

③与发热或运动部件之间,应留有足够的间隙。

④以弹性卡箍紧固的软管,维修后必须以弹性卡箍紧固。

⑤任何情况下,添加剂的比例不能低于40%。

说明这样做的理由：_____

引导问题 16 如何进行冷却液温度传感器检测？

(1) 作业准备。

常用工具：_____

专用工具：_____

量具：_____

设备：_____

备件及辅料：_____

(2) 操作步骤及方法。

① 拆卸传感器。如图1-8所示，短时打开膨胀水箱的密封盖，以卸除冷却系统内的剩余压力，接着拧紧密封盖，直至密封盖卡止。如图1-9所示，拧出螺栓1，拔下冷却液温度传感器2。

图1-8 打开膨胀水箱密封盖

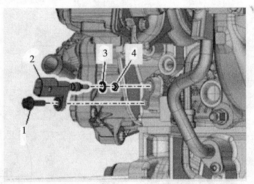

图1-9 拆卸冷却液温度传感器
1-螺栓(8N·m)；2-冷却液温度传感器(G62)；
3-O形圈；4-支撑环

小提示

为防止冷却液洒落至地面，对冷却液温度传感器进行检测时，用V.A.S 6208将冷却液进行收集。若仅需更换冷却液温度传感器，应将一块抹布放置在下面，以便收集溢出的冷却液。

② 用万用表检查冷却液温度传感器的电阻与温度之间的变化关系，其电阻与温度之间的变化关系，如图1-10所示。范围A的温度范围为0~50℃，图中30℃相当于电阻为1500~2000Ω，范围B的温度范围为50~100℃，显示80℃相当于电阻为275~375Ω。

③ 检测结果(表1-5)。

检 测 结 果　　　　　　　　　　　　　　　　表1-5

温度(℃)						
电阻(Ω)						

检测结论：_____

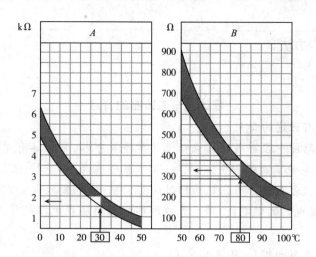

图1-10　冷却液温度传感器电阻与温度之间变化关系

引导问题17　如何检测冷却系统的密封性？

(1)作业准备。

常用工具：_____

专用工具：_____

量具：_____

设备：_____

备件及辅料：_____

(2)操作方法与步骤。

①打开膨胀水箱的密封盖。

②将专用工具V.A.G1274/8连接至膨胀水箱及手动泵V.A.G1274B上，如图1-11所示。

③在手动泵(V.A.G1274B)上加压,使压力达到$1×10^5$Pa(1bar),停止加压,如果压力不能保持在$1×10^5$Pa(1bar)说明冷却系统有渗漏故障。

④如果压力下降,应查找泄漏位置并排除故障。

检测结果：_____

(3)检测冷却系统的密封性需要注意哪些问题？

_____

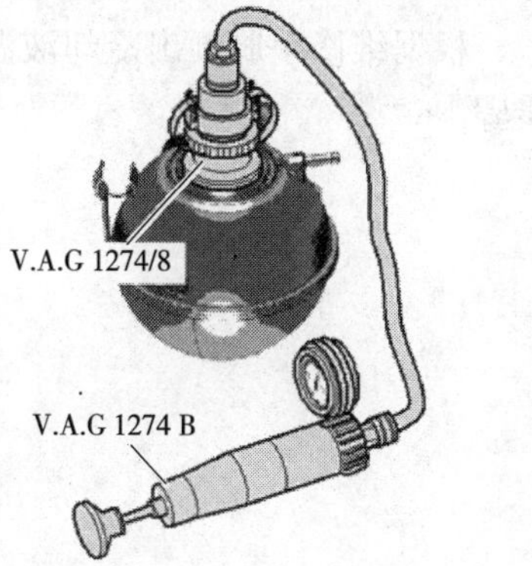

图1-11　连接V.A.G1274B和V.A.G1274/8

引导问题18　如何进行发动机冷却液温度警告灯电路的检查？

(1)作业准备。

常用工具：_____

专用工具：_____

量具：_____

设备：_____

备件及辅料：_____
(2)操作步骤及方法。

捷达汽车电路图的特点

1. 接点标记具有固定的含义

在大众汽车电路图中经常遇到接点标记的数字及字母，它们具有固定的含义。如数字30代表的是来自蓄电池正极的供电线；数字31代表搭铁线；数字15代表来自点火开关的点火供电线；数字50代表点火开关在起动挡时的起动供电线；X代表受控的大容量用电设备供电线(来自卸荷继电器的供电线)等。无论这些标记出现在电路的什么地方，相同的标记都代表相同的接点。

2. 所有电路都是纵向排列，不互相交叉

大众公司汽车电路图采用了断线代号法来处理线路复杂交错的问题。例如，假设某一条线路上半段在电路序号为61的位置上，下半段在电路接序号为84的位置上。这时，在电路上半段的终止处画一个标有84的小方格，在下半段电路的开始处也有一小方格，内标有61，通过61和84就可以将上、下半段电路连在一起了。

3. 整个电路以中央配电盒为中心

大众公司汽车电路图在表示线路走向的同时，还表示了线路的结构情况。中央配电盒的正向插有各种继电器和熔断器。在电路图上的继电器标有2/30、3/87、4/86、6/85等数字，其中分子2、3、4、6是指中央配电盒插孔代号，分母30、85、86、87是指继电器的插脚代号。2/30就表示出了继电器插脚与插孔的配合关系。

根据维修手册画出冷却液温度警告灯工作时的工作原理电路简图，并说明检测方法及步骤。

检测结果：冷却液警告灯线路是否出现故障？（是、否）_____。

引导问题19 如何进行冷却液更换作业？

(1)作业准备。

常用工具：_____

专用工具：_____

量具：_____

设备：_____

备件及辅料：_____

（2）操作方法与步骤。

①打开膨胀水箱的密封盖。

为什么先做这步？_____

②在发动机下方放置车间收集盘 V.A.S 6208。

③如图1-12箭头所示，松开弹簧卡箍，拔下冷却液管。

④如图1-13所示，拔下曲轴箱通风软管1，拔下制动真空管2，沿箭头方向向上拉出空气滤清器。

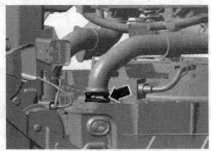

图1-12　松开水管弹簧卡箍　　　　图1-13　拆卸空气滤清器

⑤如图1-14箭头所示，松开与水泵总成相连冷却液管的弹簧卡箍，拔下冷却液软管。

⑥如图1-15箭头所示，脱开线束固定卡A和B；拧出螺栓1和2，取下水泵齿形皮带盖罩3。

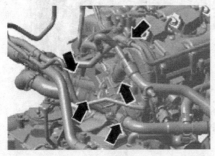 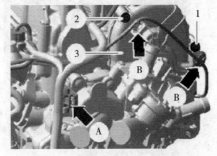

图1-14　松开弹簧卡箍　　　　图1-15　取下冷却液泵齿形皮带盖罩

1、2-螺栓；3-齿形皮带盖罩；A、B-线束固定卡

⑦如图1-16所示，按照顺序松开水泵固定螺栓并拧出。

⑧取下水泵和齿形皮带。

⑨到备件库领取水泵及相关辅料，按照与拆卸相反的顺序进行装复。

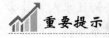

安装水泵时，汽缸1必须置于上止点处，这样才能确保正确张紧齿形皮带。

1缸上止点的寻找方法。

将千分表适配接头T10170N拧入火花塞螺纹孔，直至极限位置，如图1-17所示。

将带延长件(T10170N/1)的千分表(V. A. S 6079)插入千分表适配接头中,直至极限位置,并拧紧锁止螺母(箭头)。沿发动机运转方向转动曲轴,直至到达1缸上止点,并记下千分表指针的位置。

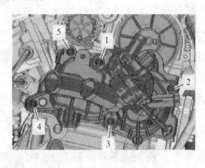

图1-16 取下水泵

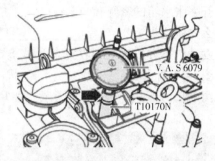

图1-17 安装千分表及延长杆

(1)提示:如果曲轴转动超过上止点0.01mm,则将曲轴逆时针转动约45°,接着再将曲轴沿发动机运转方向转到1缸上止点。汽缸1上止点允许的偏差±0.01mm。

(2)飞轮侧的两个凸轮轴上各有两个不对称的凹槽,如图1-18箭头所示,在1缸上止点时,对于排气凸轮轴,凸轮轴固定装置(T10477)可以通过水泵齿形皮带轮上的孔进入凸轮轴上的两个不对称凹槽(箭头处);对于进气凸轮轴,凸轮轴固定装置(T10477)可以轻易放入在凸轮轴十字虚线上方的凹槽(箭头处)。不允许用敲击工具敲入凸轮轴固定装置。

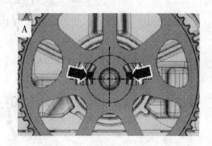

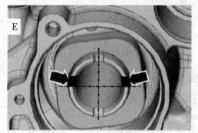

图1-18 凸轮轴后端的凹槽
a)进气凸轮轴;b)排气凸轮轴

技术信息通报

技术信息通报是汽车生产厂家为汽车售后服务站提供的有关具体车型发生故障的信息通报,内容包括车型、生产年份、故障症状、故障原因、修复方法、技术参数以及重要的汽车故障诊断维修实例汇编等,而且随着时间的推移,内容不断增加,这样的技术信息对具体车型的故障诊断和维修具有十分重要的指导意义,它可以给初次接触某种车型的技术人员非常具体的指导,把某种具体车型在世界各地遇到的典型故障集中记录下来,使技术人员避免走弯路,直接找到出现频率最多、故障概率最高的故障原因并首先确认,提高了故障诊断的准确率,节省了诊断与维修时间,大大提高了维修效率。

表1-6为神龙汽车公司维修服务网点技术人员编写的技术信息通报。

技术信息通报　　　　　　　　　　　表1-6

故障案例		案例单编号：×××××	
		入库	
主题		油箱有大量积水	
关键词		油箱进水、油箱盖	
撰写人	网点名称		联系电话
×××	×××××		×××××
车辆参数			
车型系列	世嘉	VIN号(车型识别)	××××××
故障里程(km)	15000	故障日期	2011.06.14
是否装车件	否	故障系统	燃油系统
故障现象			
车辆在15000km内更换了3个汽油泵,4次救援,每次汽油泵均可工作但是完全没有压力,第3次换油泵时发现油箱有积水,清洗了油箱、油路,过段时间后车辆又无法起动,检查后,还是发现油箱里面有大量积水			
诊断分析过程			
分析:在第3次换油泵时,就特意叮嘱客户要在大型加油站加油,客户也均是在大型加油站加油,因此油品问题应该不大,故怀疑水由外部进入。客户也清楚记得有两次出现无法起动,一次为洗车后,一次为下大雨后。仔细检查没有发现油箱有漏水的地方			
维修方法及效果			
进水唯一的地方应就是加油口,但检查没有发现封闭不严的现象,又询问客户盖加油口盖的方法,才发现客户每次盖加油口盖的时候没有扭一下,只是直接放上去就把上面的盖子盖上了。于是告知客户正确的使用方法,并跟踪车辆情况,结果一直正常。根据此事,建议在新车交车时告诉客户一些最基本的操作,以避免事后的麻烦			
案例点评	故障发生的模式和原因千差万别,全面、准确了解故障发生的模式和信息是我们准确进行故障诊断的前提。此案例的最终解决成功在于与客户的良好沟通,了解故障发生的相关信息和客户的使用习惯,找到故障原因;而不是简单重复头疼医头的操作和维修。案例前期处理过程的反复,也正是因为缺乏良好的沟通所导致		

四、评价与反馈

1. 小组成果展示
简述本小组收获与体会。

(1) _____

_____

(2) _____

你对其他小组的建议。

(1) _____

_____

(2) _____

_____

2. 评分(表1-7)

评 分 表   表1-7

考核项目	评分标准	分数	学生自评	小组互评	教师评价	小计
团队合作	是否和谐	5				
活动参与	是否积极主动	5				
安全生产	有无损害	10				
现场5S	是否做到	10				
任务方案	是否正确、合理	15				
操作过程	发动机冷却液温度警告灯点亮故障检修过程是否正确	30				
任务完成情况	是否顺利完成	5				
工具、设备使用	工具、设备使用是否正确、合理	10				
劳动纪律	是否良好	5				
工作页填写	预习是否充分	5				
总分		100				
教师签字：				年　月　日	得分	

注：违反操作规程，出现人身伤害或导致设备严重故障的，本任务考核0分。

五、第二课堂

(1) 归纳总结丰田锐志、东风雪铁龙 C5、宝马 740Li 汽车冷却系统的特点。

_____

_____

_____

(2) 发动机过冷故障的原因有哪些?

_____

_____

_____

学习任务2　发动机机油警告灯点亮故障诊断与排除

工作情境描述

李先生驾驶一汽－大众捷达汽车行驶在高速路上,突然发现仪表板上的发动机机油警告灯闪亮,于是迅速靠边停车,将发动机熄火后重新起动,但机油警告灯继续点亮。李先生致电4S店救援,用拖车将车拖到4S店,服务顾问办理完接车手续后将维修工单交于你,请你解决本车故障。

<table>
<tr><td colspan="7" align="center">接/交车单　　一汽－大众 FAW-VOLKSWAGEN</td></tr>
<tr><td rowspan="17">基本信息及需求确认</td><td>车牌号</td><td>×A×××××</td><td>车型</td><td>捷达</td><td>接车时间</td><td>2013.12.18　08:43</td></tr>
<tr><td>客户姓名</td><td>李××</td><td>客户联系电话</td><td>189××××××××</td><td>方便联系时间</td><td>09:30—10:00</td></tr>
<tr><td colspan="4" rowspan="2">客户陈述及要求：
仪表板上的发动机机油压力报警灯闪亮</td><td>是否预约</td><td>是</td></tr>
<tr><td>是否需要预检</td><td>是</td></tr>
<tr><td colspan="4" rowspan="4"></td><td>是否需要路试</td><td>否</td></tr>
<tr><td>贵重物品提醒</td><td>是</td></tr>
<tr><td>是否洗车</td><td>是</td></tr>
<tr><td>是否保留旧件</td><td>是</td></tr>
<tr><td colspan="4"></td><td>如保留旧件，放置位置</td><td>行李舱</td></tr>
<tr><td colspan="6">服务顾问建议：</td></tr>
<tr><td colspan="4" rowspan="2">预估维修项目(包括客户描述及经销商检测结果)</td><td colspan="2">预估维修费用及时间(备件、工时等)￥410.63元</td></tr>
<tr><td colspan="2">预估交车时间：2013.12.18　11:45</td></tr>
<tr><td colspan="6">注意：因车辆维修需要，有可能涉及路试，如有在路试中发生交通事故，按保险公司对交通事故处理方法处理</td></tr>
<tr><td rowspan="3">接车检查</td><td>检查项目</td><td>接车确认</td><td>备注(如异常，请注明原因)</td><td colspan="2">接车里程数：24780km</td></tr>
<tr><td>车辆主副及应急钥匙</td><td>正常☑ 异常□</td><td></td><td colspan="2">油表位置：　1/2　1</td></tr>
<tr><td>内饰</td><td>正常☑ 异常□</td><td></td><td colspan="2"></td></tr>
</table>

	检查项目		备注			
接车检查	电子指示系统	正常☑ 异常☐		外观确认(含轮胎、轮毂(盖)、玻璃等,画圆圈标注在车辆相应位置)		
	刮水器功能	正常☑ 异常☐				
	天窗	正常☑ 异常☐				
	音响	正常☑ 异常☐				
	空调	正常☑ 异常☐				
	点烟器	正常☑ 异常☐				
	座椅及安全带	正常☑ 异常☐				
	后视镜	正常☑ 异常☐				
	玻璃升降	正常☑ 异常☐				
	天线	正常☑ 异常☐				
	备胎	正常☑ 异常☐				
	随车工具	正常☑ 异常☐				

服务顾问签名:王×× 　　　　客户签名:李××

	检查项目	交车检查(是否与接车状态相同)	备注(如异常,请注明原因)	检查项目	交车检查	备注(如检查内容不合格,请注明原因)
交车检查	车辆主副及应急钥匙	正常☐ 异常☐		客户陈述及要求已完全处理	正常☐ 异常☐	
	内饰	正常☐ 异常☐		维修项目已全部完成	正常☐ 异常☐	
	电子指示系统	正常☐ 异常☐		客户车辆主要设置恢复原状	正常☐ 异常☐	
	刮水器功能	正常☐ 异常☐		实际费用与预估基本一致	正常☐ 异常☐	
	天窗	正常☐ 异常☐		实际时间与预估基本一致	正常☐ 异常☐	
	音响	正常☐ 异常☐		洗车质量符合标准要求	正常☐ 异常☐	
	空调	正常☐ 异常☐		旧件已按客户要求处理	正常☐ 异常☐	
	点烟器	正常☐ 异常☐		告知客户回访时间和方式	正常☐ 异常☐	
	座椅及安全带	正常☐ 异常☐		提醒下次维护里程/时间	正常☐ 异常☐	
	后视镜	正常☐ 异常☐		推荐预约并告知预约电话	正常☐ 异常☐	
	玻璃升降	正常☐ 异常☐		提醒24h服务热线	正常☐ 异常☐	
	天线	正常☐ 异常☐		告知客户回访时间和方式	正常☐ 异常☐	
	备胎	正常☐ 异常☐		实际交车时间	正常☐ 异常☐	
	随车工具	正常☐ 异常☐		服务顾问签名:		
整体评价	客户整体评价(请帮忙在下述相应表格中打"√")					
	特别满意 ☐	满意 ☐	一般 ☐	不满意 ☐	非常不满意 ☐	

任务委托书

客　户：李××　　　　　　　　　　　　　委托书号：2-2013100××××
地　址：××市××区×路×栋×单元×楼×号
联系人：张××　　　　　　　　　　　　　进厂日期：2014.1.18　09：43
电　话：×××××××　　移动电话：189××××××××　　约定交车：2014.1.18　11：43

牌照号	颜色	底盘号	发动机号	公里	购车日期	旧件带走	是否洗车
×××××××		LFV2A21K5D0312×××	CLTS30×××	24780	2013.03.15	是	是
车型	捷达2013款自动豪华型			付款方式	提车付款	油箱	满# 空
生产日期	2013/02/10		客户描述	仪表板上发动机机油警告灯点亮			

维修项目

项目代码	项目名称	工时费（元）	工时	性质	主修人	项目属性
0000××××	检修机油灯报警	120.00		正常	××	一般项目
		小计（元）		120.00		

预估备件

备件名称	性质	备件数量	出库单价（元）	合计金额（元）	备注
机油	正常	1	198.00	198.00	
机油滤清器	正常	1	92.63	92.63	
		小计（元）		290.63	

预估费用合计（元）：410.63　　　　　*注：客户凭此委托书提车，请妥善保管

互检（班组长）：机修—钣金—油漆　　　终检（质检员）：机修—钣金—油漆

学习目标

通过本学习任务的学习,你应当能:

1. 描述捷达汽车发动机润滑系统的结构特点;
2. 分析机油压力过低故障产生的原因,正确阅读诊断检查方案;
3. 在规定时间内完成汽车救急的准备;
4. 按照诊断流程,正确使用万用表、机油压力测试仪等工具、设备进行故障诊断,确定故障部位;
5. 根据维修手册,在90min内安全规范地完成机油压力传感器更换、机油泵更换,作业过程严格贯彻执行5S;
6. 向客户解释故障判断及处理结果;
7. 把本次诊断与排除的故障编写成案例或技术公报。

学习脉络

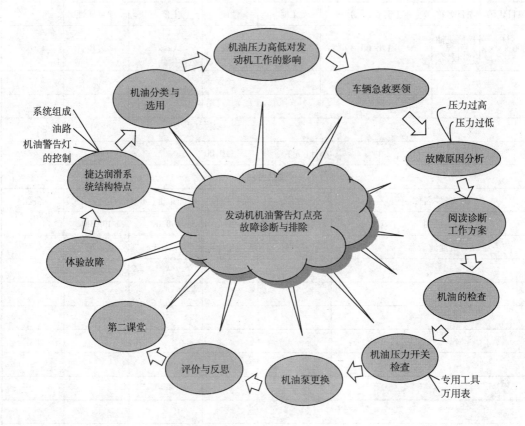

建议学习时间

6h。

引导问题

一、任务准备

引导问题1　您体验到的车辆故障现象是怎样的？

(1) 作业准备。

①车辆开进工位。　　　　　　　　　　　　　　　　　□ 任务完成

②确认是否安装有座椅、转向盘、驻车制动器操纵杆、换挡杆护套以及脚踏垫。

　　　　　　　　　　　　　　　　　　　　　　　　　□ 任务完成

③检查换挡杆位置，拉起驻车制动器操纵杆。　　　　□ 任务完成

④安装翼子板布。　　　　　　　　　　　　　　　　　□ 任务完成

⑤检查相关指示灯及油表。　　　　　　　　　　　　　□ 任务完成

(2) 故障现象记录：_____

_____

引导问题2　捷达汽车发动机润滑系统有何结构特点？

发动机润滑系统具有润滑、冷却、防锈、减振和密封的功能，主要由机油泵、机油滤清器、机油压力传感器、仪表板警告灯等组成。

如图1-19a) 所示，EA211发动机润滑系统的机油泵采用内转子式机油泵。机油泵与曲轴前油封盖集成一体并安装在曲轴前端，由曲轴前端轴直接驱动，取消了链条及张紧轮，减小了质量，如图1-19b) 所示。油底壳为铝压铸件，并集成了机油滤清器支架。

根据图1-20所示捷达发动机的润滑系统油流路径，画出机油润滑油路简图。

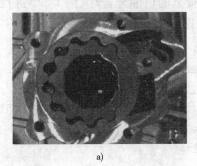
a)

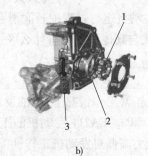
b)

图1-19　内转子机油泵

1-内转子；2-外转子；3-压力控制阀

引导问题3　发动机机油如何分类？如何正确选用机油？

(1) 发动机油的分类。

图1-21所示一汽–大众用发动机机油桶，你能获得哪些信息？

_____

_____

_____

_____

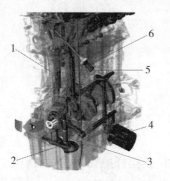

图1-20 润滑油油流路线
1-回油道;2-集滤器;3-压力控制阀;4-机油滤清器;5-进油道;6-机油压力传感器

图1-21 发动机机油标号

(2)如何选择发动机机油？

发动机机油的选择应兼顾使用性能级别和黏度级别两个方面。

①机油使用性能级别主要是根据发动机_____、_____、_____和燃油品质来进行选择。

②机油黏度级别主要是根据_____、_____和发动机的技术状况来进行选择。

(3)一汽－大众捷达汽车发动机机油加注量为_____。

引导问题4 机油压力高低对发动机工作性能有什么样的影响？

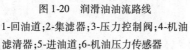

图1-22 机油警告灯

(1)机油压力指示灯的工作。

打开点火开关,仪表板上的机油警告灯(图1-22)进行自检,闪烁3s后熄灭,发动机运行过程中若润滑系统压力正常,该警告灯熄灭,否则点亮。其工作方式与其他发动机有什么区别？

_____
_____

(2)发动机正常工作情况下,汽油发动机机油压力一般为_____kPa,柴油发动机机油压力一般为_____kPa。EA211发动机的正常机油压力_____。

(3)机油压力高低对发动机工作性能有哪些影响？

_____
_____
_____
_____

(4)在机油压力警告灯已经点亮的情况下,汽车可否继续行驶？为什么？

_____
_____
_____

二、方案制订与优选

引导问题 5　在对车辆急救前,需要做哪些准备工作?
(1) 向服务顾问咨询车辆所出现的故障。
(2) _____。
(3) 针对服务顾问反映的故障现象准备相关的设备与器材,发动机机油、_____、_____等。

引导问题 6　哪些原因会导致机油警告灯常亮?
(1) 画出发动机机油警告灯控制电路的闭合回路原理简图。

(2) 汽车发动机机油警告灯点亮的主要原因有:
①机油油面过低。
②机油黏度过低。
③未按规定换油、机油变质。
④机油压力开关失效或线路故障。
⑤机油泵故障。
_____
_____

引导问题 7　如何制订发动机机油警告灯点亮故障的诊断方案?
发动机机油警告灯点亮故障的诊断与排除流程如图 1-23 所示,请据此写出详细的技术方案。

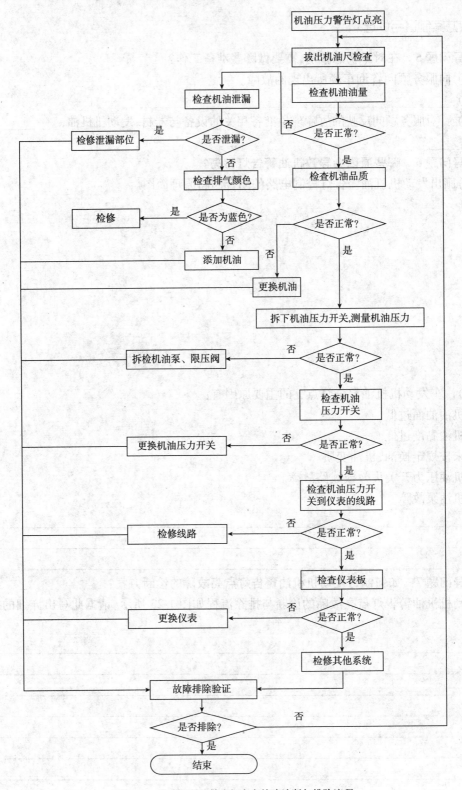

图1-23 发动机机油警告灯点亮故障诊断与排除流程

三、方案实施与控制

引导问题8 如何进行机油的检查?

(1)作业准备。

常用工具:＿＿＿＿＿＿＿＿＿＿＿＿＿＿＿＿＿＿＿

专用工具:＿＿＿＿＿＿＿＿＿＿＿＿＿＿＿＿＿＿＿

量具:＿＿＿＿＿＿＿＿＿＿＿＿＿＿＿＿＿＿＿＿＿

设备:＿＿＿＿＿＿＿＿＿＿＿＿＿＿＿＿＿＿＿＿＿

备件及辅料:＿＿＿＿＿＿＿＿＿＿＿＿＿＿＿＿＿

(2)检查机油油位。

①拔出机油尺,用干净的抹布擦净后重新插到底。

②再次拔出机油尺,读出机油油位,发动机机油标尺标识,如图1-24所示。

当发动机机油位于 A 区域时代表＿＿＿＿＿＿；位于 B 区域时代表＿＿＿＿＿＿；位于 C 区域时代表＿＿＿＿＿＿。

检查结果:＿＿＿＿＿＿＿＿＿＿＿＿＿＿＿＿＿＿

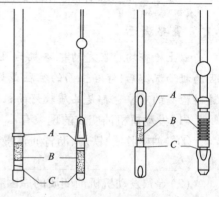

图1-24 机油标尺标识

 **重要提示**

将发动机熄火并停机3min,让机油充分流回油底壳内,然后才能对发动机的机油量进行检查,否则检查出来的油量不够准确。

试分析机油油位对发动机有哪些影响?

(1)机油过多:＿＿＿＿＿＿＿＿＿＿＿＿＿＿＿＿＿

(2)机油不足:＿＿＿＿＿＿＿＿＿＿＿＿＿＿＿＿＿

(3)检查机油油质。

机油油质检查与分析的基本方法有,理化性能指标检测法、清净性分析法、介电常数分析法和滤纸斑点图分析法等。除滤纸斑点图分析之外的三种方法均需使用相应的油质分析仪器。通常,技术人员凭经验对机油质量进行鉴别,简要叙述如下:

①新鲜机油质量鉴别。

A.观察机油颜色。国产正牌散装机油多为浅蓝色,具有明亮的光泽,流动均匀。凡是颜色不均、流动时带有异色线条者均为伪劣或变质机油,若使用此类机油,将严重损害发动机。进口机油的颜色为金黄色略带蓝色,晶莹透明。

B.闻气味。合格的机油应无特别的气味,只略带芳香。凡是对嗅觉刺激大且有异味的机油均为变质或劣质机油,绝对不可使用。

②在用机油质量鉴别。

A.搓捻鉴别。取出油底壳中的少许机油,放在手指上搓捻。搓捻时,如有黏稠感觉,并有拉丝现象,说明机油未变质,仍可继续使用,否则应更换。

B. 油尺鉴别。抽出机油标尺,对着光亮处观察刻度线是否清晰,当透过油尺上的机油看不清刻线时,则说明机油过脏,需立即更换。

C. 倾倒鉴别。取油底壳中的少量机油注入一容器内,然后从容器中慢慢倒出,观察油流的光泽和黏度。若油流能保持细长且均匀,说明机油内没有胶质及杂质,还可使用一段时间,否则应更换。

D. 油滴检查。在白纸上滴一滴油底壳中的机油,若油滴中心黑点很大,呈黑褐色且均匀无颗粒,周围黄色浸润很小,说明机油变质应更换。若油滴中心黑点小而且颜色较浅,周围的黄色浸润痕迹较大,表明机油还可以使用。

E. 检查结果:发动机机油品质是否正常?(是、否)_____。

重要提示

以上检查均应在发动机停机后且机油还未沉淀时进行,否则有可能得不到正确结论。因为机油沉淀后,浮在上面的往往是好的机油,而变质机油或杂质则存留在油底壳的底部,这时检查的对象也都是品质较好的机油,从而可能造成误检。

(1)发动机机油变质的现象有:
①机油中胶质、铁屑、沥青质慢慢地增多。
②_____。

(2)导致发动机机油变质的原因有:
①曲轴箱通气性差。
②_____。

引导问题9 如何进行机油压力开关检查?

(1)作业准备。
常用工具:_____
专用工具:_____
量具:_____
设备:_____
备件及辅料:_____

(2)操作方法及步骤。
①脱开机油压力开关连接线,拧出机油压力开关,如图1-25所示。

取下开关时,为防止机油泄漏,应把抹布放在下面,接住溢出的发动机机油,同时立即将相同型号机油压力开关拧入孔中。

②如图1-26所示,将机油压力开关旋入机油压力检测装置 V.A.G1342 中。将检测装置取代机油压力开关旋入汽缸盖。

③将检测装置棕色导线搭铁(-)。将带发光二极管的电池检测仪 V.A.G1527B 连接在蓄电池正极(+)和机油油压开关上。

④观察在发动机熄火和运转情况下,发光二极管的状态和机油压力表的读数。

在发动熄火时,如果发光二极管亮起,则更换机油压力开关。在更换压力开关时,需更换密封环。机油压力开关紧固力矩:20N·m。

图1-25　拆卸机油压力开关

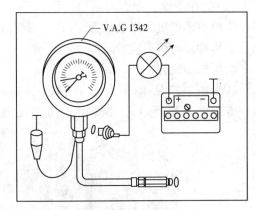

图1-26　检查机油压力开关

在发动机熄火时,如果发光二极管不亮,则起动发动机并慢慢提高转速,观察压力表读数。在$(0.3\sim0.7)\times10^5$Pa压力时,发光二极管必须发亮,否则应更换机油压力开关。继续提高发动机转速,在转速为2000r/min且机油温度为80℃时,机油压力至少应达2×10^5Pa。发动机转速更高时,机油压力不允许超过7×10^5Pa,否则检查油道。如果小于标准值,应检查进油管的滤网上是否有污物,机械故障(例如轴承磨损)也可能造成机油压力过低。

检测结果:＿＿＿＿＿＿＿＿＿＿＿＿＿＿＿＿＿＿＿＿＿＿＿＿＿＿＿＿＿＿＿＿

结论分析:＿＿＿＿＿＿＿＿＿＿＿＿＿＿＿＿＿＿＿＿＿＿＿＿＿＿＿＿＿＿＿＿

引导问题10　怎样检查机油警告灯电路?

(1)作业准备。

常用工具:＿＿＿＿＿＿＿＿＿＿＿＿＿＿＿＿＿＿＿＿＿＿＿＿＿＿＿＿＿＿＿

专用工具:＿＿＿＿＿＿＿＿＿＿＿＿＿＿＿＿＿＿＿＿＿＿＿＿＿＿＿＿＿＿＿

量具:＿＿＿＿＿＿＿＿＿＿＿＿＿＿＿＿＿＿＿＿＿＿＿＿＿＿＿＿＿＿＿＿＿

设备:＿＿＿＿＿＿＿＿＿＿＿＿＿＿＿＿＿＿＿＿＿＿＿＿＿＿＿＿＿＿＿＿＿

备件及辅料:＿＿＿＿＿＿＿＿＿＿＿＿＿＿＿＿＿＿＿＿＿＿＿＿＿＿＿＿＿

(2)操作步骤及方法。

＿＿＿＿＿＿＿＿＿＿＿＿＿＿＿＿＿＿＿＿＿＿＿＿＿＿＿＿＿＿＿＿＿＿＿＿

＿＿＿＿＿＿＿＿＿＿＿＿＿＿＿＿＿＿＿＿＿＿＿＿＿＿＿＿＿＿＿＿＿＿＿＿

检测结果:机油压力警报灯线路出现故障?(是、否)＿＿＿＿。

引导问题11　如何进行机油泵的更换?

(1)作业准备。

常用工具:＿＿＿＿＿＿＿＿＿＿＿＿＿＿＿＿＿＿＿＿＿＿＿＿＿＿＿＿＿＿＿

专用工具:＿＿＿＿＿＿＿＿＿＿＿＿＿＿＿＿＿＿＿＿＿＿＿＿＿＿＿＿＿＿＿

量具:＿＿＿＿＿＿＿＿＿＿＿＿＿＿＿＿＿＿＿＿＿＿＿＿＿＿＿＿＿＿＿＿＿

设备:＿＿＿＿＿＿＿＿＿＿＿＿＿＿＿＿＿＿＿＿＿＿＿＿＿＿＿＿＿＿＿＿＿

备件及辅料:＿＿＿＿＿＿＿＿＿＿＿＿＿＿＿＿＿＿＿＿＿＿＿＿＿＿＿＿＿

(2)操作步骤及方法。

①拆下多楔皮带张紧装置,拆卸三相交流发电机。

②拆卸正时齿形皮带。

③拆卸油底壳。

④如图1-27所示,沿箭头方向取下正时齿形皮带轮1。

⑤如图1-28所示,拧出螺栓1~8,小心地将密封凸缘/机油泵从密封面上取下。

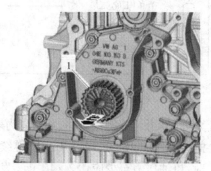

图1-27 拆卸正时齿形皮带

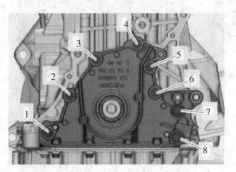

图1-28 取下机油泵

重要提示

残留密封剂会导致润滑系统被污染的危险,所以安装前应清除汽缸体和密封凸缘/机油泵上的残余密封剂与清洁密封面的油脂,将干净的抹布放在油底壳打开的零件上。

⑥将密封剂管在标记处剪开并涂抹于密封垫1上;如图1-29箭头所示,将密封垫1安装到汽缸体上,注意对正定位销(箭头)。

⑦安装机油泵。在安装之前,转动机油泵检查其是否灵活。如图1-30所示,安装密封凸缘/机油泵,使密封凸缘/机油泵上的凹槽 A 与曲轴上的凸缘 B 对齐,并小心地安装到定位销上。

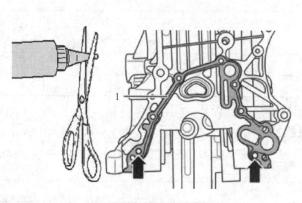

图1-29 安装密封垫圈

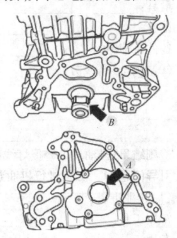

图1-30 安装密封凸缘/机油泵

⑧安装油底壳。

⑨加注发动机机油,检查机油油位,并运转发动机检查有无泄漏和异常。

四、评价与反馈

1. 小组成果展示

简述本小组收获与体会。

(1) _____

(2) _____

你对其他小组的建议。

(1) _____

(2) _____

2. 评分（表1-8）

评 分 表　　　　　　　　　　　　　　　　　　　表1-8

考核项目	评分标准	分数	学生自评	小组互评	教师评价	小计
团队合作	是否和谐	5				
活动参与	是否积极主动	5				
安全生产	有无损害、损伤	10				
现场5S	是否做到	10				
任务方案	是否正确、合理	15				
操作过程	发动机机油压力报警灯点亮故障检修过程是否正确	20				
方案反馈	是否简单可行	10				
任务完成情况	是否顺利完成	5				
工具、设备使用	工具、设备使用是否正确、合理	10				
劳动纪律	是否良好	5				
工单填写	预习是否充分	5				
总分		100				

教师签字：　　　　　　　　　　　　　　　　　　　年　月　日　　得分

注：没有按照操作流程操作，出现人身伤害或设备导致严重故障，本任务考核0分。

五、第二课堂

(1) 总结归纳东风雪铁龙爱丽舍、宝马740Li润滑系统特点。

_____

(2) 不同牌号机油可否混合使用？为什么？

_____

(3) 机油消耗异常的原因有哪些？

_____

学习任务3　发动机故障警告灯点亮故障诊断与排除

工作情境描述

李先生驾驶一辆丰田花冠汽车回家探亲,刚出城就发现仪表板上的发动机故障警告灯点亮。李先生担心发动机出现严重问题,于是马上将车开到4S店,服务顾问接车后安排你排除该车故障。

TOYOTA 一汽丰田施工作业单

| 定期保修 □ | 一般维修 ■ | 钣喷维修 □ | 保修 □ |

工单NO.		预约车辆	否 ■ 是 □	预约单号		维护类型/套餐		
车牌号码	×A×××××	VIN NO.				首次维护 □	二次维护 □	T51套餐 □
车型代码		车身颜色	银白	车型年份	2010	T26套餐 □	T35套餐 □	T48套餐 □
客户姓名/单位名称	李××					登记首次来店	是 □ 否 ■	
联系地址	××市××区×路××号			邮编	××××××	SSC/CSC确认	有 □ 无 □	
						维修履历	确认 有 ■ 无 □	
电话1	135××××××××	电话2	××××××××			上次入厂	2012年9月8日 78000km	
备注1		备注2				入厂时间	2013年8月6日 13时17分	
客户委托事项	仪表板发动机警告灯点亮					此次里程	93103km	
						承诺预交时间	2013年8月6日15时17分	
						变更交车时间	年 月 日 时 分	
确认项目	洗车 ■	在店等候 □	旧件是否带走 ■	结算方式	现金 □ 刷卡 □ 协议转账 □ 保险转账 □ 其他 □			

维修/诊断内容	工时费	必要的零件	零件费	维修/诊断结果	技师确认
检查发动机警告灯亮					
预估工时费	100	预零件费		预估费用总计	

追加事项:

预估工时费		追加零件费		追加总费用	顾客确认结果

要求完工时间	2h	开工时间①	13:17	完工时间①		提交DTR	是 □ 否 □
中断时长		开工时间②		完工时间②		TWC判定	是 □ 否 □
中断原因		质检时间		质检合格签字		TWC判定签字	

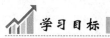

学习目标

通过学习,你应当能:

1. 叙述丰田花冠汽车发动机自诊断系统原理;
2. 分析发动机故障警告灯点亮的原因,正确阅读诊断检查计划;
3. 根据维修手册,使用诊断仪进行故障码的阅读、故障码的删除、数据流的阅读与分析等操作,正确使用万用表对故障进行确诊;
4. 根据维修手册,选用正确的工具在 30min 内完成节气门体的清洗;
5. 根据维修手册,选用正确的工具在 20min 内完成空气流量传感器的更换;
6. 根据维修手册,选用正确的工具在 30min 内完成 VVT-i 机油正时阀的更换。
7. 向客户解释故障判断及处理结果;
8. 把本次诊断与排除的故障编写成案例或技术公报。

学习脉络

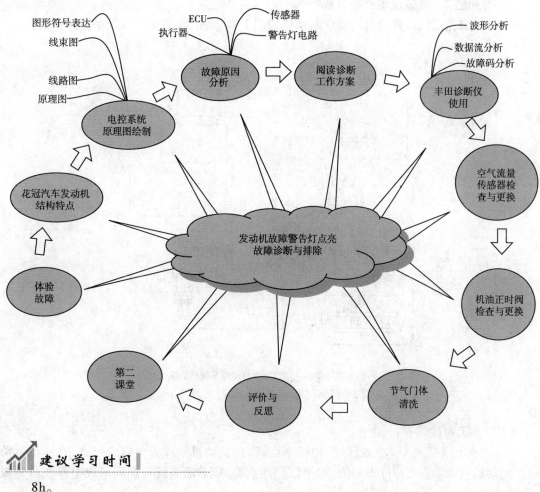

建议学习时间

8h。

引导问题

一、任务准备

引导问题1 您体验到的车辆故障现象是怎样的?

(1)作业准备。

①车辆开进工位　　　　　　　　　　　　　　　　　　□ 任务完成

②确认是否安装有座椅、转向盘、驻车制动器操纵杆、换挡杆护套以及脚踏垫
　　　　　　　　　　　　　　　　　　　　　　　　　□ 任务完成

③检查换挡杆位置,拉起驻车制动器操纵杆　　　　　　□ 任务完成

④安装翼子板布　　　　　　　　　　　　　　　　　　□ 任务完成

⑤检查相关指示灯及油表。　　　　　　　　　　　　　□ 任务完成

(2)故障现象记录:_____

_____

引导问题2 什么是自诊断系统?

(1)丰田花冠汽车发动机的自诊断系统如图1-31所示,在图注横线处填写元件名称。

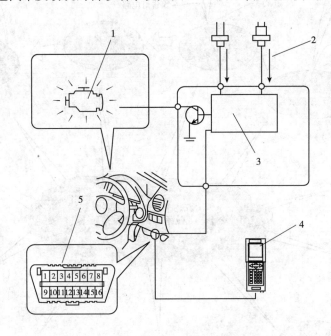

图1-31　丰田花冠汽车的自诊断系统示意图

1-_____;2-传感器信号;3-发动机控制单元;4-_____;5-_____

(2)系统自检过程。

将点火开关扭至ON位置,但发动机不运转时,发动机故障警告灯应点亮;发动机起动后,发动机故障警告灯应立即熄灭,如果灯仍然点亮,则诊断系统检测到系统中存在故障或异常。

(3) 图 1-32 描述的是某传感器的工作特性，试说明自诊断系统的工作原理。

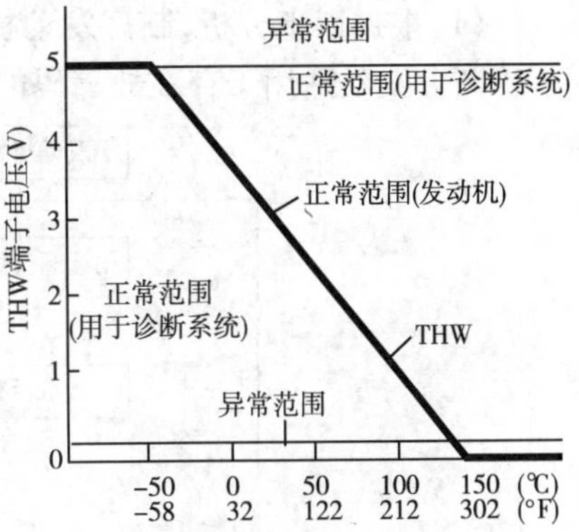

_____

_____

_____

_____

_____

_____

图 1-32 某传感器的特性

(4) 通过以上分析，请说明自诊断系统的缺点。自诊断系统能完全代替诊断技术人员吗？

_____

_____

_____

_____

二、方案制订与优选

引导问题 3　哪些原因导致发动机故障警告灯点亮？

(1) 根据维修手册画出该发动机电控系统原理简图。

(2) 故障原因分析。

①发动机警告灯本身控制电路故障。

_____

_____

②发动机电控系统(传感器、ECU、执行器)故障。

_____

_____

③其他原因：

_____

_____

引导问题4　如何制订发动机故障警告灯点亮的诊断方案?

(1)根据以上分析,制订发动机故障警告灯点亮故障的诊断方案,如图1-33所示。(以下诊断方案仅适用于存在故障码的情形)。

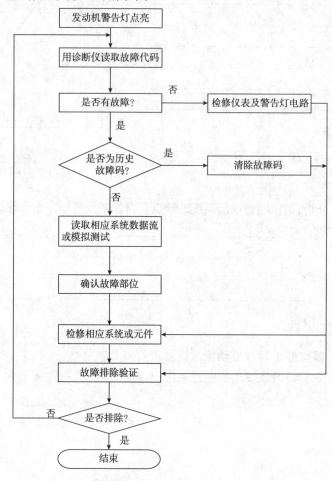

图1-33　发动机故障警告灯点亮诊断流程

(2)电子控制系统检修有哪些注意事项?

(3)描述电子控制系统故障诊断的基本流程。

(4)如何诊断与排除电控系统无码故障?

三、方案实施与控制

引导问题 5 如何使用丰田专用诊断仪 IT Ⅱ 诊断此故障？

(1)作业准备。

常用工具：_____

专用工具：_____

量具：_____

设备：_____

备件及辅料：_____

(2)操作方法与步骤。

①测试准备。丰田专用诊断仪 IT Ⅱ 结构如图 1-34 所示，关闭点火开关，将诊断仪接头与车辆诊断插座连接可靠后，打开点火开关和诊断仪电源，如图 1-35 所示。

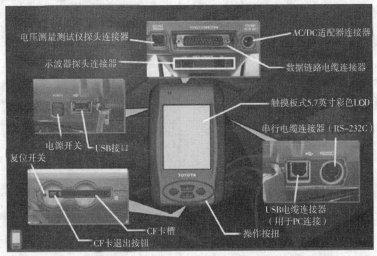

图 1-34 IT Ⅱ 诊断仪

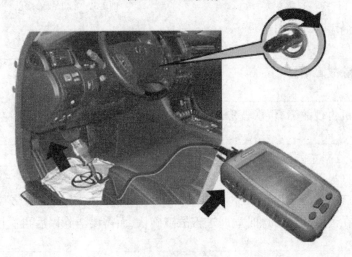

图 1-35 测试准备

连接诊断仪时,点火开关为什么要处于关闭状态?
_____
_____

在进行诊断时,为什么要打开点火开关?
_____
_____

"自动"与"手动"诊断有什么差异?
_____
_____

②测试系统选择,如图 1-36 所示,例如发动机、车身系统等。
③测试功能选择,如图 1-37 所示,选择 DTC 读取故障码信息。

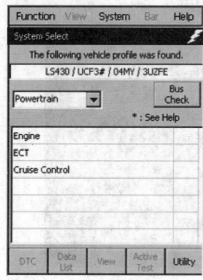

图 1-36 选择测试系统

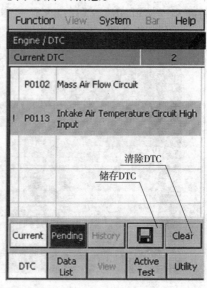

图 1-37 读取故障信息

丰田诊断仪的主要功能有哪些?
_____

④记录并清除故障信息。
检测结果:_____
⑤起动发动机再现故障,再次读取故障信息。
检测结果:_____
橘黄色 DTC 数据左侧显示的"!",意思是:_____
⑥按故障信息提示进行故障部位确认。
⑦故障排除后清除故障代码。
为什么不能在读取故障信息时立即进行故障确认,而需要清除以后再次读取?
_____
_____

使用丰田专用诊断仪 IT Ⅱ 诊断仪时,需要注意的问题有:

_____

_____

_____

小知识

OBD、OBD Ⅱ、EOBD 的区别

OBD 是英文 On-Board Diagnostics 的缩写,中文翻译为"车载自动诊断系统"。这个系统随时监控发动机的运行状况以判断汽车尾气排放是否超标,一旦超标,会马上发出警示。当系统出现故障时,故障(MIL)灯或检查发动机(Check Engine)警告灯点亮,同时动力总成控制模块(PCM)将故障信息存入存储器,通过一定的程序,可以将故障码从 PCM 中读出。根据故障码的提示,维修人员能迅速准确地确定故障的性质和部位。

美国汽车工程师协会(Society of Automotive Engineers,SAE)于 1988 年制订了 OBD-Ⅱ标准,OBD-Ⅱ实行标准的检测程序,并且具有严格的排放针对性,用于实时监测汽车尾气排放情况。汽车在正常运行时,汽车电子控制系统输入和输出的信号(电压或电流)会在一定范围内按一定规律变化;当电子控制系统电路的信号出现异常、超出了正常的变化范围,并且这一异常现象在一定时间(3 个连续行程)内不会消失时,ECU 则判断为这一部分出现故障,故障显示灯点亮,同时监测器把这一故障以代码的形式存入内部 RAM(Random Access Memory,随机存储器),被存储的故障代码在检修时可以通过故障显示灯或 OBD Ⅱ 扫描仪来读取。如果故障不再存在,监控器在连续 3 个工作周期未接收到异常信号后,会将指令故障显示灯熄灭。故障显示灯熄灭后,发动机暖机循环约 40 次,则故障代码会自动从存储器中被清除掉。

EOBD(European On-Board Diagnostics),指的是欧洲车载诊断系统,欧Ⅰ和欧Ⅱ排放法规阶段的发动机管理系统都带有车载故障诊断功能,但是在欧Ⅲ排放法规中,OBD 隐含着专门用于排放控制的意思,根据定义,它是"用于排放控制的车载诊断系统",而且必须能够通过储存在计算机存储器中的失效代码来识别故障的可能范围。

引导问题 6 故障诊断仪读出"P0100"空气质量流量计故障码,如何进一步进行故障确认?

(1)作业准备。

常用工具:_____

专用工具:_____

量具:_____

设备:_____

备件及辅料:_____

(2)操作步骤与方法。

①空气流量传感器的安装位置是:_____。

②图 1-38 所示为空气流量传感器电路图,说明其检测过程。

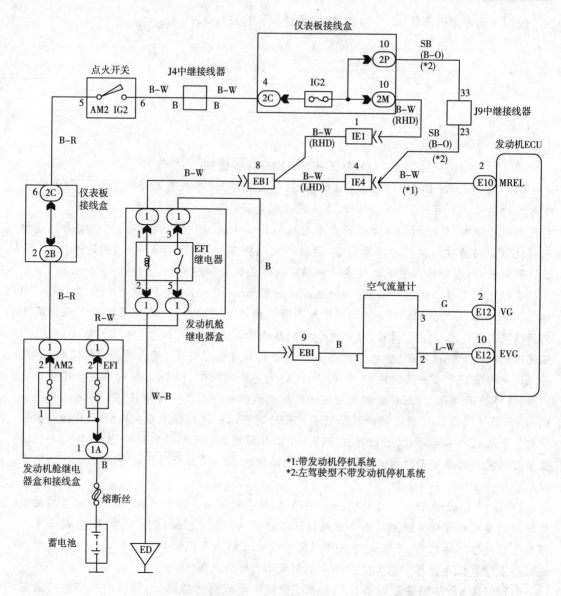

图 1-38　空气流量传感器电路

断开空气质量流量计连接器。

你所检测到的结果为：_____

③空气流量传感器更换步骤：

更换空气流量计需要注意的问题有

引导问题7 如何进行正时机油阀的检查及更换作业？

（1）作业准备。

常用工具：_____

专用工具：_____

量具：_____

设备：_____

备件及辅料：_____

（2）用诊断仪检查正时机油控制阀。

①将故障诊断仪连接到仪表板下方的故障诊断插座 DLC3 上。

②_____

③_____

④_____

⑤_____

（3）拆检正时机油控制阀。

①拆下机油控制阀总成，用万用表测量其线圈电阻，如图1-39所示。

标准值：20℃时线圈阻值为 $6.9 \sim 7.9\Omega$。

检测结果：_____

结论：_____

②通电测试机油控制阀。如图1-40所示，给机油控制阀加上蓄电池电压后，阀应能迅速移动。

检测结果：_____

结论：_____

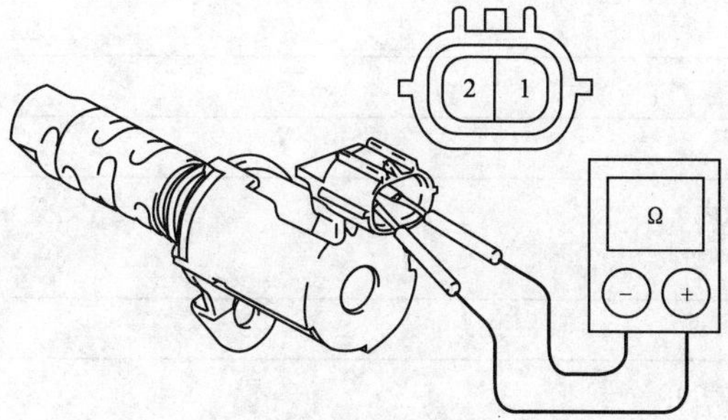

图1-39 测量正时机油控制阀电阻 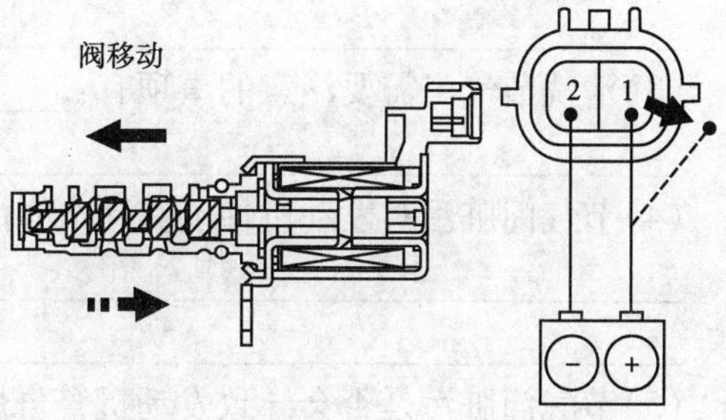　　　　图1-40 通电测试正时机油控制阀

③测量机油控制阀与 ECU 之间的连接导线电阻。

检测结果：_____

结论：_____

（4）更换正时机油控制阀。

①_____

②_____

③ _____
④ _____

VVT-i 简介

VVT-i(Variable Valve Timing with intelligence)即"智能可变配气正时系统"。与固定配气正时相比,可变配气正时可以在发动机整个工作范围内的转速和负荷下,提供最佳的进、排气门开启、关闭时刻,从而较好地满足发动机各工况下的动力性、经济性、废气排放的要求。

VVT-i系统主要由曲轴位置传感器、空气流量计、节气门位置传感器、凸轮轴位置传感器、冷却液温度传感器、车速传感器、ECU、进气凸轮轴正时机油控制阀、排气凸轮轴正时机油控制阀,以及进、排气 VVT-i 控制器等组成。

引导问题8 如何进行节气门体清洗?

(1)作业准备。

常用工具:_____

专用工具:_____

量具:_____

设备:_____

备件及辅料:_____

(2)操作方法及步骤。

_____
_____
_____
_____

(3)清洗节气门需要注意的事项有:_____

_____
_____

(4)节气门脏污对发动机性能有什么样的影响?

_____
_____

(5)节气门脏污是否会导致发动机警告灯点亮?

_____
_____
_____

四、评价与反馈

1.小组成果展示

简述本小组收获与体会。

(1)_____

(2)_____

你对其他小组的建议。
(1)_____
(2)_____

2. 评分(表1-9)

评 分 表　　　　　　　　　　　　　　　　　　　　　表1-9

考核项目	评分标准	分数	学生自评	小组互评	教师评价	小计
团队合作	是否和谐	5				
活动参与	是否积极主动	5				
安全生产	有无损害、损伤	10				
现场5S	是否做到	10				
任务方案	是否正确、合理	15				
操作过程	发动机警告灯点亮故障诊断与排除过程是否正确	30				
任务完成情况	是否顺利完成	5				
工具、设备使用	工具、设备使用是否正确、合理	10				
劳动纪律	是否良好	5				
工作页填写	预习是否充分	5				
总分		100				
教师签字：			年　月　日		得分	

注：违反操作流程，出现人身伤害或导致设备严重故障的，本任务考核0分。

五、第二课堂

(1)总结归纳大众新帕萨特、东风雪铁龙全新爱丽舍发动机电控系统的特点。

_____
_____
_____
_____
_____

(2)叙述电子节气门的检测方法。

_____
_____
_____
_____
_____

学习任务4　发动机不能起动故障的诊断与排除

工作情境描述

星期天早晨,李先生准备驾驶自己的一汽-大众捷达汽车带孩子去游乐园,他上车后起动发动机,但车辆不能正常起动,李先生致电4S店救援,现车辆已被拖至4S店,服务顾问办理完接车手续后将接/交车单交于你,请你解决本车故障。

接/交车单　一汽-大众 FAW-VOLKSWAGEN

	车牌号	×A×××××	车型	捷达	接车时间	2014.01.12　10:45
	客户姓名	李××	客户联系电话	189××××××××	方便联系时间	11:30—12:00
基本信息及需求确认	客户陈述及要求: 　　将点火开关转至起动位置时,车辆不能正常起动				是否预约	是
					是否需要预检	是
					是否需要路试	否
					贵重物品提醒	是
					是否洗车	是
					是否保留旧件	是
					如保留旧件,放置位置	行李舱
	服务顾问建议:					
	预估维修项目(包括客户描述及经销商检测结果)			预估维修费用及时间(备件、工时等)￥168.00元		
				预估交车时间:	2013.1.12　13:45	
	注意:因车辆维修需要,有可能涉及路试,如在路试中发生交通事故,按保险公司对交通事故处理方法处理					
接车检查	检查项目	接车确认	备注(如异常,请注明原因)	接车里程数:　23569km		
	车辆主副及应急钥匙	正常☑　异常☐		油表位置:　　　1/2　　1		
	内饰	正常☑　异常☐				

	电子指示系统	正常☑ 异常☐		外观确认(含轮胎、轮毂(盖)、玻璃等,画圆圈标注在车辆相应位置)
接车检查	刮水器功能	正常☑ 异常☐		
	天窗	正常☑ 异常☐		
	音响	正常☑ 异常☐		
	空调	正常☑ 异常☐		
	点烟器	正常☑ 异常☐		
	座椅及安全带	正常☑ 异常☐		
	后视镜	正常☑ 异常☐		
	玻璃升降	正常☑ 异常☐		
	天线	正常☑ 异常☐		
	备胎	正常☑ 异常☐		
	随车工具	正常☑ 异常☐		
服务顾问签名:王××			客户签名:李××	

	检查项目	交车检查(是否与接车状态相同)	备注(如异常,请注明原因)	检查项目	交车检查	备注(如检查内容不合格,请注明原因)
交车检查	车辆主副及应急钥匙	正常☐ 异常☐		客户陈述及要求已完全处理	正常☐ 异常☐	
	内饰	正常☐ 异常☐		维修项目已全部完成	正常☐ 异常☐	
	电子指示系统	正常☐ 异常☐		客户车辆主要设置恢复原状	正常☐ 异常☐	
	刮水器功能	正常☐ 异常☐		实际费用与预估基本一致	正常☐ 异常☐	
	天窗	正常☐ 异常☐		实际时间与预估基本一致	正常☐ 异常☐	
	音响	正常☐ 异常☐		洗车质量符合标准要求	正常☐ 异常☐	
	空调	正常☐ 异常☐		旧件已按客户要求处理	正常☐ 异常☐	
	点烟器	正常☐ 异常☐		告知客户回访时间和方式	正常☐ 异常☐	
	座椅及安全带	正常☐ 异常☐		提醒下次维护里程/时间	正常☐ 异常☐	
	后视镜	正常☐ 异常☐		推荐预约并告知预约电话	正常☐ 异常☐	
	玻璃升降	正常☐ 异常☐		提醒24h服务热线	正常☐ 异常☐	
	天线	正常☐ 异常☐		告知客户回访时间和方式	正常☐ 异常☐	
	备胎	正常☐ 异常☐		实际交车时间		
	随车工具	正常☐ 异常☐		服务顾问签名:		
整体评价	客户整体评价(请帮忙在下述相应表格中打"√")					
	特别满意☐	满意☐	一般☐	不满意☐	非常不满意☐	

任务委托书

客　户:李××　　　　　　　　　　　　委托书号:2-2014100××××
地　址:××市××区×路×栋×单元×楼×号
联系人:张××　　　　　　　　　　　　进厂日期:2014.1.12　10:45
电　话:×××××××　移动电话:138×××××××　约定交车:2014.1.12　13:45

牌照号	颜色	底盘号	发动机号	公里	购车日期	旧件带走	是否洗车
×A××××		LFV2A21K5D3564×××	CLTS32×××	23569	2013.03.12	是	是
车型		捷达2013款自动豪华型		付款方式	提车付款	油箱	满#　空
生产日期		2013.01.04	客户描述	将点火开关转至起动挡时,车辆不能正常起动			

维修项目

项目代码	项目名称	工时费(元)	工时	性质	主修人	项目属性
0000××××	检修起动电路	140.00		正常	张××	一般项目
		小计(元)	140.00			

预估备件

备件名称	性质	备件数量	出库单价(元)	合计金额	备注
起动继电器	正常	1	28.00		
		小计(元)	28.00		

预估费用合计(元):168.00　　　　　*注:客户凭此委托书提车,请妥善保管

互检(班组长):机修—钣金—油漆　　　终检(质检员):机修—钣金—油漆

学习目标

通过本学习任务的学习,你应当能:

1. 描述捷达汽车发动机起动系、点火系、燃油和空气供给系、配气机构的结构与特点,叙述发动机正常工作的条件;
2. 辨别发动机不能起动的故障现象;
3. 分析发动机不能起动故障产生的原因,正确阅读诊断检查方案,并进行故障部位检查;
4. 根据维修手册,在90min内安全规范地完成起动机更换;
5. 根据维修手册,在60min内安全规范地完成喷油器清洗;
6. 根据维修手册,在20min内安全规范地完成火花塞更换;
7. 向客户解释故障判断及处理结果;
8. 把本次诊断与排除的故障编写成案例或技术公报。

学习脉络

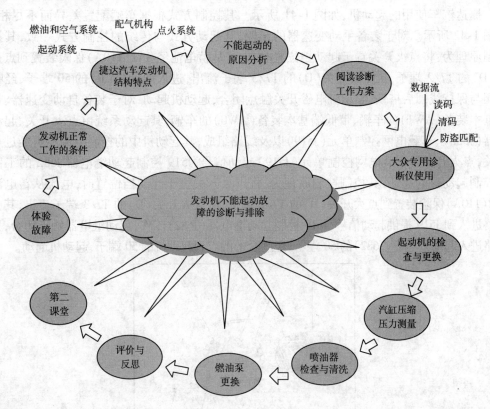

建议学习时间

16h。

引导问题

一、任务准备

引导问题1　您体验到的车辆故障现象是怎样的？

（1）作业准备。

①车辆开进工位　　　　　　　　　　　　　　　　　　　　　□任务完成

②确认是否安装有座椅、转向盘、驻车制动器操纵杆、换挡杆护套以及脚踏垫
　　　　　　　　　　　　　　　　　　　　　　　　　　　　□任务完成

③检查换挡杆位置，拉起驻车制动器操纵杆　　　　　　　　　□任务完成

④安装翼子板布　　　　　　　　　　　　　　　　　　　　　□任务完成

⑤检查相关指示灯及油表　　　　　　　　　　　　　　　　　□任务完成

（2）故障现象记录：_____

引导问题2　捷达汽车发动机起动系统有何结构特点？

捷达汽车使用的起动机，如图1-41所示。其控制方式根据车辆配置差异而不尽相同，如图1-42所示。对于装备手动变速器的车辆，其起动方式与传统的控制方式一致，其控制控制原理为：将点火开关置于起动挡位置时，电流从蓄电池经SA2（110A）保险装置到点火开关（D）的T7/2端子，从点火开关（D）的T7/3端子流出，进入起动机（B）的50端子，经吸拉线圈与保持线圈后搭铁，起动机电磁开关触点闭合，起动机起动；对于装备自动变速器、带高端基本装备（AW1）的车辆、带低端基本装备（AW0）的车辆，其起动系统由点火开关、起动继电器（J682）、车载电网控制单元（J519）以及线路组成，其起动机中的控制电流不再经过点火开关，点火开关给车载电网控制单元（J519）起动信号，J519控制起动继电器J682的工作从而控制起动机的起动，其控制控制原理为：将点火开关置于起动挡位置时，电流从蓄电池经SA2（110A）保险装置到点火开关（D）的T7/2端子，从点火开关（D）的T7/3端子流出，其中一支路进入到J519提供起动信号，J519控制起动继电器（J682）工作，起动继电器触点闭合，另一支路进入起动继电器（J682）的50端子，经闭合的触点到起动机的50端子，起动机起动。

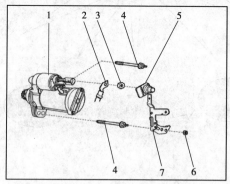

图1-41　捷达汽车起动机部件图

1-起动机；2-连接起动机的蓄电池正极接线；3-连接起动机的蓄电池正极接线的紧固螺母（M12，20N·m）；4-起动机紧固螺栓（M12，80N·m）；5-护罩；6-导线支架的紧固螺母（M8，23N·m）；7-导线固定件

项目一 汽车发动机系统简单故障诊断与排除

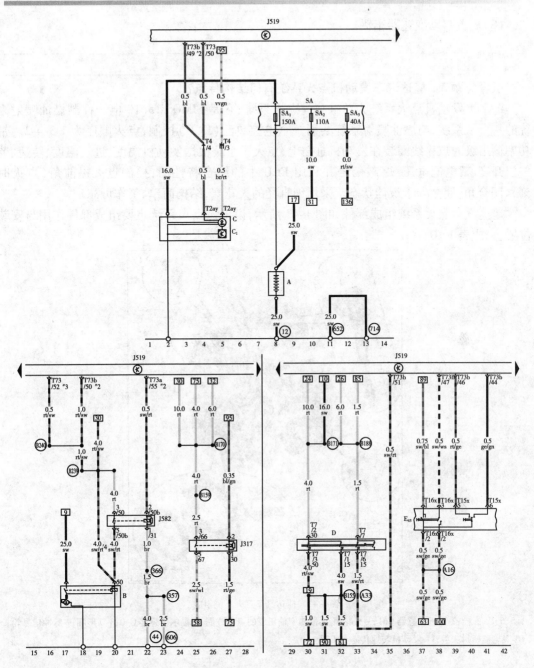

图 1-42 起动机控制电路

B-起动机；J317-端子30供电继电器；J519-车载电网控制单元；J582-起动继电器，总线端50；D-点火起动开关；＊-仅适用于带自动变速器的车辆；＊2-仅适用于带高端基本装备（AW1）的车辆；＊3-仅适用于带低端基本装备（AW0）的车辆；＊4-仅适用于带手动变速器的车辆

请根据维修手册上的电路图画出起动系统的原理简图。
(1) 配置手动变速器车辆。

(2)配置自动变速器车辆。

引导问题3　捷达汽车发动机点火系统有何结构特点?

EA211发动机点火系统为单缸独立点火系统,它是SIMOS-15.10电子控制燃油喷射系统的一个子系统,与燃油喷射系统共用一个电控单元(ECU)控制,点火顺序为1-3-4-2。带功率输出级的点火线圈装在发动机缸盖上,点火子系统根据发动机温度、进气温度、转速、节气门开度、蓄电池电压、爆震信号并利用ECU中的综合特性图,控制点火提前角(点火时刻)、闭合角,使之处于最佳状态。采用细直径的火花塞,结构简单、工作可靠。

捷达汽车点火系统组成部件如图1-43所示,说出该点火系统主要组成部件作用与安装位置,完成表1-10。

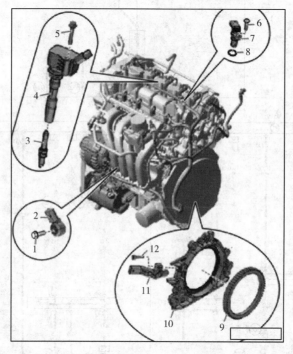

图1-43　捷达汽车点火系统组成

1、5、6、12-螺栓;2-爆震传感器G61;3-火花塞;4-带功率输出级的点火线圈;7-霍尔传感器G40;8-O形圈;9-脉冲信号轮;10-飞轮侧密封法兰;11-发动机转速传感器G28

捷达汽车点火系统主要组成部件作用与安装位置　表1-10

图注编号	名　　称	作　　用	安装位置
2	爆震传感器G61		
4	带功率输出级的点火线圈		
7	霍尔传感器G40		
11	发动机转速传感器G28		

捷达汽车点火系统电路如图1-44所示，请画出点火线圈的控制原理简图，并描述工作过程。

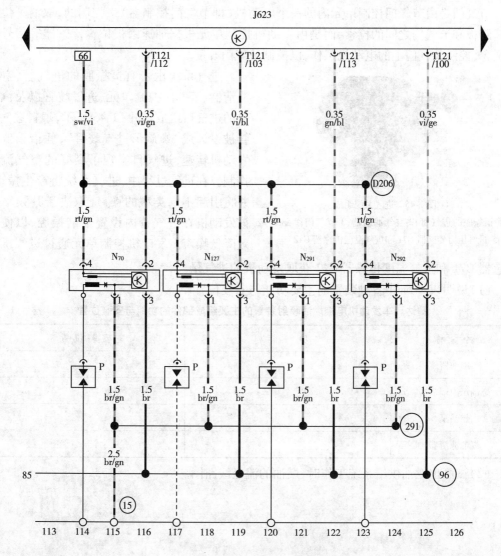

图1-44 点火系统电路图

引导问题4　捷达汽车发动机电控燃油喷射系统有何结构特点？

捷达汽车EA211(1.6L)发动机装用SIMOS 15.10电子控制汽油喷射系统，并且采用多点燃油喷射，通过进气压力传感器检测进入汽缸的空气量，并且采用电子节气门。发动机工作时，节气门位置传感器检测驾驶员控制的节气门开度，进气压力传感器检测进入汽缸的空气量，这两个信号作为汽油喷射的主要信息输入ECU，由ECU计算出喷油量。再根据冷却液温度传感器、进气温度传感器、氧传感器、爆震传感器等传感器输入的信息，ECU对喷油量进行必要的修正，确定出实际喷油量。

燃油泵具有预供油功能，当打开车门时，车载电网控制单元J519接收到车门打开信号，将燃油泵继电器J17线圈的端子搭铁，燃油泵预工作2s，使燃油管路建立一定的油压，以便发动机顺利起动;当发动机起动后,发动机控制单元 J623 接收发动机转速信号,将燃油泵继电器 J17 线圈的端子搭铁,燃油泵持续工作,为发动机提供燃油。

节气门是由节气门控制单元内的一个电动机(即节气门控制器)来控制的,取消了位于加速踏板和节气门之间的拉索,而是由发动机控制单元根据加速踏板位置传感器等信号输出指令,控制节气门上的电动机工作,以控制节气门开度。

进气系统由带有谐振腔的进气管、空气滤清器、节气门控制单元、进气歧管以及汽缸盖的进气口组成,如图1-45所示,塑料进气歧管被设计成"螺旋形进气歧管",凭借较低的发动机转速,进气口实现了良好的空气流通控制。在进气过程中,进气系统将产生振动,并将引起不同类型的噪声(取决于其频率),该发动机在进气管内设置了谐振腔,以便有效降低噪声。发动机控制单元通过进气压力传感器 G71 和进气温度传感器 G42 获取发动机的进气量。

图1-45 进气系统组成
1-带谐振腔的进气管;2-空气滤清器;3-节气门;4-进气歧管;5-进气压力传感器 G71 和进气温度传感器 G42

(1)说明表1-11中各种装置的主要功能与安装位置。

捷达汽车发动机电控燃油喷射装置的主要组成部件的功能与安装位置　　表1-11

名　称	功　能	安装位置
喷油器		
燃油压力调节器		
燃油泵		
燃油滤清器		

(2)试画出燃油供给系统工作时,燃油的流经线路图。

(3)在捷达汽车上,燃油箱内的汽油蒸气不是直接排入大气中的,试描述捷达汽车为解决此问题而采用的措施。

引导问题 5　捷达汽车发动机配气机构有何结构特点？

捷达汽车 EA211（1.6L）发动机配气机构采用双顶置凸轮轴，由曲轴通过齿形皮带驱动，在进气凸轮轴上装有 VVT 可变气门正时机构。

凸轮轴和缸盖罩壳集成为一体，整体装配于缸盖上。如图 1-46 所示，凸轮和凸轮轴与缸盖罩壳是在专用装备夹具上、在特定的温度条件下装配的，凸轮轴不能从缸盖罩壳中拆出来，凸轮轴前端轴承为滚珠轴承，以便减少摩擦、降低油耗，如图 1-47 所示。

图 1-46　整体式缸盖罩壳

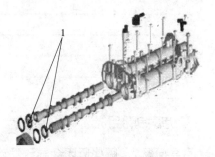
图 1-47　凸轮轴前端轴承
1-滚珠轴承

1.6L MPI 发动机进气凸轮轴装有 VVT 可变气门正时机构，通过正时皮带传递动力，如图 1-48 所示，使用寿命可达 30 万 km。正时罩盖由三个零件组成，如图 1-49 所示，两个塑料件、一个中间罩盖铝压铸件，减轻了质量。

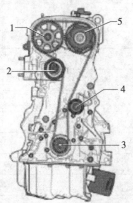
图 1-48　正时皮带
1-排气凸轮轴；2-张紧轮；3-曲轴正时皮带轮；4-导轮；5-进气凸轮轴

图 1-49　正时罩盖
1-曲轴前罩盖塑料件；2-中间罩盖铝铸件；3-凸轮轴罩盖塑料件

说明 VVT 功能及工作原理。

引导问题6　捷达汽车能够正常起动的工作条件是什么？
(1) 具有合适空燃比的可燃混合气。
(2) 具有正确的汽缸压缩压力。
(3) 汽车钥匙经过正常匹配。

二、方案制订与优选

引导问题7　哪些原因会导致发动机不能正常起动？
(1) 蓄电池电压过低或桩头松动。
(2) 起动机故障。
(3) 空滤器或进气管道堵塞。
(4) 燃油滤清器堵塞。
(4) 燃油泵或其控制线路故障。
(5) 没有采用正确的点火钥匙。

引导问题8　如何制订与优选工作方案？
发动机不能起动的故障诊断流程如图1-50所示，请阅读并据此编写详细的检查方案。

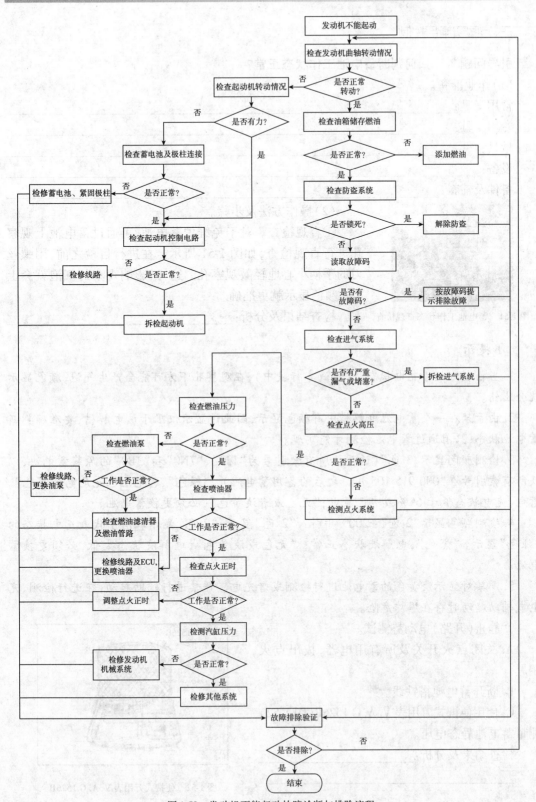

图1-50 发动机不能起动故障诊断与排除流程

三、方案实施与控制

引导问题9　如何判断蓄电池工作状态正常？

（1）作业准备。

常用工具：_____

专用工具：_____

量具：_____

设备：_____

备件及辅料：_____

（2）操作方法及步骤。

①直观检查。对于免维护蓄电池，可通过蓄电池上观察孔进行直观检查，如图1-51所示。在进行目检之前，用螺丝刀的手柄小心地轻敲观察孔。这样，影响观察的气泡就会上升，颜色显示就更准确。

图1-51　蓄电池工作状态直观检查　　检查结果及分析：_____

> **小提示**
>
> 1. 当蓄电池处于充电状态时（如汽车行驶中），在观察孔下方可能会产生气泡，颜色显示就会出错。
>
> 2. 由于只在一个蓄电池电解槽中有颜色显示，因此该显示仅限于该电解槽，要准确判断蓄电池状态，只有通过蓄电池检测才能实现。
>
> 3. 检测颜色显示"3色"（适用于所有索引号为"1J0"、"7N0"和"3B0"的原装蓄电池，以及所有索引号在"000 915 105 AX"之后的备用蓄电池）："绿色"，蓄电池已充足电；"黑色"，蓄电、充电状态低于65%或者已放电；"无色或者淡黄色"，必须更换蓄电池。
>
> 4. 检测颜色显示"2色"：2009年引入"2色"显示，"2色"显示取消了代表充电状态的"绿色"显示。"黑色"，电解液状态正常；"无色或淡黄色"，电解液状态太低，必须更换蓄电池。
>
> 5. 严禁对显示淡黄色的蓄电池进行检测或者充电。严禁进行辅助起动，在进行检测、充电或辅助起动时存在爆炸危险。

②静止（开路）电动势测试。

A. 关闭点火开关及所有用电器，拔出点火钥匙。

B. 断开蓄电池搭铁线。

C. 使用便携式万用表V.A.G 1526B（图1-52）测量蓄电池静态电压。

检查结果及分析：_____
_____

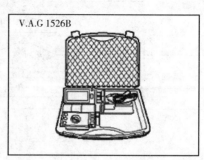

图1-52　便携式万用表V.A.G 1526B

> **重要提示**
>
> 1. 测量前至少 2h 内不可对蓄电池进行放电或充电。在这个时间段里进行充电或放电会使测量结果不正确。
> 2. 如果根据静态电压的测量结果给蓄电池充电,则充电完成后至少等待2h,在这个时间段内对蓄电池既不能充电也不能放电,使用便携式万用表 V. A. G 1526B 重新测量蓄电池静态电压,如果充电后蓄电池的静态电压<12.5V,则更换蓄电池。

③蓄电池测试仪 V. A. S 6161 检测。

A. 关闭点火开关和所有用电器。

B. 开启蓄电池测试仪 V. A. S 6161(图 1-53)。

C. 将测试仪的红色接线端"+"连到蓄电池正极上,黑色接线端"-"连到负极上。

D. 选择以下功能中的一个。

a. 在质保期内的蓄电池的索赔测试。

b. 维护测试(仅限于在获得许可之前,处于现有和库存维护程序的新车)。

c. 过了质保期以及其他品牌的蓄电池的售后服务测试。

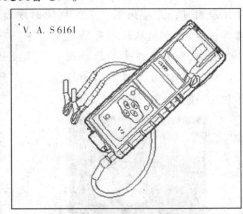

图 1-53 蓄电池测试仪 V. A. S 6161

检查结果及分析:＿＿＿＿＿＿＿＿＿＿＿＿

试比较上述三种检测方法的优点和缺点。

＿＿＿＿＿＿＿＿＿＿＿＿＿＿＿＿＿＿＿＿＿＿＿＿

＿＿＿＿＿＿＿＿＿＿＿＿＿＿＿＿＿＿＿＿＿＿＿＿

＿＿＿＿＿＿＿＿＿＿＿＿＿＿＿＿＿＿＿＿＿＿＿＿

＿＿＿＿＿＿＿＿＿＿＿＿＿＿＿＿＿＿＿＿＿＿＿＿

引导问题10 如何用 V. A. S 6150 判断起动机的工作状态是否正常?

(1)作业准备。

常用工具:＿＿＿＿＿＿＿＿＿＿＿＿＿＿＿＿＿＿

专用工具:＿＿＿＿＿＿＿＿＿＿＿＿＿＿＿＿＿＿

量具:＿＿＿＿＿＿＿＿＿＿＿＿＿＿＿＿＿＿＿＿

设备:＿＿＿＿＿＿＿＿＿＿＿＿＿＿＿＿＿＿＿＿

备件及辅料:＿＿＿＿＿＿＿＿＿＿＿＿＿＿＿＿＿

(2)操作方法及步骤。

连接车辆诊断测试仪 V. A. S 6150,选择运行模式引导型故障查询。通过跳转键选择功能/部件,并按照下列顺序依次选择菜单项:

底盘→电气系统→起动机、电源→电气部件→B-起动机。

检测结果:起动机工作状况是否正常?(是、否)＿＿＿。

小知识

V.A.S 6150诊断仪简介

大众汽车电子控制单元一般具有自诊断功能,如果被监控的传感器或部件出现故障,这些故障就以代码形式存储在控制单元的故障存储器中,包括暂时(偶然)出现的故障。维修人员可以通过大众公司提供的专用诊断仪建立与车载控制单元的联系,读取控制单元的相关信息,并可以控制系统相关元件工作,以协助维修人员顺利完成维修工作。发生偶然性故障的原因可能是接触不良或线路瞬时中断。如果一个偶然性故障在35次发动机起动当中不再出现,则会被从故障存储器中清除。

目前,大众汽车专用诊断仪有V.A.S 6150、V.A.S 505X系列,使用CAN线进行诊断。

V.A.S 6150是将车辆诊断程序安装于笔记本电脑上的一种诊断仪,如图1-54所示,其体积小、使用方便,当打开其诊断程序后,可以看到如图1-55所示的启动界面。

图1-54　V.A.S 6150外观

图1-55　V.A.S 6150启动界面

在"车辆自诊断"操作模式中,如果连接诊断导线并接通点火装置,就可与诊断总线处的车辆系统进行通信。通过对话视屏选择所希望的车辆系统。可在此处启动配备于该车辆系统的诊断功能,例如查询测量结果、执行控制元件诊断等。

工作模式中的"测试工具"提供了用参数编定视屏、以用户引导方式来设置测试工具单元,并用其进行测量的可能。测量结果以数字或图形显示在屏幕上。

工作模式中的"引导型故障查询"可进行车辆识别、确定故障表现(故障症状)、找出症结所在,最后将其排除。为此,引导型故障查询模式自动收集所有车辆信息(配置、症状、功能和部件、文件以及功能测试),以备使用。

工作模式中的"引导型功能"允许在进行车辆识别之后(无须运行车辆系统测试),立即开始执行相应的功能检查,如调校匹配、编码等。此处不提供故障查询程序,不运行启动和结束模块。

引导问题11　如何检测发动机汽缸压缩压力?

(1)作业准备。

常用工具:_____

专用工具:_____

量具:_____

设备：_____
备件及辅料：_____
（2）操作方法及步骤。

①取下熔断丝，切断燃油泵的电源，从熔断丝架中取出燃油泵控制单元的熔断丝，起动发动机并一直运行，直到发动机熄火。

为什么做这个？_____

②关闭点火开关，拆卸空气滤清器。

③如图1-56所示，拔下插头2并拧出螺栓1，拔出带功率输出级的点火线圈，拆卸1缸火花塞。

④如图1-57所示，安装汽缸压力检测仪V.A.G 1763及相关检测工具。

图1-56 拆卸点火线圈
1-螺栓；2-插头

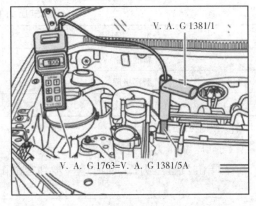

图1-57 安装检测工具

⑤由另一位机修工完全踩下加速踏板并同时操作起动机，直至测试仪显示压力不再上升时读数。

在每个汽缸上重复进行该操作。

⑥安装火花塞，并用30N·m的力矩拧紧。

重要提示

1. 检测条件：机油温度至少30°C，蓄电池电压至少12.5V。

2. 测试之前一定要切断燃油泵的电源。

3. 如果已脱开电气插头连接且已起动发动机，则发动机控制单元故障存储器中存有记录，需要清除故障记录。

4. 安装火花塞时，在棒状点火线圈密封软管周围涂敷一层薄薄的火花塞插头润滑脂，润滑脂条厚度必须为1～2mm。操作人员需戴手套或保持手的清洁。因为手套或手上沾有油污、污垢，有可能在安装时附着在火花塞的绝缘体表面上，而这些油污或污垢在高压下是可以导电的，因此必须确保安装时的火花塞陶瓷体表面的清洁。安装时，需先用手将火花塞拧到底，之后使用力矩扳手按照维修手册的规定力矩值进行紧固，否则会出现发动机漏气现象。

(3)测量数据与分析。
完成表1-12、表1-13。

测量数据(bar)① 表1-12

汽缸序号 压力值	汽缸1	汽缸2	汽缸3	汽缸4
第一次				
第二次				
第三次				
平均值				

注:①1bar = 10^5Pa。

汽缸压力的参考标准值 表1-13

类　　别	压缩压力值(bar)①
新的汽缸	10.0~15.0
磨损极限	7
汽缸间的最大差值	3

注:①1bar = 10^5Pa。

汽缸压缩压力值是否正常?(是、否)____。
若单缸汽缸压力低,如何进一步判定故障部位?
_____
_____

若相邻两缸汽缸压力均低,是什么原因造成的?
_____
_____

汽缸密封性的检测方法还有哪些?
_____
_____

引导问题12　如何检查喷油器?

(1)作业准备。
常用工具:_____
专用工具:_____
量具:_____
设备:_____
备件及辅料:_____

(2)检查喷油器密封性。喷油器的检查内容包括密封性检查、喷油量检查、喷射束形状以及雾化情况等,可使用厂家的专用工具进行,也可以在通用的喷油器超声波清洗仪上进行检查,下面以如图1-58所示的元征喷油器清洗设备为例进行介绍。
①断开燃油泵控制电路(拔下油泵继电器或脱开油泵插头,图1-59),起动发动机运转至发动机熄火,再次起动发动机运转直至不能起动。

 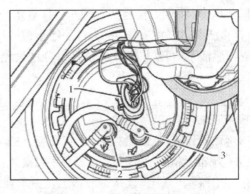

图 1-58　元征喷油器清洗设备　　　　图 1-59　拔下燃油泵插头
　　　　　　　　　　　　　　　　　　1-燃油泵插头;2-供油管;3-回油管

这样做的目的:_____

②拆卸喷油器。关闭点火开关并断开所有用电器,拔出点火钥匙。拆卸空气滤清器。拔出所有喷油器的插头连接1,用万用表检查喷油器的电阻值,正常值为 12~17Ω。拧出燃油分配管的固定螺栓,如图 1-60 箭头所示。将带喷油器的燃油分配管从进气歧管中拉出,放到一块干净的抹布上。

③将喷油器安装到清洗仪分油器上,注意观察喷油器上的 O 形圈是否损坏,若有损坏,则换新。

如图 1-61 所示,从喷油器清洗仪配件盒中选出分油器堵塞,选择配套的 O 形圈装在堵塞上,并涂以少许润滑脂,将堵塞从上装入分油器。装好月牙形压板,拧紧压板螺钉。根据喷油器连接类型,选择合适的直排油接头,安装于分油器下方对应的偶件处。

 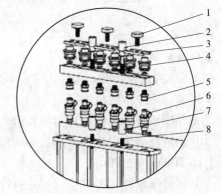

图 1-60　拆卸喷油器　　　　　　图 1-61　安装喷油器
　　　　　　　　　　　　　　1-压板螺钉;2-滚花螺杆;3-月牙压板;4-分油器堵塞;
　　　　　　　　　　　　　　5-直排油接头;6-喷油器;7-滚花螺母;8-调节螺杆

正向安装喷油器(在喷油器的 O 形圈上涂少许润滑脂)。依据喷油器的高度,选择合适的调节螺杆与滚花螺母安装于分油器支架上。然后将分油器及喷油器安装在分油器支架上,均匀紧固好两个滚花螺杆(黑)。

④插好喷油器脉冲信号线。

⑤测试。选择密封性测试项目,按[运行]键,系统开始工作,此时可通过[增压]、[减

压]键来调节压力(将压力设定为被检车出厂规定的压力,最好高出原厂规定压力10%),观测喷油器是否滴漏。检测完毕,系统自动停止,并以蜂鸣器鸣叫提示。

标准:当燃油泵运转时,每个喷油器每分钟只允许排出1~2滴燃油。

检测结果:_____

结论:_____

(3)检查喷油量。

①在对喷油器进行喷油量检测时,其安装方法与检测喷油器的密封性相同。

②在进行喷油量检测前,如果测试量杯中有检测液,按[排油]键将测试量杯中检测液排净。

③通过[增压]、[减压]键来调节压力至原车规定值。

④在控制面板中选择相应的喷油量测试项目(30s连续喷油量),按[运行]键,系统开始工作。

⑤测试完毕,系统自动停止,并以蜂鸣器鸣叫提示。

标准:每个喷油阀30s连续喷射量为85~105mL。

检测结果:_____

结论:_____

在检测喷油量时,还必须检查喷射束。所有喷油阀的喷射束必须相同,如果一个或几个喷油阀的测量值低于或高于规定的标准值,更换损坏的喷油器。

你所检测到的喷油器喷油性能是否良好?(是、否)____。

引导问题13　如何清洗喷油器?

(1)作业准备。

常用工具:_____

专用工具:_____

量具:_____

设备:_____

备件及辅料:_____

(2)操作方法及步骤。

①接通超声波清洗机电源。

②把外部清洗干净的喷油器放在清洗槽中的清洗支架上。

③在超声波清洗机内加入适量的清洗剂或专用的超声波清洗剂,一般清洗剂以浸过喷油器针阀20mm左右即可。

④分别将喷油器脉冲信号线与对应的喷油器插好。

⑤打开超声波电源开关。

⑥在控制面板中选择超声波清洗功能,然后设定时间(系统默认为10min),按[运行]键即可。

⑦此项工作结束,系统自动停止,并以蜂鸣器鸣叫提示,这时可关闭超声波电源开关。

⑧从清洗槽中拿出喷油器,用软布擦净上面的清洗剂。

思考:如何清洗喷油器滤网?

_____

喷油器清洗的安全注意事项:

_____

小知识

喷油器清洗

喷油器是电控燃油喷射系统中关键的组成部分。一般质量较差的汽油容易在喷油器出口处黏结各种胶脂、积炭等杂物,使喷油器的喷油量减少、雾化变差,以致汽车急速状况和加速性能变差、发动机起动困难。喷油器是一次性使用件,只允许清洗而不能拆开修理。可以运用检测手段去判断哪一个喷油器发生了故障及其故障原因和部位,以决定是清洗或是更换。

目前,对喷油器的清洗常用以下三种方法:

(1)将清洗剂放入汽车油箱中,就车运行 200~400km,能取得一定的清洗效果。

(2)从车上拆下喷油器的供油管路和回油管路,将其接到外接清洗泵、过滤器、储液室和压力表的清洗系统中,将车上的供油管和回油管相连。清洗液与汽油相混,装入储液室中,起动发动机,这样就达到了清洗喷油器的目的。

(3)超声波清洗法是把喷油器从发动机上拆下后,装在超声波清洗箱上清洗,其优点是清洗质量高,还可以把喷油器装到喷油器试验台上进行喷油量、密封性和喷射雾化状况的测试。

引导问题 14　如何更换起动机?

(1)作业准备。

常用工具:_____

专用工具:_____

量具:_____

设备:_____

备件及辅料:_____

(2)操作方法及步骤。

①断开蓄电池负极接线。

②如图 1-62 所示,解锁并脱开插头 1(接线端 50),将护罩 2 从电磁开关上脱开。

③拧出紧固螺母,从电磁开关的接线柱上取下正极导线。

④如图 1-63 所示,拧出紧固螺母 1,并取下导线支架 2。

⑤拧出起动机的固定螺栓。

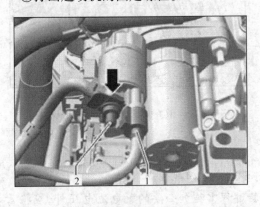

图 1-62　断开起动机连接器插头
1-插头;2-护罩

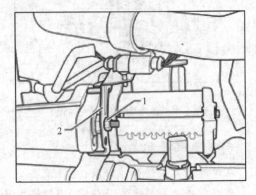

图 1-63　拆下起动机
1-紧固螺母;2-导线支架

⑥从车辆中取下起动机。
⑦以与拆卸相反的顺序进行安装。

引导问题 15 如何更换燃油泵?

(1)作业准备。
常用工具:_____
专用工具:_____
量具:_____
设备:_____
备件及辅料:_____

(2)操作方法及步骤。
①拆下后座椅。
②如图1-64中箭头所示,拆卸两侧的固定卡,抬高饰板1,向前翻折地毯2。
③拆卸燃油泵盖板的螺钉,取下燃油泵盖板。
④如图1-65所示,拔下插头;按压解锁装置,脱开回油管路2和供油管路3。
⑤如图1-66所示,沿箭头方向向下按压扳手3217,并松开燃油泵供给单元的锁紧螺母。
⑥从燃油箱的开口中拉出燃油泵供给单元和密封环。
⑦以与拆卸相反的顺序进行安装。

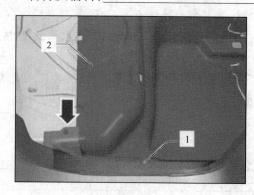

图1-64 拆卸固定卡
1—饰板;2—地毯

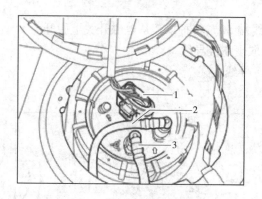

图1-65 脱开燃油泵线插及油管

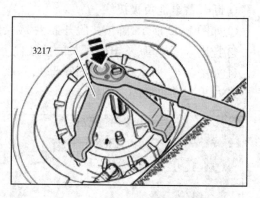

图1-66 松开燃油泵供给单元锁紧螺母

重要提示

在对燃油系统进行维修时,应注意安全,需要遵守下列规程和准则:

为避免着火和造成人员伤害,除维修或检验过程需施加必要的蓄电池电压外,应将蓄电池搭铁线拆下。

在拆开燃油系统任何机件(喷油器、燃油分配管、压力调节器等)的连接管路时,应先进行燃料系统的卸压。卸压时,应特别小心,以免燃油喷到皮肤、脸上或者眼睛里。

拧松油管接头前,要将一块棉纱或抹布缠在管接头周围,以便吸收漏出的汽油。如果发生燃油飞溅,应立即将发动机表面上飞溅的燃油擦净。保证将吸有燃油的棉纱或抹布存放于金属垃圾容器内。

作业区附近应放有干式化学(B级)灭火器,不要让燃油喷雾或燃油蒸气与火花或明火接触。

拧松或拧紧油管接头时,一定要使用止动扳手,这样可避免对燃油管施加不需要的力。一定要将油管接头紧至规定的紧固力矩。

燃油管接头的O形密封圈若有损坏,应换装新件。在使用金属油管的部位,不要使用燃油软管来代替。

四、评价与反馈

1. 小组成果展示

简述本小组收获与体会。

(1) _____

(2) _____

你对其他小组的建议。

(1) _____

(2) _____

2. 评分(表1-14)

评 分 表　　　　　　　　　　　　　　表1-14

考核项目	评分标准	分数	学生自评	小组互评	教师评价	小计
团队合作	是否和谐	5				
活动参与	是否积极	5				
安全生产	有无损害、损伤	10				
现场5S	是否做到	10				
任务方案	是否正确、合理	15				
操作过程	汽车不能起动故障检修操作是否规范	30				
任务完成情况	是否顺利完成	5				
工具、设备使用	工具、设备使用是否正确合理	10				
劳动纪律	是否良好	5				
工作页填写	有关知识预习是否充分	5				
总分		100				
教师签字:				年　月　日	得分	

注:违反操作规程,出现人身伤害或导致设备严重故障的,本任务考核0分。

五、第二课堂

1. 分析爱丽舍汽车、宝马 740Li 发动机不能起动的原因有哪些？

2. 怠速不良、加速无力原因有哪些？

3. 大众 505X 系列的诊断仪主要几种？基本操作要点有哪些？

案例 1

汽缸垫损坏造成冷却液温度警告灯点亮

(1) 故障现象。一辆捷达 CIF 汽车，行驶中冷却液温度警告灯点亮。

(2) 故障诊断与排除。

工位试车：将发动机转速提高至 2500r/min，保持运转 10min，散热器风扇旋转，冷却液温度表显示正常。

路试：路试 40min 后出现冷却液温度报警现象，检查发现冷却液严重不足，冷却液加至标准液位后，将车辆开回车间继续检修。

根据该车冷却液温度报警系统控制原理分析，造成此故障的原因有两种可能：冷却系统电路控制出现故障；冷却循环系统出现故障。

与车主沟通后，车主表示车辆来店报修前也发现冷却液已低于下限并添加了冷却液。据车主的描述与试车结果分析，该故障为冷却系统冷却液消耗导致冷却液温度过高、警告灯点亮。

车辆上工位检查，未见发动机外围的冷却系统管路有渗漏现象。

将发动机转速提高至3500r/min试车，发现排气管处有轻微白烟，20min后补液壶内的冷却液液位有明显下降。仔细观察发现补液壶内有轻微气泡。据此判断，冷却液回路与燃烧室贯通导致冷却液异常消耗。

将汽缸盖拆下检查，发现3缸汽缸垫的燃烧室与水道的密封处出现腐蚀，导致冷却液进入燃烧室燃烧，进而造成冷却液亏缺、液温升高、警告灯点亮。

检查汽缸体与汽缸盖平面度正常，更换汽缸垫，试车故障排除。

总结：在检修故障前要与车主进行仔细沟通，深入了解故障发生的时间、背景、规律等信息，以便于能够准确、便捷地定位故障。

案例2

风扇控制线路故障导致红色冷却液温度警告灯点亮

(1) 故障现象。一辆2009年款BMW E7X6，行驶6500km，车辆正常行驶中突然出现加速无力的现象，仪表中出现发动机功率下降的提示，红色冷却液温度警告灯点亮。车辆出故障前曾在4S店做过维护。

(2) 故障诊断与排除。检查发现冷却液并不缺少。

连接故障诊断仪进行整车检测，系统内存储风扇电动机的故障记录，于是维修人员判断是散热器风扇电动机出现故障，导致发动机温度过高，从而使发动机功率下降。从维修资料中得知，风扇电动机是600W的大功率电动机，转动风扇电动机的叶片没有卡滞的现象，当前的气温也不是很高，风扇的散热负荷并不大，而且该车行驶里程很少，风扇电动机不应该有故障。替换同型号的风扇电动机，利用诊断仪直接驱动风扇电动机，结果电动机没有运转，因此不是风扇电动机的问题。

宝马车系的电气检修对诊断仪的依赖程度较高，于是按照宝马的诊断维修流程，利用诊断仪中的维修检测计划对此故障进行了逐步分析和判断，结果还是认为风扇电动机故障或线路故障。

根据风扇控制电路图，可以看出如果风扇电动机不转，除了电动机本身故障外，还需要检查风扇继电器、乘客侧熔断丝盒中的风扇熔断丝(60A)、后部熔断丝盒中的风扇继电器控制信号熔断丝(5A)以及发动机控制单元的搭铁控制和其他相关线路。

检查后部熔断丝盒中的5A熔断丝正常，测量风扇继电器1号端子有12V电源，但继电器的X17278脚却没有12V电源，而正常情况下X17278脚是30号常电源提供的12V电源。

接着检查乘客侧熔断丝盒中的60A熔断丝，但是在熔断丝盒中并没有发现60A熔断丝。从电路图上可以看到乘客侧熔断丝盒的X16817脚确实是风扇的电源供应线，因此问题出在熔断丝盒内部。拆卸熔断丝盒并解体，发现熔断丝盒内部有4个大功率熔断丝并联在一起，其中就有要找的60A熔断丝。测量其他3个熔断丝都导通正常，而60A的熔断丝两端断路。

由于大功率熔断丝无法单独更换，于是更换了乘客侧熔断丝盒总成，结果试车风扇运转正常。

案例 3

气门油封漏油导致机油消耗高

(1) 故障现象。一辆宝来 1.8T 汽车,行驶里程累计 110000km。到店维护后将发动机机油加至油尺的上限,行驶 1000km 左右时,车主在做例行检查时发现机油量明显减少,但排气管又未看到明显的蓝烟。车主驾车来到服务站,补加机油 0.45L。

(2) 故障诊断与排除。宝来 1.8T 汽车发动机机油消耗高的原因通常有 5 个:

①气门油封漏油。
②活塞环与汽缸密封不严。
③曲轴箱强制通风阀 PCV 故障。
④涡轮增压器油封漏油。
⑤发动机油底壳衬垫、油封等处漏油。

首先查看发动机外围,未发现有机油泄漏,说明所减少的机油是因进入汽缸而消耗的。拆开涡轮增压中冷器的连接管,发现中冷器内壁只有少量的机油,根据以往维修经验,如果涡轮增压器油封漏油,则在中冷器中会有大量的机油,所以该发动机涡轮增压器的油封没有损坏。

又根据排气管无明显的蓝烟,则说明消耗的机油大部分是因在发动机内被加热而变成了积炭。进而怀疑气门油封泄漏。拆下喷油阀,用内窥镜观察进气门,发现 1 缸进气门的背面有很多积炭,由此判断是 1 缸进气门油封损坏。

更换 1 缸气门油封,故障排除。

案例 4

机油泵曲轴驱动链轮松动导致机油警告灯点亮

(1) 故障现象。一辆上海帕萨特 B5 1.8T 汽车,行驶里程 150000km,最近出现发动机热车行驶时机油警告灯点亮并发出蜂鸣声,有时在怠速状态下也会出现。

(2) 故障诊断与排除。首先对该车的故障进行验证,发现冷车起动后一切正常,热车后稍微踩下加速踏板机油警告灯就闪烁。

用 VAG 1551 进入 17-08(17 为组合仪表控制单元)读取数据流,002 组 3 区机油压力偏低,003 组 3 区显示机油温度 100℃,2 区显示机油油位也正常。

导致机油警告灯点亮有两方面的原因:一是警告灯及线路故障,二是机油压力本身达不到要求。

当把机油压力感应塞上的信号线搭铁后,机油灯会熄灭,检查机油压力感应塞没有发现问题。初步判定问题可能在油路上,测试机油压力。发现冷车怠速时机油压力为 180kPa,发动机 2000r/min 时压力为 200kPa,4000r/min 时机油警告灯闪烁并报警。热车后,怠速时机油压力 140kPa,2000r/min 时机油警告灯闪烁。从测量数据来看,怠速时机油压力是正常的,2000r/min 以上时的机油压力与维修手册上的规定值 350~450kPa 相差较大。肯定了前面的假设,需对油路做进一步的检查。

帕萨特 1.8T 发动机润滑系油路比普通发动机较复杂,来自机油泵的机油首先要经过机油冷却器、机油滤清器,然后再分成 5 路分别进入发动机曲轴、活塞、凸轮轴、液压挺杆和发动机外涡轮增压器。该车机油泵是由曲轴通过链条直接驱动的,链条由弹簧张紧机构保持一定的张紧度。机油泵使用的是转子式机油泵,在机油滤清器内还装有一个旁通阀(作用是当滤清器堵塞时,旁通阀打开,没有被滤清的机油仍能输送到各润滑点,避免机件的损坏)。分析造成机油压力低的机械原因有:

①机油量过少。

②机油泵磨损,油压不足。

③机油滤清器前部油路脏堵。

④油路中有泄压。

⑤机油的黏度等级。

对油底壳、机油集滤器进行检查和清洁并更换了机油泵和机油滤清器,试车故障依旧。检查发动机曲轴和轴瓦时,发现轴瓦有轻微的磨损,处理曲轴并更换轴瓦,疏通缸体上的油道,试车故障依旧。检查机油冷却器并更换新品,试车故障依旧。

再次拆下机油泵进行检查,偶然发现曲轴上的机油泵驱动齿轮与曲轴有相对运动,而驱动齿轮和曲轴在装配时应是过盈配合,不会发生相对运动。拆下曲轴仔细研究其前端的驱动齿轮,发现它和曲轴有一定的相对转动。因此问题可能是高速时曲轴与驱动齿轮之间产生了滑转,导致机油泵转速下降,单位时间内供油量减少,从而导致压力不足。更换原厂曲轴,装车后试车,故障排除。

案例5

燃油压力调节阀继电器线圈内部虚接导致的加速不良

(1)故障现象。一辆2009年款一汽-大众迈腾1.8TSI汽车,据车主反映,该车行驶中加速不良,仪表板上的EPC警告灯点亮。

(2)故障诊断与排除。使用故障诊断仪V.A.S 5051进行检测,发动机控制单元内存储故障码08852(燃油压力调节阀N276断路),故障码为永久性故障,不能清除。读取数据流01-08-140组3区,显示怠速时的燃油压力为700kPa,而标准值应为4MPa左右,检测结果说明燃油系统不能建立高压。

该车搭载了电控燃油直喷发动机,燃油高压通过安装在燃油泵上的压力调节器N276来调节。在喷油过程中,发动机控制单元根据计算出的供油始点向燃油压力控制阀N276发送指令使其吸合,此时针阀克服针阀弹簧的作用力向前运动,进油阀在弹簧作用力下被关闭。随着泵活塞向上运动,在泵腔内建立起油压,当泵腔内的油压高于油轨内的油压时,出油阀强制开启,燃油便被泵入油轨内。在油轨内形成稳定的高压燃油压力,由压力传感器识别并把信号传送给发动机控制单元。基于以上对燃油高压建立过程的分析可知,导致燃油供给系统高压不能建立的可能原因包括:凸轮轴驱动装置损坏、高压调压泵故障、高压调压泵电控线路故障以及发动机控制单元故障。

结合故障码对压力调节阀N276断路的提示,有必要首先通过V.A.S 5051的执行元件自诊断功能对燃油压力调节阀N276的线路进行测试,实测发现执行自诊断时,触摸N276的外壳无任何反应,也没有听到由发动机控制单元按一定频率控制吸合的"咔嗒"声,此时V.A.S 5051的自诊断界面显示系统激活而执行回路关闭。于是初步判断发动机控制单元存在控制故障的可能性不大,故障点应锁定在N276的执行线路。

根据调节器N276控制电路图,调节器N276共有2个端子。T2gz/1端子经过SB17熔断丝连接发动机高压泵控制继电器 J49 的 87 脚,用于提供来自主继电器的供电;T2gz/2 端子至发动机控制单元的 T60ya/19 端子,用于接收控制单元的工作控制信号。再结合故障码的提示,分析可能的原因包括:N276 内部电路断路、N276 的 T2gz/2 端子至发动机控制单元的 T60ya/19 端子之间线路断路、N276 的 T2gz/1 端子至发动机高压泵控制继电器 J49 的 87 脚端子之间线路断路、J49 继电器本身电路断路、J49 外围供电线路断路。

拔下 N276 的线束插头,以 T2gz/1 为测量点,检测在点火状态时发动机的控制波形为正常负触发波形,这说明 N276 的 T2gz/2 端子至发动机控制单元的 T60ya/19 端子之间无线路断路现象。以 N276 的 T2gz/1 端子为测量点,检测在点火状态下无供电电压,由此可推断出 N276 的供电电路出现了断路故障。测量高压泵控制继电器 J49 的 87 脚端子至 N276 的 T2gz/2 脚线路正常,由此可以确定故障是继电器 J49 内部或外围供电的原因。

以继电器 J49 为检测中心,测量其 30 端子有正常的供电电压,85 脚受来自主继电器的 SB23 控制,测其有正常的 15 号电源。进一步测量 J49 继电器的控制线圈电阻(85 脚和 86 脚)为 82Ω,对比标准电阻正常,初步测试元件正常,但电源线缺电。为了对这一问题进行追踪,拆开继电器外壳,观察在点火挡位时继电器执行端的 2 个触点并不吸合,说明继电器控制线圈在工作时内部虚接,不能提供执行回路吸合所需的闭合力。

更换 J49 继电器,故障码 08852 可以清除。此时,再使用 V.A.S 5051 的测试功能,进入发动机系统对 N276 执行元件自诊断,可以听到 N276 按照一定频率吸合的"咔嗒"声,说明发动机控制单元至高压调压泵的控制恢复正常。

发动机运转,读取怠速时 140 组显示的燃油工作压力为 4MPa,仪表板上的 EPC 警告灯熄灭,试车发动机加速正常,至此故障彻底解决。

案例 6

高压油泵泄漏导致发动机起动困难、废气警告灯点亮

(1)故障现象。一辆奥迪 A4L 汽车,发动机型号为 CDZ,发动机起动困难(特别是热车后),行驶中有时会出现自动熄火、废气警告灯点亮现象。

(2)故障诊断与排除。用 V.A.S 5052 检查,有故障码:4106 P218800(101)汽缸燃油计量系统怠速时过浓,根据分析,可能存在的故障有:喷油嘴泄漏、炭罐电磁阀 N80 发卡、发动机机油中有燃油。

检查空气滤芯清洁情况,进气管路没有堵塞现象。

检查炭罐电磁阀工作正常。

用 V.A.G 1318 检查燃油系统的保持压力,根据 ELSA(奥迪厂家的电子服务信息查询系统)说明,发动机熄火后,10min 内应保持 3×10^5Pa 的过压,发动机熄火并将开关关断,压力不下降,说明燃油低压系统正常,开关打开后,压力会慢慢下降,说明在高压系统存在泄漏,分析得出可能是喷油嘴存在泄漏,更换 4 个喷油嘴后再次检查燃油压力,压力还是不正常。

检查机油时,发现该车的机油偏黑,没有黏性,行驶将近 5000km 机油油位在 30mm 的位置,并且打开机油盖后有很重的汽油味,很明显是机油中渗入了汽油,分析为高压泵泄漏。

拆检高压油泵,发现高压泵的驱动杆有明显的松动,更换高压泵后,检查燃油保持压力正常。

更换高压泵,同时更换机油、机油滤清器,故障排除。

案例7

进气门弹簧折断导致热车起动困难

(1)故障现象。一辆2006年产一汽－大众宝来1.6L汽车,搭载BJH型发动机,行驶里程33000km。据车主反映,一个月前该车出现了热车时偶尔不好着车的故障,而且近来热车时每次起动都会不好着车,但冷车时一切正常,即使放几天也能顺利起动着车。

(2)故障诊断与排除。经询问得知,此车已经在多家修理厂维修过,因此考虑除了原始故障之外是否又增加了人为故障。

首先进行基本检查,检查点火高压电和测量燃油压力都正常,使用故障诊断仪调取故障码,发现存在混合气过浓的故障码,起动着车后,发动机数据流中显示氧传感器在 -10% ~ -20%之间调节,这说明混合气过浓。对于热车时混合气过浓导致不好着车的故障,有多个可能的故障原因,但是根据维修经验,常见的原因包括喷油器滴漏、汽缸内积炭过多以及配气正时错误等,下面进行有针对性的逐个排除。

因为之前测量燃油压力时,保压后的压力正常,因此可以排除喷油器滴漏的可能。此车已经进行过免拆清洗,而且行驶里程较短,因此也可以排除汽缸内积炭过多的可能。

在故障验证中发现,热车起动时,每次都是着一下车然后又熄火了,于是决定检查缸压在建压阶段是否有问题。测量起动缸压,当测量3缸时发现没有缸压,测量其他缸的缸压正常,又重新测了3缸缸压,缸压也正常,达到最高缸压的时间也基本正常。但奇怪的是,多次测量3缸缸压的结果都不同,因此怀疑3缸的气门密封存在问题。拆下气门室罩盖,观察3缸的气门没有发现问题。当拆下凸轮轴后,发现了问题所在,3缸进气门弹簧断裂,而且气门弹簧下面多出了一个弹簧座。

更换3缸进气门弹簧,故障排除。

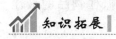

一、工作安全与环保

在车间进行车辆故障诊断与排除作业时,应始终注意遵守安全操作规程,防止伤害事故发生;及时做好废弃物的收集、处理,并以最低的能源消耗开展各项工作。

1. 个人安全

(1)工作着装。为防止事故的发生,汽车维修技术人员在维修作业过程中必须按规定进行着装,如图1-67所示。工作服必须结实、合身,尽量不要裸露皮肤,以防止受伤或烧伤;衣服上不能有暴露的纽扣、皮带扣等硬物,以防止工作时损坏车辆漆面。工作时应穿安全鞋,穿着凉鞋或运动鞋易摔倒,容易因为偶然掉落的物体而受到伤害。提升重的物体或拆卸热的排气管或类似的物体时,建议戴上手套。

(2)眼睛保护。当工作环境中存在损伤眼睛的风险时,须戴上安全防护眼睛,例如操作砂轮机、在车下拆卸腐蚀金属连接件、对有压力的气体或液体管路进行操作时等。当蓄电池电解液、燃油、溶剂等化学品进入眼睛时,要用清水长时间冲洗眼睛,还要及时让医生进行药物处理。

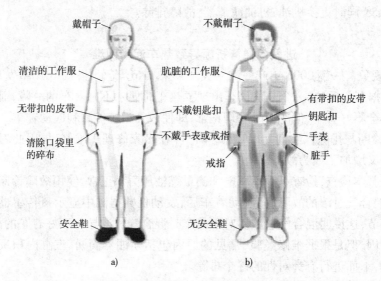

图1-67 工作着装
a)正确着装；b)不正确着装

（3）呼吸保护。当在有毒化学气体、充满过量尘埃等环境中工作时，须戴上呼吸器或呼吸面罩，例如用清洗剂清洗零部件时。

（4）举升和搬运。正确的举升和搬运重物的方法非常重要。在工作中，只能举升和搬运那些在个人能力范围内的重物，对搬运物品的尺寸和质量没有把握时，应该要找人帮忙。体积很小、很紧凑的零部件有时也会很重，或者不好平衡。在举升和搬运物品前，先要考虑如何进行举升和搬运。搬运任何物体时，都应遵循以下方法：

① 双脚要靠近搬运的物体，这样有利于在搬起物体时保持身体平衡。

② 尽量使背部和肘部保持伸直，弯曲双膝，将双手放到能够牢牢抓住物品的最佳位置。

③ 如果物品装在纸箱内，一定要确认箱子是结实的。旧的、潮湿的和封闭不良的纸箱很容易被撕烂，其中的物品就会掉落。

④ 双手要抓牢物品或容器，在抬起物品或移动时，不要再改变手的位置。尽可能将背部挺直。

⑤ 将物品靠近身体，通过伸直双腿举起物品，要利用双腿的肌肉，而不要用背部的肌肉，如图1-68所示。

⑥ 不要通过扭转身体来改变移动方向，一定要转动包括双脚在内的整个身体。

⑦ 将物品放到货架或柜台上时，不要向前弯曲身体，应将物品的边缘先放在货架上，然后向前推重物，注意不要将手指夹住。

⑧ 在放下重物时，弯曲膝盖，但要挺直背部，不要向前弯曲身体，否则会拉伤背部肌肉。

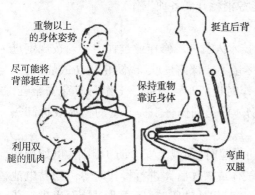

图1-68 搬重物时姿势

⑨将重物放到地面上时,应将物品放在木头垫块上,以保护手指,免受损伤。

2. 车间作业安全

在车间内工作时,应严格遵守安全操作规程,以下是一些建议:

(1)不要把工具或零件留在自己或者其他人有可能踩到的地方。将其放置在工作架或工作台上,养成好习惯。

(2)立即清理干净任何飞溅的燃油、机油或者润滑脂,防止自己或者他人滑倒。

(3)工作时,应采取舒适的姿态。否则会影响工作效率,而且有可能会使人跌倒或受到伤害。

(4)处理沉重的物体时要非常小心,防止物品跌落或使自己受伤。

(5)从一个工作地点转移到另外一个工作地点时,一定要走指定的通道。

(6)检修发动机时,自己应保管好钥匙,以免其他人起动发动机。在运转的传动带附近工作时,应格外小心。在散热器周围进行作业时,先将发动机冷却风扇电路断开,以防止风扇突然转动。

(7)维修液压系统时,先将压力以安全方式释放。

(8)吸满汽油或机油的碎布,应放入带盖的金属容器内,防止自燃。

(9)在机油存储地或可燃的零件清洗剂附近,禁止使用明火。

(10)千万不要在处于充电状态的电池附近使用明火或产生火花。

(11)仅在必要时才将燃油或清洗溶剂携带到车间,携带时使用能够密封的特制容器。

(12)在燃油泄漏的车辆没有修好之前,不要起动该车辆上的发动机。

(13)修理燃油供给系统,例如拆卸燃油总管前,应当从蓄电池上断开负极电缆。

(14)清楚灭火器放置位置和使用方法,如果火灾警报响起,所有人员应当配合扑灭火焰。

(15)车间内禁止吸烟。

(16)如果发现电气设备有任何异常,应立即关掉开关,并及时报告。

(17)如果电路中发生短路或意外火灾,在进行灭火之前应首先关掉开关。

(18)不要靠近断裂或摇晃的电线。

(19)为防止电击,千万不要用湿手接触任何电气设备。

(20)千万不要触摸标有"发生故障"的开关。

(21)拔下插头时,不要拉电线,而应当拉插头本身。

(22)不要让电缆通过潮湿、浸有油、炽热的表面,或者尖角附近。

(23)在开关、配电盘或起动机等物附近,不要使用易燃物,因为它们容易产生火花。

(24)遇到险情应及时报告,设置醒目提示。

3. 废弃物处理

(1)汽车工作液。汽车上使用的机油、冷却液、制动液、变速器齿轮油、制冷剂等,一般都含有有毒有害物质,对人体和环境危害极大。因此,在更换上述油液后应进行专门的回收处理。

(2)蓄电池。蓄电池中残存的酸性电解液是有害的,它具有腐蚀性,含有铅和其他有毒物质。报废蓄电池要由回收站或经销商回收。

(3)金属屑。加工金属零部件时所产生的金属屑需要收集,如果可能要进行分离和回收,不能让金属屑落入下水道中。

(4)溶剂用低毒等效代用品替代有害化学品,如用水基清洁剂替代石油基去油剂。为了减少清洗零件时的溶剂用量,清理过程应分为两步进行,先用脏的溶剂清洗,然后再用干净的溶剂清洗。为防止溶剂挥发,要将溶剂存储在密闭容器中。溶剂挥发会损坏臭氧层并形成烟雾,另外,溶剂挥发的残余物也必须作为有害废物进行处理。

4. 5S 管理

5S 理念起源于日本,是指在生产现场中对人员、机器、材料、方法等生产要素进行有效的管理,这是日本企业独特的一种管理理念。在丰田公司的倡导推行下,5S 对于塑造企业的形象、降低成本、准时交货、安全生产、高度的标准化、创造良好的工作场所、现场改善等方面发挥了巨大作用。

(1)SEIRI(整理)。整理就是区分必需和非必需品,现场不放置非必需品,丢弃或处理不需要的东西,保持现场井然有序。整理的另一层意思是按时间性管理需要的东西,如经常用的可分为每天要用、每周要用、一个月内使用的;不经常使用的可分为一个月后用、半年才用一次、一年才用一次的。"整理"是 5S 的基础,也是讲究效率的第一步,更是"空间管理"的第一课。

(2)SEITON(整顿)。整顿是放置物品标准化,立即能找到所需要的东西(30s 内),减少"寻找"时间上的浪费,也就是将物品,按"定点"、"定位"、"定量"三原则规范化,使工作效率、工作品质、材料成本控制上,达到最大的效益。

(3)SEISO(清扫)。清扫是一个使工作场地内所有物品保持无垃圾、无灰尘、干净整洁的过程。清扫的对象包括机器、工具、测量用具、地板、天花板、墙壁、工具架、橱柜等。

(4)SEIKETSU(清洁)。清洁是一个努力保持整理、整顿和清扫状态的过程,目的是防止任何可能问题的发生。"清洁"与前面所述的整理、整顿、清扫的 3 个 S 略微不同。3S 是行动,清洁并不是"表面行动",而是表示"结果"的状态。它当然与整理、整顿有关,但与清扫的关系最为密切。为机器、设备清除油垢、尘埃,谓之清扫,而"长期保持"这种状态就是"清洁",设法找出设备"漏液、漏油"现象的原因,彻底解决,这也是"清洁",是根除不良和脏乱的源头。因此,"清洁"是具有"追根究底"的科学精神,大事从小事做起,创造一个无污染、无垃圾的工作环境。

(5)SHITSUKE(自律)。自律也称为修养或习惯。要求严守标准,强调团队精神,养成良好的 5S 管理习惯。5S 实际上是一个日常习惯,不是靠一个人做就可以的,而是需要每个人亲身去体会实行,由内心得到认同的观念。因为自己的疏忽,会给别人带来不便、损失,所以养成习惯、确实自觉遵守纪律的事情,就是"自律"。

二、汽车故障诊断基础

汽车是由各总成和零部件组成的。在行驶过程中,随着汽车行驶里程的增加,由于零部件磨损、变形、疲劳、裂纹、化学腐蚀、老化等,会逐渐丧失原有的或技术文件要求的性能,从而引起汽车技术状况变差、使用可靠性降低,导致各种故障的发生。

1. 汽车故障的基本概念与分类

根据《汽车维修术语》(GB/T 5624—2005),汽车故障是指汽车部分或完全丧失工作能力的现象。汽车故障的分类,如表 1-15 所示。

汽 车 故 障 分 类　　　　　　　表 1-15

分类标准	故障类型	故障描述
根据故障发生的原因	人为故障	汽车在制造或维修时,由于使用了不合格的零件,或违反了装配技术条件;在使用中没有遵守使用条件和操作技术规程;没有执行规定的维修制度以及由于运输、保管不当等原因,而使汽车过早地丧失了它应有的功能
	自然故障	在使用期间,由于外部或内部不可抗拒的自然原因而引起的故障,如自然情况下的磨损、腐蚀、老化等损坏形式均为自然故障
按失去工作能力的程度	局部故障	汽车局部失去工作能力,降低了使用性能的故障
	完全故障	汽车完全失去工作能力,不能行驶的故障
按影响汽车性能的情况	功能故障	汽车不能继续完成本身的功能,如行驶跑偏、转向失灵、发动机不能起动等
	参数故障	汽车的性能参数达不到规定的指标,如发动机功率下降、百公里油耗异常、排放超标等
按发生的后果	轻微故障	不会导致停驶,尚不影响正常使用,也不需更换零件,可用随车工具在短时间(5min)内轻易排除
	一般故障	造成汽车停驶,但不会导致主要零部件损坏,一般故障并可用随车工具和易损件或价值很低的零件在短时间(30min)内修复;虽未造成停驶,但已影响正常使用,需调整和修复的故障
	严重故障	导致整车性能显著下降,造成主要零部件损坏,且不能用随车工具和易损备件在短时间(约 30min)内修复的故障
	致命故障	涉及人身安全,可能导致人身伤亡;引起主要总成报废,造成重大经济损失;不符合制动、排放、噪声等法规要求的故障
按故障存在时间	间歇性故障	故障发生后,其故障现象时有时无,俗称"软故障",例如:发动机抖动时有时无、发动机异响时隐时现等。这样的故障在诊断时需要再现故障发生时的工况条件和环境,获取故障诊断参数比较困难
	持续性故障	故障发生的阶段故障现象始终存在,俗称"硬故障",例如:某一汽缸始终不工作等。对于这样的故障,可以方便地对诊断参数进行示波方式采集,获取故障诊断参数比较容易

2. 汽车故障规律

汽车故障规律是指汽车开始使用后,其故障率与使用里程(或时间)的关系。汽车故障率曲线具有明显的两头高、中间低的几何形状特征,该曲线又被称为浴盆曲线。汽车机械装置的故障规律曲线,如图1-69所示。

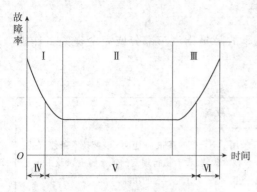

图1-69 汽车机械装置的故障规律曲线
Ⅰ-早期故障期;Ⅱ-偶然故障期;Ⅲ-耗损故障期;Ⅳ-磨合期;Ⅴ-正常使用期;Ⅵ-即将报废期

(1) 早期故障期。浴盆曲线左侧部分为早期故障期,这是新车或大修过的汽车开始使用的初期。新车出现早期故障是由设计或制造上有缺陷等原因造成的,如设计不良、制造质量差、材料有缺陷、工艺质量有问题、装配不佳、调整不当、质量管理和检验出现差错等。大修车出现早期故障主要是装配不当、修理质量不高所致。早期故障可以通过强化试验和磨合加以排除。该阶段的特点是故障率较高,但在此阶段,汽车故障率随时间的增加而迅速下降,属于故障率递减型曲线。

(2) 偶然故障。浴盆曲线的中间部分为偶然故障期,又称为随机故障期。偶然故障期内的故障通常由材料缺陷、操作失误、超载运行、润滑不良、维修欠佳、产品本身的薄弱环节等偶然因素造成,以及一些零件合乎规律的早期损耗引起。在偶然故障期内发生故障的时间是随机的、难以确定的,但从统计学角度来看,故障发生的概率又遵循一定的规律。在汽车正常使用的过程中所出现的故障,多属于偶然期故障。该阶段的特点是故障率比较低,并且相对稳定,此阶段故障率是与行驶里程和时间无关的常数。

(3) 耗损故障期。浴盆曲线的右侧部分为耗损故障期。耗损故障期内,故障通常由汽车机件的磨损、疲劳、变形、腐蚀、老化等原因引起。在这段时期,故障率随时间的生长而上升得越来越快,属于故障率递增型曲线。确定汽车机件何时进入耗损故障期是汽车生产厂家确定定期更换易损件的理论根据。

3. 汽车故障的症状

汽车故障症状是在汽车操纵过程中可以感觉和察觉到的异常现象,能够感觉到的是功能性故障症状,能够察觉到的是警示性故障症状,有些故障症状可能不明显,既不能感觉到也不能察觉到,这样的故障是隐蔽性故障,它只能通过检测的方式才能发现,也称为检测性故障。汽车故障症状的具体表现形式,如表1-16所示。

汽车故障症状表现形式 表1-16

症状表现形式	症状现象
工作状况异常	行驶性能、运转性能、工作性能、操纵性能等不正常
仪表指示异常	仪表显示、灯光警示、屏幕显示不正常
各部响声异常	发动机、底盘、电气设备、车身各个部分的运动零部件及总成异响
工作温度异常	发动机、传动、制动、转向、行驶等系统的各个总成及润滑油温度不正常

续上表

症状表现形式	症状现象
机械振动异常	发动机、底盘等系统运动零部件及总成振动、摆动、跳动、抖动等
排放色味异常	尾气排放为白烟、蓝烟、黑烟,尾气排放有异味
气味颜色异常	发动机舱、车厢内外,各种液(气)体、燃油、润滑油、橡胶及塑料件等颜色、气味不正常
油液消耗异常	燃油、润滑油、冷却液、动力转向油液、变速器油、差速器油等液体消耗不正常
汽车外观异常	车身、车架、轮胎、轮辋、悬架、发动机舱、行李舱等外观变形
液体漏堵异常	燃油、润滑油、冷却液、动力转向油液、变速器油、差速器油等液体渗漏、管路堵塞等
检测参数异常	功率、照度、制动力、侧滑量、排放值、压力、温度等不符合要求

4.汽车故障诊断的基本流程与方法

(1)基本流程。汽车故障诊断是一项逻辑性较强的工作,它遵循一定的逻辑程序,其基本流程如图1-70所示,主要由五个步骤构成。如果维修人员检查车辆时不按照必要的程序操作,则故障很可能变得复杂,最后很可能由于错误的推测而采取不相干的维修程序。为了避免发生这种情况,在故障诊断时应按照一定的程序进行操作,以提高维修的效率。

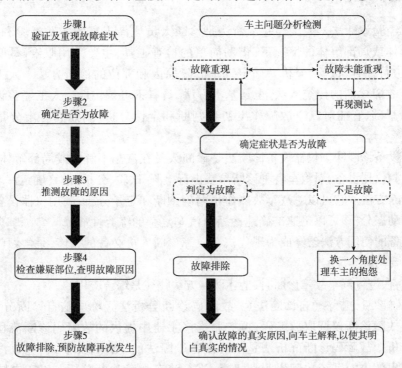

图1-70 汽车故障诊断的基本流程

①验证和重现故障症状。验证和重现故障症状是故障诊断的第一步,故障诊断中最重要的一个因素是正确地观察车主所指出的实际故障(症状),并以此作出正确的判断。应注意车主描述的非专业性,有区别地吸取有用信息,最好是亲身体验故障。

②判定这种症状是否为故障。当车主对车的故障提出抱怨时,这种抱怨可能是由很多原因造成的。然而并不是车主所说的所有症状都是故障。如果维修人员花大量时间去修理一辆实际上并无故障的车,不仅仅浪费了宝贵的时间,而且会失去车主的信任。因为许多情况下车主对汽车的结构、原理和正确的使用方法不清楚,会将某些正常现象误认为故障而报修。例如,将汽车正常的振动误认为是故障;将油箱没有油或蓄电池没有电、电源总开关没有合上等误认为是发动机不能起动故障等。

③推测故障的原因,应当在维修人员所确定的故障症状基础上系统地进行。仔细进行车主询问和车辆维修档案查阅是做好此项工作的基础。询问的内容应包括故障现象、发生的时间、条件(温度、负荷、道路等)、最近的维修记录等。

④检查可疑部位,查明故障原因。在全面实施故障可疑部位检查前,对系统进行直观检查和基本检查是非常必要的。故障诊断是在通过验证(检查)所获得数据的基础上,逐渐寻找故障真正原因的一个反复过程。

⑤排除故障,避免故障再次发生。通过查询故障原因、正确排除故障,并消除了车主担心类似故障再次发生的心理,才意味着此次维修工作圆满结束。

(2)基本方法。汽车故障诊断方法按照检测手段的不同,可分为人工经验诊断法和食品设备诊断法;按照诊断切入点的不同,可分为故障码诊断分析法和症状诊断分析法。

①人工经验诊断法。人工经验诊断法是诊断人员凭借丰富的实践经验和理论知识,在汽车不解体或局部解体的情况下,借助简单的检查工具,主要采用眼看、耳听、手摸、鼻闻等手段,进行检查、试验、分析并确定汽车故障原因和部位的诊断方法。人工经验诊断法既是汽车故障诊断的传统方法,也是基本方法,具有不可替代性。人工经验诊断是汽车故障诊断的基础,它能对汽车故障作出初步判断和定性分析,因而具有十分重要的实用价值。

②仪器设备诊断法。仪器设备诊断法是诊断人员在汽车不解体或局部解体的情况下,采用现代检测仪器设备,对汽车各种诊断参数进行检测、试验、分析,最终确定汽车故障原因和部位的诊断方法。它可以对汽车故障作出精确判断和定量分析,利用仪器设备对汽车进行多参数的动态分析,可以迅速准确地诊断出汽车复杂的综合性故障。熟练掌握各种检测诊断仪器设备的使用方法已经成为现代汽车故障诊断人员必备的技能,是学习汽车故障诊断技术的重要内容。

实际上,在进行汽车故障诊断时,上述两种方法往往是综合应用的。

③故障码诊断分析法(自诊断法)。故障码诊断分析法又称电脑自诊断分析法,它采用汽车电脑故障诊断仪调取故障码,再按照维修手册中提供的故障码诊断流程图表进行故障诊断分析。故障码诊断分析法是仪器设备诊断法的一种特殊形式,它以汽车电脑故障诊断仪调出的电控系统故障码为切入点,进行汽车故障诊断分析。汽车电脑故障诊断仪在自诊断分析中最重要的是故障码和数据流这两种显示方式,故障码可以定性地描述故障点,数据流可以定量地显示数据参数,这些参数不仅能对电脑输入输出信息进行多通路即时显示,还可以对电脑控制过程的参数进行动态变化显示。采用自诊断的强大功能帮助汽车维修技术人员分析判断汽车故障,是汽车电脑控制系统独特的自我诊断功能在

实际汽车故障诊断中的卓越应用,它为汽车故障诊断提供了一个全新的诊断模式,实现了传统汽车故障诊断(人对车的单向测试)向现代汽车故障诊断(人与车双向互动)的飞跃,这是汽车故障诊断技术在诊断方式上的重大变革。

④症状诊断分析法。症状诊断分析法是以故障所表现出来的症状为切入点,以汽车结构原理为基础、用故障症状与故障原因之间的逻辑关系进行分析,然后采用检测和试验的手段进行故障点诊断分析的一种方法。这种方法适用于汽车非电子控制系统和无故障码输出的电子控制系统的故障诊断。传统汽车故障诊断就是以症状诊断分析法为基础的故障诊断,症状诊断分析法同样采用人工经验诊断法和仪器设备诊断法相结合的综合诊断方式来完成。症状诊断分析法是最基本、最基础的诊断分析方法,特别是对自诊断系统不能准确把握的故障诊断项目具有十分重要的意义。

综上所述,传统汽车故障诊断是以症状诊断分析法为基础,以人工经验诊断法为主要手段,仪器设备诊断法为辅助方法的汽车故障诊断。现代汽车故障诊断是以故障码(自诊断)诊断分析法为导向,以症状诊断分析法为基础,以人工经验和仪器设备相结合的综合诊断分析方法为主要手段的汽车故障诊断。

5.诊断工具与设备

汽车故障诊断设备有多种,需要根据特定车型的具体故障加以选用。表1-17列出了维修企业常用的故障诊断设备。

维修企业常用诊断设备　　　　表1-17

名　称	功　能	名　称	功　能
数字万用表	测量电路及元件的电压、电流、电阻等多种参数	机油/自动变速器油压力测试表	测量发动机润滑系统和自动变速器油路压力
汽车专用万用表	除具备一般数字万用表的功能外,还可测量发动机转速、闭合角、占空比、脉宽等参数	汽车故障电脑诊断仪	对汽车电控系统进行检测诊断
手持式真空泵	测量真空系统的压力、产生真空	汽车专用示波器	测试电控系统的各种波形
燃油压力测试表	测量电控汽油发动机燃油管路的压力	汽车发动机综合检测仪	全面检测、分析发动机的综合性能参数,对发动机进行诊断
汽缸压力表	测量发动机汽缸的压缩压力	汽车排气分析仪	测量汽车排气污染物的含量

(1)数字万用表。如图1-71所示,数字式万用表具有检测精度高、测量范围广、抗干扰能力强、输入阻抗高等特点,因而在汽车维修行业得到了广泛的应用。

①电压测量。电压测量是数字万用表的基本功能。测量时,转动功能选择旋钮,选择电压挡(V),注意区分交流电压和直流电压。黑色表笔插入COM端,红色表笔插入V插口。测量时,黑色表笔接负极,红色表笔接正极。

②电阻测量。准备测量时,转动功能旋钮至电阻(Ω)挡,黑色表笔插入COM端,红色表笔插入Ω插口。

在进行电阻测量时,需要注意以下两点:

A. 要切断所测电路电源,并把电容的电放掉,因为有外部电压或残留电压存在,将不能准确测量电阻。

B. 如果仪器显示的数据变化很快,应选择高一级的量程。量程选择越合适,测量越正确。

③电流测量。准备测量时,转动功能旋钮至电流(A)挡,黑色表笔插入 COM 端,红色表笔根据所测电流大小插入 mA 或 A 插口。

在进行电流测量时,需要注意以下几点:

A. 要区分交流电流和直流电流。

B. 要注意所测电流的大小,正确选用插孔。在测量电流时,万用表的内阻较小,如果电流过大将损坏仪器。

C. 测量特别大的电流时(如起动电流),应选用电流钳测量。

④电路通断测量。准备测量时,转动功能旋钮至二极管挡,黑色表笔插入 COM 端,红色表笔插入 Ω 插口。

测试时,将万用表的两个表笔与电阻或被测导线的两端连接,如果电路闭合,测量值小于 100Ω(万用表类型不同,这个数值不同)时万用表报警;如果两端开路,万用表不报警。测量时,仍然需要断开电路电源。这个功能在检测诸如熔断丝的好坏、导体或导线是开路还是短路、开关的闭合等情况时非常有用。

(2)汽车专用万用表。如图 1-72 所示,汽车专用万用表具有一般数字万用表的基本功能,另外还可检测汽车某些重要的参数,如发动机转速、喷油脉宽、闭合角、占空比等。目前,在我国汽车维修行业使用较广的汽车专用万用表主要有 OTC 系列(3505、3514)与 MODEL 系列(206、506、706、716)等。

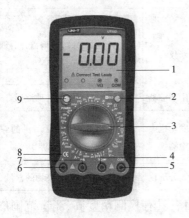

图 1-71 数字万用表

图 1-72 汽车专用万用表

1-数字显示屏;2-HOLD 功能键,自动捕捉稳定读数;3-功能旋钮;4-红色表笔接口(电压、电阻、二极管);5-黑色表笔接口;6-电流测量接口;7-毫安电流测量接口;8-CE 认证标志;9-电源键

①转速测量。通过电磁感应原理进行测量。先将旋转功能旋钮选择到转速挡(RPM),然后用 AC/DC 键选择发动机冲程数,确认搭铁端与万用表的 COM 插口连接后,将转速感应

钳夹在分缸高压线上,即可测量发动机的转速。

②电流测量。汽车上的电流有大电流和小电流之分,如发动机起动电流较大、汽车休眠时的电流较小,所以针对不同的电流值有不同的测量方法。在电流较小(一般小于 2A)时,可用万用表串联测量。在电流较大时,若采用串联测量,可能导致万用表损坏,因此这时需要采用电流钳测量。电流钳测电流也是通过电磁感应的原理进行的。电流钳有两种,一种测交流,另一种交、直流电流都可测量。在现代高档轿车上,往往需要测量汽车的休眠电流(一般几十毫安),这时也需要电流钳来测量。在使用电流钳时,需要注意在电流钳附近不能有磁场较大的器件,否则会导致读数不准。

③脉宽测量。脉宽就是执行器打开的时间长度,也就是一个工作脉冲持续的时间。例如,发动机控制单元发出脉冲电流控制喷油器打开的时间,这个脉冲电流产生一个电磁场,吸起电磁阀,打开喷油器,脉冲结束后,喷油器关闭,喷油器由打开到关闭的时间就是喷油脉宽,用毫秒(ms)计量。测量时,选择脉宽挡(ms – pulse)测量。

④闭合角测量。闭合角是指点火系统初级电路通电时间对应的凸轮轴转角。测量时,选择 DWL°挡测量。

⑤占空比测量。汽车上越来越多的元件受脉冲宽度调制信号(MWP)控制。占空比是指控制信号的有效电平持续时间与一个周期时间之比。

在实际检测时,每个电控元件占空比的具体数值需要查看生产厂家的维修手册。

(3)手持式真空泵。如图 1-73 所示,汽车电控发动机上许多控制装置采用发动机真空作为动力源,手动真空泵不仅可以作为真空表测量其工作时的真空度大小,同时可代替发动机产生真空操纵工作装置以判定工作装置的性能。手持式真空泵有多种形式,主要由一个真空表和一个活塞式吸气筒等组成。使用较为简便,在检测时被测部件不需拆除,只需断开真空管路,选择与被测管路匹配的接头将真空泵接入即可。

(4)燃油压力测试表。如图 1-74 所示,燃油压力测试表用于测量电控汽油发动机燃油总管内的燃油压力,以判定燃油供给系统的工作情况是否正常。一般电控汽油喷射系统的供油管上设有专用的油压检测口,用以和燃油压力表连接。进行燃油压力测试时,连接燃油压力表前应卸掉燃油总管残余油压,注意防火并采取相应的防护措施。测试完毕,应检查燃油管路确保无泄漏。

图 1-73 手动真空泵

图 1-74 燃油压力测试表

(5)汽缸压力表。汽缸压力表用来测量汽缸内压缩终了时的压力,以判定发动机汽缸密封性。正常的汽缸压缩压力是保证发动机正常工作的必要条件。汽缸压力表根据测试对象可分为汽油机汽缸压力表和柴油机汽缸压力表,汽油机汽缸压力表一般为手持式,柴油机汽缸压力表因压力较大,故需螺栓固定。汽油机汽缸压力测试时,应拆除火花塞,利用火花塞孔对汽缸压力进行测量。柴油机测试时,则拆除喷油器,利用喷油器座孔对汽缸压力进行测量。图1-75所示为汽油机汽缸压力表。

(6)机油/自动变速器油压力测试表。如图1-76所示,机油/自动变速器油压力测试表包括两套表组,用来测定发动机润滑系统和自动变速器油路压力。机油压力测试时,只需将机油压力传感器拆除,选择对应的检测接头将油压表接上即可。自动变速器油路压力测试,应参考相应的维修手册找到各油压检测点,接入油压表即可。

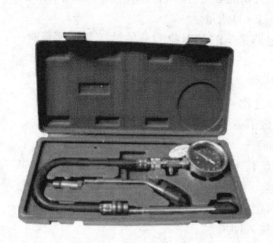

图1-75 汽油机汽缸压力表

图1-76 机油/自动变速器油压力测试表

(7)汽车故障电脑诊断仪(系统)。汽车故障电脑诊断仪,俗称解码器,是用来与汽车电控系统的控制中心进行数据交流的专用仪器,也是目前为止检测汽车电控系统故障最有效的仪器。主要功能如下:

①读取电控系统的故障代码。

②在故障排除后清除故障代码。

③读取电控系统ECU中的数据流,有些专用汽车故障电脑诊断仪还可对ECU中的某些数据进行更改。

④直接向执行器发出动作指令,以检查其工作状况。

⑤路试时监测并记录各传感器、执行器的工作参数,以便进行分析判断。

⑥可通过网络进行资料的更新升级。

⑦有些汽车故障电脑诊断仪还具有万用表、示波器、打印机以及显示电控系统电路图和维修指导、客户档案管理等功能。

目前,所用的汽车故障电脑诊断仪按其适用范围及功能通常分为两种类型,一种为专用型汽车故障电脑诊断仪(系统),是由汽车制造厂家专门制造或开发的、只能检测某一品牌或某一车型的汽车故障电脑诊断仪(系统),新的诊断系统可实现与厂家服务器的适时沟通,获得即时的在线服务和技术支持。如大众汽车用 V.A.S 6150、标致汽车用 DIAG BOX、通用汽车的 GDS2 等。另一种为通用型汽车故障电脑诊断仪,它不是由汽车生产厂家提供或指定的,而是由其他专门生产检测仪器设备的公司制造的,它可以检测不同汽车生产厂家制造的多种车型,通过配备不同的检测接头,有的可以检测几十乃至上百种不同厂家的车型,因而一般配备在综合性维修企业。如元征公司的 X431、博世公司的 KT600 电脑诊断仪等都属于通用型汽车故障电脑诊断仪。

(8)汽车专用示波器。如图 1-77 所示,汽车专用示波器主要用来测试汽车点火波形、电控系统各传感器工作时的实际输出波形等。它能将在汽车工作中随时间变化的各种电量(指电压、电流等)进行显示和记录,通过与标准波形的比较,不但能进行电路系统整体运行状态的分析,而且还能进行某一段电路或某一电器元件的故障分析。

(9)汽车发动机综合分析仪。汽车发动机综合分析仪是专门针对车用发动机开发的检测仪器,该仪器技术含量较高、检测项目齐全,可全面检测、分析、判断发动机在各种不同工况下的工作性能及技术参数,对多种车型所存在的机械及电子故障进行全面的分析诊断,在汽车综合性能及汽车故障的检测诊断中发挥着重要的作用。图 1-78 所示为博世 FSA740 发动机综合分析仪。

(10)汽车尾气分析仪。汽车尾气分析仪用于测量点燃式发动机和装用点燃式发动机的在用车辆的尾气污染物。根据测量的尾气种类分为二组分、四组分和五组分三种。二组分汽车尾气分析仪检测并显示 HC、CO 两种成分。四组分汽车尾气分析仪检测并显示 HC、CO、CO_2、O_2 四种成分及参数 λ 值。五组分汽车尾气分析仪检测并显示 HC、CO、CO_2、O_2、NO 五种成分及参数 λ 值。对于装用压燃式发动机的在用汽车,尾气污染物测定仪器为烟度计,测定尾气中的可见污染物含量。图 1-79 所示为五组分汽车排气析仪。

图 1-77 OTC 汽车专用示波器

图 1-78 博世 FSA740 发动机综合分析仪

图 1-79 五组分排气分析仪

三、发动机点火系统故障诊断与排除

发动机点火系统故障表现为无高压电,其故障可能出现在低压电路,也可能出现在高压电路。

1. 点火系统低压电路故障诊断与排除

(1) 故障原因。

①点火线圈正极电源故障,在发动机运转时,点火线圈正极无供电。

②点火线圈负极控制系统故障。

③点火控制器故障。

(2) 故障诊断与排除。对于不同形式的点火系统,其故障诊断与排除的方式有所差异,以外置点火放大器系统为例,低压电路故障引起的无高压点火故障诊断流程,如图1-80所示。

2. 点火高压电路故障诊断与排除

(1) 故障原因。

①点火线圈故障。

②高压线故障。

③火花塞故障。

(2) 诊断与排除。

①先检查点火系统连接器的连接是否松动,如果有松动的情形,紧固松动处。

②检测点火高压线的电阻值是否在正常的工作范围之内,如果测量的电阻值不在正常的工作范围内,则说明高压线已损坏,更换高压线。

③若能从高压线上测得电压,而火花塞不跳火,则说明火花塞已损坏,更换火花塞。

④检查点火线圈的供电电源,正常情况下,其供电电压应为电源电压,否则检修供电线路。

⑤检查点火线圈的电阻值是否正常,如果不正常,说明点火线圈已损坏,更换高点火线圈。

⑥检查信号发生器所产生的信号是否正常,否则对信号线相关线路进行检修。

⑦检查从发动机 ECU 来的点火信号,如果发动机 ECU 没有给出点火指令,则检修相关线路、检查或更换发动机 ECU。

四、汽车发动机起动系统故障诊断与排除

1. 起动机不运转故障诊断与排除

(1) 故障现象。点火开关转至起动挡,起动机不运转。

(2) 故障原因。

①蓄电池严重亏电。

②线路接触不良或断路。

③起动机故障。

④起动机电磁开关故障。

⑤点火开关故障。

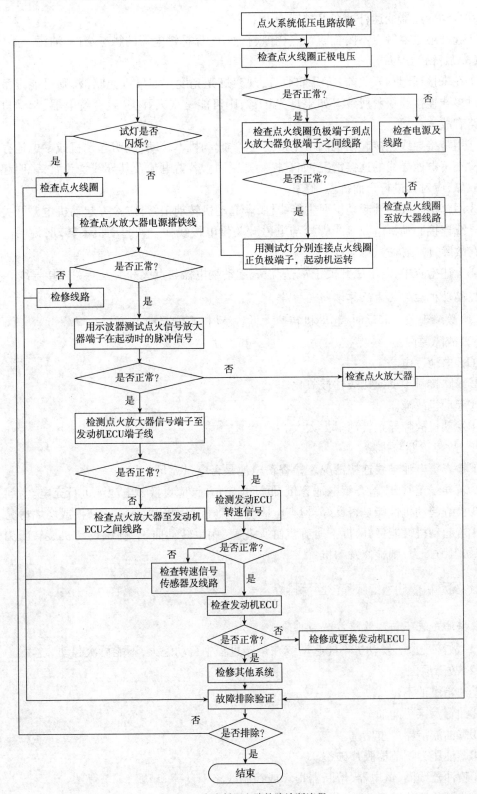

图 1-80　点火低压电路故障诊断流程

⑥自动变速器变速杆不在 P 挡或 N 挡位置。
⑦起动继电器触点不闭合或触点烧蚀、有油污,保护继电器的触点烧蚀、油污。

(3) 故障诊断与排除。

①在未接通起动开关前,打开前照灯,观察灯光亮度。如果灯光暗淡,则可能是蓄电池亏电过多或连接线松脱所致。如果灯光正常,则可能是点火开关、组合继电器、起动机本身或线路有故障。

②用跨接导线连接起动机两个主接线柱,若起动机不转动,说明起动机或蓄电池存在故障。检查蓄电池导线的连接情况,如有松动则紧固。若蓄电池及其导线均正常,说明起动机存在故障,应对其进行全面拆检、修复。

③用跨接导线连接起动机两主接线柱,若起动机转动正常,应检查起动机电磁开关。用跨接导线连接起动机电源接线螺栓与电磁开关供电接线柱。若起动机不转动,说明电磁开关存在故障,应当拆检、修复。

④上述检查中,若电磁开关正常,应检查起动继电器与点火开关及有关连接导线。

2. 起动机运转无力故障诊断与排除

(1) 故障现象。起动时,起动机转速太低,发动机不能起动。

(2) 故障原因。

①蓄电池亏电。
②线路接触不良或接线柱被氧化。
③起动机故障。
④发动机故障导致转动阻力太大。

(3) 故障诊断与排除。

①检查蓄电池导线连接情况。检查蓄电池是否电量充足。
②若导线正常,应检查蓄电池容量,低于规定值时,应更换蓄电池或进行充电。
③检查起动机性能是否良好,检查电刷与整流子之间接触、整流子磨损或烧坏情况。
④若起动机性能良好,拆下所有汽缸火花塞,用手转动曲轴,确认发动机旋转阻力是否正常,如阻力过大,则检修发动机。

五、发动机燃油系统故障诊断与排除

1. 供油系统不供油故障诊断与排除

(1) 故障现象。发动机不能起动或在运转过程中自动熄火,不能再次起动。

(2) 故障原因。

①油箱燃油不足。
②油管及接头漏油。
③汽油滤清器严重堵塞。
④燃油压力调节器膜片破裂。
⑤喷油器线圈、继电器、熔断器损坏或控制线路不良等。
⑥曲轴位置传感器(发动机转速传感器)无信号、起动开关信号未传入 ECU 等,使 ECU

未进行供油控制。

⑦油泵电动机损坏、继电器、熔断器损坏或控制线路不良等。

⑧ECU 有故障。

(3)故障诊断与排除。

①检查油箱是否有油、燃油管路及接头是否有破损之处。

②先进行故障自诊断,检查有无故障代码。如有,则按所显示的故障代码查找故障原因,要特别注意会影响供油控制的传感器(如发动机转速及曲轴位置传感器等)有无故障。在检测控制线路时,可采用故障模拟征兆法轻轻振动熔断器盒、轻轻晃动各线束连接器,看有无接触不良现象。

③测量系统油压。先卸压,然后在进油管和燃油分配管之间安装油压表,用起动机带动发动机运转,观察油压表的读数。

若油压正常,则故障在喷油器及其控制线路,可能是喷油器熔断器、继电器损坏或 ECU 故障,也可能是 ECU 未接收到起动信号、发动机转速信号等,没有对喷油器实施喷油控制。对此,应检查相应传感器、开关等;若无油压或油压极低,则故障在供油系统。

④检查汽油滤清器,若堵塞严重,应更换。

⑤检查油压调节器。拔下油压调节器真空管,如有油流出或滴油,说明油压调节器膜片破裂,应更换。若油压过低,可夹住油压调节器回油管,切断回油,若油压上升,可能是油压调节器膜片及弹簧性能下降、回油阀门开度一直较大,导致系统油压严重降低。

⑥若上述检测均正常,则为油泵不供油,应检查油泵及其控制线路,视情检修或更换。

2. 混合气过稀故障诊断与排除

(1)故障现象。踩下加速踏板后,发动机转速不能马上升高,有迟滞现象,加速反应迟缓,或在加速过程中发动机转速有轻微的波动,有时出现"回火"、"放炮"现象。

(2)故障原因。

①燃油泵性能不良。

②油压调节器性能下降。

③节气门位置传感器或空气流量计、氧传感器、进气歧管绝对压力传感器、冷却液温度传感器信号不良。

④废气再循环系统工作不良。

⑤进气歧管、真空管泄漏。

⑥燃油滤清器堵塞、管路泄漏。

⑦喷油器堵塞。

⑧电控单元 ECU 故障。

(3)故障诊断与排除。

①检查进气系统有无漏气,真空管是否脱落、破裂等。

②检查供油管路及接头,如有泄漏,则予以排除。

③进行故障自诊断,检查有无故障代码。空气流量计、节气门位置传感器等故障都会影响发动机的加速性能,有专用诊断仪的,还需要观察动态数据流,按故障代码和动态数据查

找故障原因。如有故障码,则按故障码提示排除电控系统故障。

④安装燃油表,检查燃油压力。急速时,燃油压力应为250kPa左右或符合原厂规定,急加速时应上升至300kPa左右或符合原厂规定。如油压过低,需检查油压调节器、汽油滤清器、汽油泵等。

⑤检查汽油滤清器,如有较严重油污或超过使用期限则更换。

⑥检查油压调节器。拔下油压调节器真空管,如有滴油现象,表示调节器膜片破裂,应更换。若油压较低,应检查油压调节器的工作性能。

起动发动机并急速运转,观察油压表的读数,应为250kPa左右;增大节气门开度加速,油压表读数应增大到280kPa左右;拔下油压调节器的真空管,燃油压力必须提高到300kPa左右;关闭点火开关,检查系统密封性及保持油压,在10min后油压应不低于200kPa;若保持油压过低,说明系统泄漏。重新起动发动机建立油压,关闭点火开关,用专用工具夹住回油管,等待10min,若此时压力表读数不低于200kPa,说明油压调节器回油阀关闭不严,应更换压力调节器。若仍低于200kPa,说明系统密封不良,管路泄漏,也可能是油泵止回阀损坏。

注意:不同的发动机,燃油系统的压力值有所不同,检测时应符合维修手册的要求。

⑦若油压调节器正常,则为油泵供油不足造成系统油压过低,应检修或更换油泵。

⑧若系统油压正常,应拆卸、清洗各喷油器,并检查喷油器的喷油量。如有异常,应更换喷油器。

3. 混合气过浓故障诊断与排除

(1)故障现象。发动机油耗量过大,排气管冒黑烟,运转不稳,加速无力。

(2)故障原因。

①冷却液温度传感器、空气流量计或进气管压力传感器失效。

②氧传感器失效。

③燃油压力过高。

④喷油器漏油。

⑤空气滤清器堵塞。

⑥ECU故障。

(3)故障诊断与排除。

①读取故障码,并按故障码提示排除故障。若无码或不能读取故障码,则按下述步骤检测。

②检查空气滤清器,若堵塞应更换。

③检查系统油压。若燃油压力始终偏高,可能是回油管堵塞或油压调节器失常。检查回油管,若回油管正常,则说明油压调节器有故障,应更换。

④系统油压正常,喷油器喷油脉宽偏低,则故障为喷油器漏油,应清洗或更换喷油器。

⑤若喷油器喷油脉宽偏高,应检测冷却液温度传感器、空气流量计或进气压力传感、氧传感器信号是否正常,线路有无断路或短路,视情检修或更换。

⑥若传感器正常,则为ECU故障导致喷油控制失常,应更换ECU。

六、发动机进气系统故障诊断与排除

1. 急速不良故障诊断

发动机急速不良表现为急速不稳和急速过高。

(1) 发动机急速运转不稳定故障诊断。

①故障现象。发动机起动后急速运转时,转速偏低、抖动、游车甚至熄火;接通空调开关或动力转向开关时,急速不稳、转速下降甚至熄火。

②故障原因。

A. 急速控制阀或线路故障、急速空气通道堵塞。

B. 节气门位置传感器信号不良。

C. 氧传感器有故障。

D. 进气管路漏气。

E. 个别缸不工作。

F. EGR 阀常开。

G. 燃油蒸气回收装置工作不良。

H. 空气流量计、进气压力传感器信号不良。

I. 空调开关、动力转向开关信号不良。

J. 电子控制单元损坏。

K. 汽缸压力过低。

③故障诊断与排除。发动机急速运转不稳定的诊断流程,如图1-81所示。

(2) 发动机急速转速过高故障诊断与排除。

①故障现象。发动机达到正常工作温度后,急速转速仍然偏高。

②故障原因。造成发动机急速偏高的主要原因是空气量过多或发动机控制信号有误。

A. 急速控制阀有故障。

B. 节气门位置传感器、冷却液温度传感器信号失准。

C. 进气管、真空管漏气。

D. 空气流量计、进气压力传感器信号不良。

E. 空调开关、动力转向开关、自动变速器挡位开关信号有误。

F. 节气门不能完全关闭。

G. 燃油蒸气回收装置工作不良。

H. 汽油压力过。

I. 电子控制单元有故障。

③故障诊断及排除。发动机急速转速过高的诊断流程,如图1-82所示。

2. 加速不良故障诊断与排除

(1) 故障现象。踩下加速踏板后,发动机转速不能马上升高,有迟滞现象,有时加速会引起发动机抖动、"回火"、"放炮",甚至熄火。

(2) 故障原因。加速不良的根本原因是混合气空燃比不当、点火、密封性能变差等。

①进气管漏气。

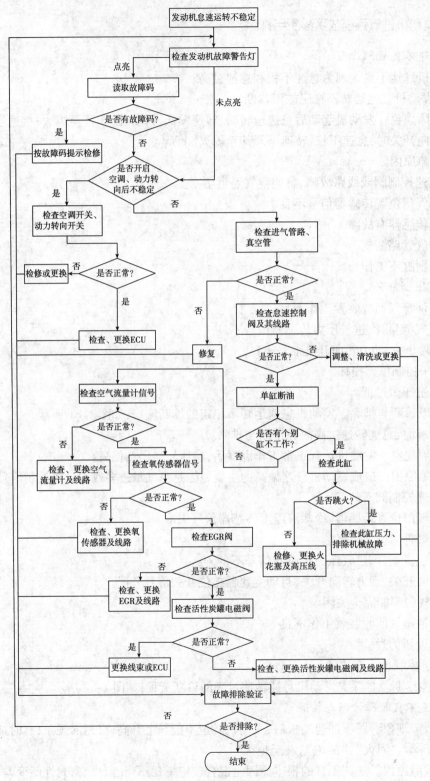

图 1-81 发动机怠速运转不稳定诊断流程

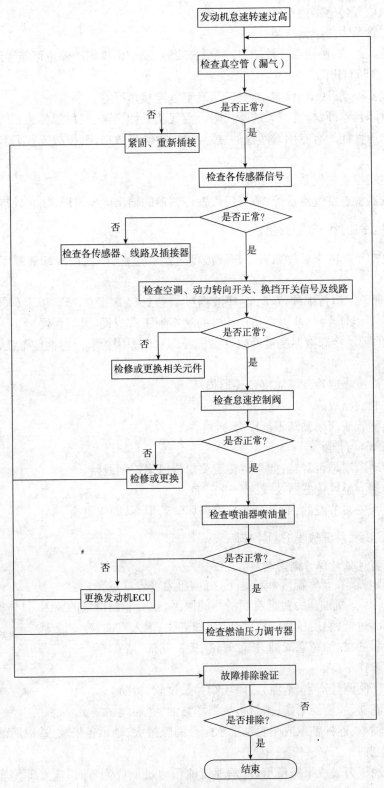

图1-82 发动机怠速转速过高诊断流程

②节气门位置传感器或空气流量计故障。
③进气歧管压力传感器故障。
④点火系统故障、供油系统故障、排气系统故障、发动机机械故障也可能导致加速不良。
(3)故障诊断与排除。
①线束接头松动、脱落、仪表指示情况、真空管连接情况等。
②进行故障自诊断,检查有无故障代码。空气流量计、节气门位置传感器等故障都会影响发动机的加速性能。有专用诊断仪的,还需要观察动态数据流,按故障代码和动态数据查找故障原因。
③用真空表检查进气系统有无漏气。
④用示波器检查空气流量计、节气门位置传感器的输出电压波形,如有异常,应更换。

七、发动机冷却系统故障诊断

发动机冷却系统的常见故障有冷却液温度过高和过低,下面以冷却液温度过低为例进行分析。

(1)故障现象。运行中的汽车,冷却液温度表指针经常指在75℃以下(冷却液温度过低),或发动机工作时,冷却液温度指针长时间达不到正常位置(升温缓慢)。
(2)故障原因。冷却液温度过低或升温缓慢的主要原因为节温器性能不良、冷却液温度指示装置失效。
①冷却液温度表或冷却液温度传感器损坏。
②风扇控制线路故障。
③节温器漏装或阀门黏结不能闭合。
(3)故障诊断与排除。
①检查电动风扇是否常转,如果常转需要检修风扇控制线路。
②检查冷却液温度传感器及线路是否正常。
③检查是否安装节温器,或节温器是否损坏。若损坏,则应更换。

八、发动机润滑系统故障诊断与排除

1.机油压力过低故障诊断与排除

(1)故障现象。在正常温度和转速下,机油压力警告灯点亮。
(2)故障原因。机油压力过低有润滑系的原因,也有非润滑系的原因,具体原因有:
①机油油面过低、黏度过小或机油变质(如老化、混入汽油、冷却液等)。
②油底壳漏油、放油螺塞漏油,机油管道、接头漏油、堵塞等。
③机油泵工作不良。
④机油限压阀调整不当、卡滞,或限压阀弹簧过软、折断。
⑤机油集滤器、滤清器堵塞,密封衬垫损坏漏油,旁通阀堵塞。
⑥曲轴主轴承、连杆轴承或凸轮轴轴承配合间隙过大,轴承盖松动,造成泄油量过大。
(3)诊断与排除。
①观察机油压力表或报警指示灯,发现机油压力过低或为零时,应立即停车熄火,否则会很快发生烧瓦抱轴等机械事故。先拔出机油尺,检查油底壳内机油量及机油品质,若油量

不足,应及时添加;若机油中含水或燃油时,应通过拆检,查出渗漏部位;若机油黏度过小,应更换合适牌号的机油。

②若机油量充足,应检查机油压力传感器的导线是否松脱。若连接良好,拆下机油压力传感器连接机油压力表,测量机油压力是否符合维修手册标准,如压力正常,则为机油压力传感器或连接线路故障。

③若机油压力过低,则应立即熄火,检查集滤器、机油泵、限压阀、粗滤器滤芯是否堵塞且旁通阀无法打开,各进出油管、油道以及油堵是否漏油。

④若以上检查均正常,则应检查曲轴轴承、连杆轴承或凸轮轴轴承的间隙是否过大,间隙增大会直接影响机油压力。

2. 机油压力过高故障诊断

(1) 故障现象。发动机在正常温度和转速下,高压机油冲裂机油压力传感器或机油滤清器盖等。

(2) 故障原因。

①机油黏度过大,机油量过多。

②机油压力限压阀调整不当或卡滞。

③润滑油道、汽缸体主油道堵塞。

④机油滤清器堵塞且旁通阀开启困难。

⑤发动机各轴承间隙过小。

(3) 诊断与排除。发现机油压力过高,应熄火排除故障,否则容易冲裂机油滤清器盖或机油传感器。

①首先检查机油黏度是否过大,限压阀是否调整不当。

②检查缸体主油道是否出现堵塞。

③检查机油滤清器是否出现堵塞。

④对于新大修的发动机,应检查主轴承、连杆轴承或凸轮轴轴承是否间隙过小。

3. 机油变质故障诊断与排除

(1) 故障现象。

①将机油滴在白纸上或目测,机油呈黑色,且用手指捻试无黏性,并有杂质感。

②机油容量增加,且呈浑浊乳白色,伴有发动机过热或个别缸不工作现象。

③机油变稀,容量增加,且有汽油味,并伴有混合气过稀现象。

(2) 故障原因。机油变质主要是高温氧化或混入冷却液、汽油及其他杂质所致,具体原因如下:

①机油使用时间过长,未定期更换,高温氧化而变质。

②汽缸活塞组漏气、曲轴箱通风不良,机油受燃烧废气污染而变质。

③燃烧炭渣、金属屑或其他杂质过多,落入油底壳,使机油变质。

④汽缸垫损坏、汽缸体或汽缸盖破裂,冷却液漏入油底壳使机油乳化。

⑤机油散热器不良、发动机过热,使机油温度过高,加速机油高温氧化。

(3) 诊断与排除。

①用机油尺取数滴机油进行观察,可大致分辨出机油污染情况。若机油呈雾状,油色浑

油、乳化,说明机油已经被严重污染。机油呈灰色,有燃油味,说明机油已被燃油稀释。机油长时间存放后,机油添加剂可能已失去作用。若用手指捻搓机油,有细粒感,则说明杂质较多。也可取数滴机油滴于中性滤纸上,检查其扩散后的油迹,若中心黑色杂质较黑,粒子较粗,则说明机油含杂质较多,已变质。

②若机油液面上升,且机油含有汽油味,应检查汽油泵膜片是否破裂。曲轴箱通风是否良好、活塞的漏气量是否过大。

③若机油呈乳化状态,应检查缸壁、缸盖是否有裂纹渗漏处。

④检查发动机运转是否正常,汽缸垫是否有破损。

4. 机油消耗异常故障诊断与排除

(1)故障现象。机油消耗超过 0.1~0.25L/100km,排气管大量排蓝烟,积炭增加,火花塞油污现象严重。

(2)故障原因。机油消耗异常的主要原因是漏油和烧机油,具体原因如下:

①气门室盖、油底壳、放油螺塞、曲轴前后油封、凸轮轴油封、机油滤清器、压力感应塞等各部位密封不严。

②活塞与汽缸配合间隙过大,活塞环开口弹性下降等造成窜油。

③气门与气门导管间隙过大、气门油封失效或脱落、曲轴箱通风阀失效等使机油进入燃烧室被烧掉。

④废气涡轮增压装置油封损坏,导致机油由进气管进入燃烧室燃烧。

(3)故障诊断与排除。

①首先检查外部是否有漏油,应特别注意曲轴前端和后端、凸轮轴后端油堵是否漏油。

②若发动机汽缸盖罩,气门室盖,油底壳衬垫,发动机前、后油封等多处有机油渗漏,应检查曲轴箱通风装置。清理曲轴箱管道,尤其是通风流量控制阀处的积炭和结胶。若通风受阻,就会引起曲轴箱内压力升高,出现机油渗漏现象。

③查看排气管是否排蓝烟,若排气管明显冒蓝烟,则为烧机油导致。当发动机大负荷、高速运转时,排气管大量冒蓝烟,同时机油加注口(设在下曲轴箱上)也向外冒蓝烟,则为活塞、活塞环与汽缸壁磨损过大;活塞环的端隙、边隙或背隙过大;多个活塞环端隙口转到一起,扭曲环装反等,使机油窜入燃烧室。

④若发动机大负荷运转时,排气管冒蓝烟,但机油加注口无烟,则为气门杆油封损坏,气门导管磨损过大(尤其是进气门),使机油被吸入燃烧室。若短时间冒蓝烟后停止,而油底壳的机油未见减少,则是湿式空气滤清器内的油面过高所致。

⑤对于采用气压制动的汽车,若从储气筒的放污螺塞处放出较多的机油,则为空气压缩机的活塞、活塞环与汽缸壁磨损过大。

九、发动机机械系统常见故障诊断与排除

发动机机械系统常见故障有,汽缸压缩压力异常、发动机异响等。

1. 汽缸压力异常故障诊断与排除

汽缸压力是指发动机压缩终了时的压力。在一定的压缩比、转速和温度热态下,汽缸压力与机油黏度、汽缸活塞组配合的技术状况、配气机构调整的正确性,以及气门、汽缸垫的密封性有关。通过检测汽缸压力,可以诊断汽缸、活塞组的密封情况;活塞环、气门、缸垫等密封是否良好,以及气门间隙调整是否适当等。汽缸压力异常,会导致发动机动力性、经济性下降,引起发动机冷却液温度过高、发动机工作不平顺、爆燃、汽车行驶无力、油耗增加、起动困难等故障。

汽缸压力异常分为汽缸压力过高和汽缸压力过低,汽缸压力过高较为少见,因此以汽缸压力过低为例进行介绍。

(1)故障原因。

①气门漏气:气门头部与气门座密封不严、气门弹簧或顶柱失效、气门间隙调整不当、气门积炭过多。

②活塞汽缸漏气:活塞环磨损、变形;活塞环装错;汽缸磨损、拉伤、变形。

③缸盖漏气:缸盖螺栓紧固力矩不足;缸盖变形;缸垫烧蚀、冲床;缸盖烧蚀;缸体、缸盖有裂纹。

④配气相位失准:正时齿轮安装错误、齿轮键槽不正确、正时齿轮损坏或磨损过度、正时皮带跳齿或断裂。

(2)故障诊断。常用汽缸压力表进行检查,如图 1-83 所示。

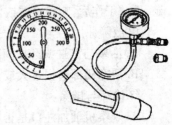

图 1-83 汽缸压力表

测量汽缸压力注意事项

当汽缸测量压力值与汽缸标准压力值相差 25% 以上时,表明汽缸磨损过度,发动机需要大修,并且各缸缸压值与平均缸压值不得相差 8% 以上。

①测量汽缸压力前,必须断开点火和喷油电路。

②拆除全部火花塞。

③发动机转速必须在 300r/min 以上。

④节气门必须全部打开。

⑤每缸测量不得少于 2 次,取平均值。

⑥发动机运行期间禁止测量汽缸压力。

⑦测量汽缸压力时,发动机起动间隔应在 15s 以上。

(1)机油加注法。当测量出汽缸压力过低时,可以从火花塞孔处向汽缸内加入少量机油,再次起动发动机,进行测量,比较两者的差别,若是两次测量缸压一样过低,则故障位于气门部位;若第二次测量汽缸压力比第一次高,则故障位于活塞环部位。

(2)起动检测法。在起动机刚转动时,汽缸压力表指针上升较少,随着起动机运转时间的变长,指针慢慢上升,但升高值不大,最终指针不动,但压力表的读数仍然很低,则可以判断故障为气门漏气。

在起动机刚转动时,汽缸压力表指针上升较少,随着起动机运转时间的变长,指针由低逐渐升高,但最终读数比该汽缸压力的标准值低,则可以判断故障为活塞漏气。

(3)缸压比较法。若检测相邻两汽缸的压力相等,且都偏低时,则故障为相邻两缸的汽缸垫损坏。若各缸压力普遍偏低时,故障原因可能为配气相位、正时错误。

通过以上方法,测量出汽缸压力值后,进行拆检发动机,以解决故障。

2. 发动机异响故障诊断与排除

发动机异响故障可以根据响声大小、部位、声音特点、振动程度、出现频率以及响声变化规律的因素进行初步判断,并根据排气颜色、排气量、发动机温度、机油压力的变化以及工作中其他相关情况作出分析和判断。异响故障诊断中,常使用断缸法和借助听诊器等辅助仪器进行诊断,使诊断更加准确。

(1)活塞冷敲缸响故障诊断与排除。

①故障现象。位于汽缸体上部,急速时有清脆的"当当"响声,发动机温度低时响声明显,正常工作后,响声减弱或消失;单缸断火后,响声减弱或消失。

②故障原因。

A. 活塞与汽缸壁磨损间隙增大或活塞质量差,受热产生不正常变形,导致间隙增大。

B. 活塞裙部磨损过大或汽缸严重失圆。

③诊断与排除。

A. 观察机油加注口是否冒烟,排气管是否排蓝烟。

B. 测量汽缸压力值是否偏低。

C. 向汽缸加入少量机油再发动,利用听诊器在汽缸体上部听响声,是否短时间减弱。

D. 检查活塞与汽缸壁磨损间隙是否过大。

E. 检查活塞是否受热产生不正常变形。

F. 检查活塞裙部磨损是否过大。

G. 检查汽缸是否失圆。

(2)活塞销响故障诊断与排除

①故障现象。位于汽缸体上部,急速或略低于中速时,出现有节奏的"嗒嗒"声,且较明显清晰,急加速响声加大,发动机温度升高,响声不变,单缸断火后,响声减小或消失。

②故障原因。活塞销与活塞销座孔或与连杆铜套配合松旷。

③诊断与排除。

A. 发动机怠速运转,进行单缸断火,恢复瞬间,响声明显出现;若响声不明显,可提前点火时刻,听响声是否明显出现。

B. 检查活塞销与活塞销座孔是否松旷。

C. 检查活塞销与连杆铜套是否松旷。

(3)气门异响故障诊断。

①故障现象。发动机在任何转速下都能听到清脆有节奏的"嗒嗒"响声,响声随发动机转速升高而增大,尤其在急速、中速时响声更加清晰,其响声不随温度改变和"断缸"而变化。

②故障原因。气门间隙过大。

③诊断与排除。

A. 响声在汽缸盖处比较明显,拆下气门室罩盖,发动机怠速运转,用厚薄规依次插入气门间隙处进行检查。若插入一个气门后,响声减弱或消失,即为气门间隙过大而发响。

B. 重新调整气门间隙。

(4)凸轮轴异响故障诊断。

①故障现象。发动机汽缸盖处出现有节奏而钝重的"嗒嗒"声,发动机一般无其他异常现象。

②故障原因。

A.凸轮轴及其轴承间配合松旷。

B.凸轮轴弯曲变形。

C.凸轮轴轴向间隙过大。

③诊断与排除。

A.在汽缸盖处可听到有节奏而钝重的"嗒嗒"响声,发动机中速时比较明显,高速时消失,做单缸断火试验,声响依旧。

B.拆检配气机构,更换故障零件。

(5)液力挺柱故障诊断与排除。

①故障现象。发动机发出类似普通机械气门异响的现象。

②故障原因。

A.发动机机油油面过高或过低,导致液力挺柱中进入空气,形成弹性体而产生噪声。

B.机油压力过低。

C.机油泵、集滤器损坏或破裂,使机油中进入空气。

D.液力挺柱失效。

E.使用质量低劣的机油。

③诊断与排除。

A.拆卸油底壳,检查更换机油泵、集滤器。

B.调整机油液面或更换机油。

C.拆检配气机构,更换液力挺柱或气门导管。

十、尾气烟色异常故障诊断

(1)故障现象。发动机工作时,排气管排黑烟、白烟或蓝烟,且运转不稳,动力性下降,油耗升高。

(2)故障原因。

①气门原因:气门杆磨损过大、气门导管松动、气门杆座磨损异常、气门油封失效、气门座圈变形。

②活塞原因:汽缸磨损过度、活塞磨损过度、活塞环磨损过度、活塞环安装不当。

③曲轴箱通风故障。

④涡轮增压器故障。

⑤燃油供给系统:燃油泵电动机及泄压阀、燃油泵控制电路、燃油滤清器、油压调节器、回油管路故障。

⑥喷油器泄漏。

⑦单缸不工作。

⑧发动机 ECU 控制喷油脉宽过大。

⑨燃油蒸气回收装置(活性炭罐)故障。

(3)故障诊断与排除。尾气烟色异常故障诊断流程,如图1-84所示。

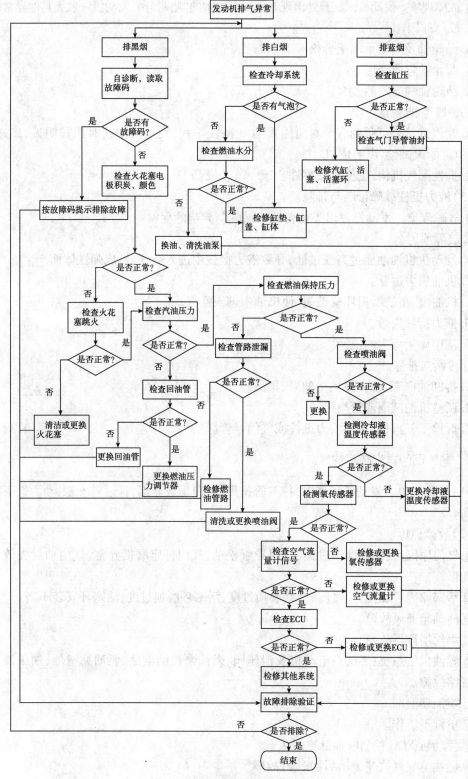

图1-84 尾气烟色异常故障诊断流程

项目二　汽车传动系统简单故障诊断与排除

学习任务1　离合器分离不彻底故障诊断与排除

📈 工作情境描述

周先生近期发现自己的丰田 VIOS（威驰）汽车换挡困难，换挡时伴有刺耳的"嗞嗞"声。偶尔换上挡后，尚未松开离合器踏板，汽车已行驶或熄火。现周先生将车开到 4S 店，服务顾问初步判断为离合器故障，请你做进一步的故障确认并排除故障。

TOYOTA 一汽丰田施工作业单

定期保修 □	一般维修 ■	钣喷维修 □	保修 □

工单NO.		预约车辆 否■ 是□	预约单号		保养类型/套餐	
车牌号码	×××××	VIN No.			首次维护□ 二次维护□ T51套餐□	
车型代码		车身颜色 银	车型年份 2007		T26套餐□ T35套餐□ T48套餐□	
客房姓名/单位名称	周先生				登记首次来店	是□ 否■
联系地址		邮编	611130		SSC/CSC确认	有□ 无■
					维修履历	确认 有■ 无□
电话1	180********	电话2			上次入厂	2013年 7 月 9 日 75455km
备注1		备注2			入厂时间	2014年 1 月10日 9时0分
客户委托事项	换挡困难，有打齿现象				此次里程	79482km
					承诺预交时间	2014年1月10日 6时0分
					变更交车时间	年 月 日 时 分
确认项目	洗车■ 在店等候□	旧件是否带走■	结算方式 现金■ 刷卡□ 协议转账□ 保险转账□ 其他□			

维修/诊断内容	工时费	必要的零件	零件费	维修/诊断结果	技师确认
离合器分离不彻底		离合器片			
		离合器压盘			
		分离轴承			
预估工时费	960	预零件费	1400	预估费用总计	2360
追加事项：					
追加工时费		追加零件费		追加总费用	顾客确认结果

要求完工时间	2014.1.10 15:30	开工时间①		完工时间①		提交DTR	是□ 否■
中断时长		开工时间②		完工时间②		TWC判定	是□ 否■
中断原因		质检时间		质检合格签字		TWC判定签字	

通过学习,你应当能:

1. 描述丰田 VIOS 汽车离合器的结构与特点;
2. 辨别离合器分离不彻底的故障现象;分析故障产生的原因,选择合理的诊断检查方案,正确对故障部位进行检查;
3. 按照维修手册,在 30min 内完成离合器自由行程的调整和液压系统排空气的操作;
4. 按照维修手册,在 120min 内安全规范地完成离合器总成的更换,操作过程中严格执行5S;
5. 向客户解释故障判断及处理结果;
6. 把本次诊断与排除的故障编写成案例或技术公报。

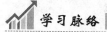

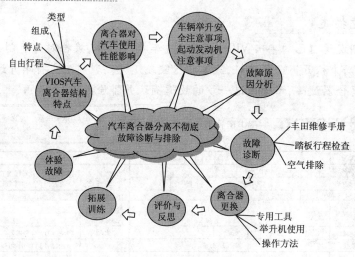

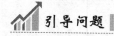

10h。

引导问题

一、任务准备

引导问题1 您体验到的车辆故障现象是怎样的?
(1)作业准备。
①车辆开进工位 □任务完成
②确认是否有安装座椅、转向盘、驻车制动器操纵杆、换挡杆护套以及脚踏垫 □任务完成
③检查换挡杆位置、拉起驻车制动器操纵杆 □任务完成
④安装翼子板布 □任务完成
⑤检查相关指示灯及油表 □任务完成

(2)故障现象记录：_____
_____

引导问题 2　丰田 VIOS 汽车离合器有何结构特点？

丰田 VIOS 汽车离合器为膜片式离合器，采用液压操纵系统。膜片式离合器具有结构简单、轴向尺寸小、膜片弹簧压力受摩擦片磨损的影响小、工作可靠、不易打滑、良好的弹性性能、能自动调节压盘压紧力、操纵轻便、高速时压紧力可靠、膜片弹簧平整无须调整等优点。

丰田 VIOS 汽车离合器系统如图 2-1、图 2-2 所示，填写相关零部件名称。

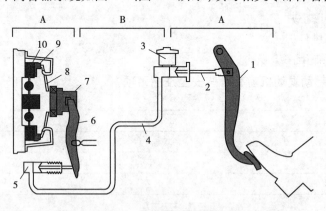

图 2-1　离合器系统元器件
A-机械部分；B-液压部分

1-_____;2-_____;3-_____;4-_____;5-_____;6-_____;7-_____;8-_____;
9-_____;10-_____

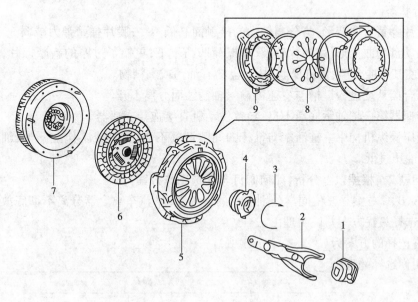

图 2-2　离合器分解图

1-_____;2-_____;3-_____;4-_____;5-_____;6-_____;7-_____;8-_____;
9-_____

引导问题3　什么是离合器自由行程？其大小对离合器工作有何影响？
_____
_____
_____

引导问题4　离合器技术状况对汽车工作性能有什么样的影响？
☐ 影响动力的传递。
☐ 燃料消耗增加。
☐ 烧坏离合器摩擦片。
☐ 损坏变速器机件。
☐ 汽车行驶过程中产生噪声。

引导问题5　起动发动机前有哪些安全注意事项？
_____
_____
_____
_____

二、方案制订与优选

引导问题6　哪些原因可能导致离合器分离不彻底故障？

(1)离合器踏板自由行程过大,使压盘后移不足,不能完全解除从动盘的压紧力,离合器处于半结合状态。

(2)膜片弹簧弯曲变形,与分离轴承的接触面高低不一;膜片弹簧弹力减弱。

(3)从动盘翘曲变形,摩擦片碎裂,摩擦面凹凸不平;更换了过厚的新摩擦片,从动盘正反面装错,使其不能分离;铆钉松脱;从动盘沾有油污或黏糊物。

(4)离合器从动盘毂键槽与变速器输入轴锈蚀而分离不开。

(5)变速器第一轴轴承润滑不良,导致发动机直接拖转变速器。

(6)液压操纵机构中主缸活塞与推杆的间隙调整不当;主缸或工作缸漏油;油路中有空气,使工作油压过低。

引导问题7　根据以上分析,如何制订与优选工作方案？

以下A、B、C方案是三位同学分别制订的丰田VIOS汽车离合器分离不彻底故障的诊断方案,请你选择最优方案并说明理由。

你最终选择的方案为_____

请说明你选择的理由：_____
_____
_____
_____
_____

方案 A,如图 2-3 所示。

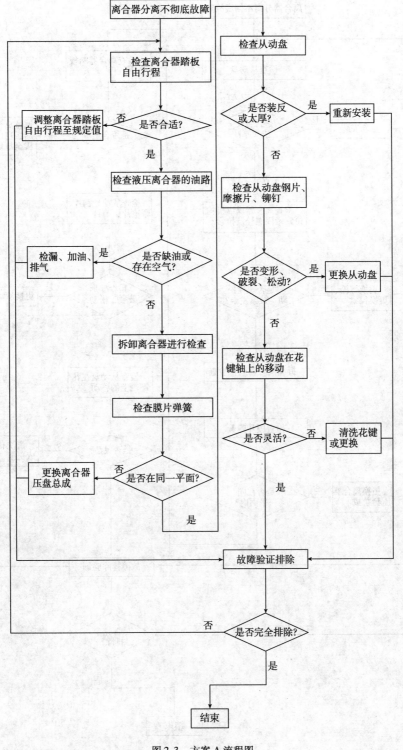

图 2-3　方案 A 流程图

方案 B,如图 2-4 所示。

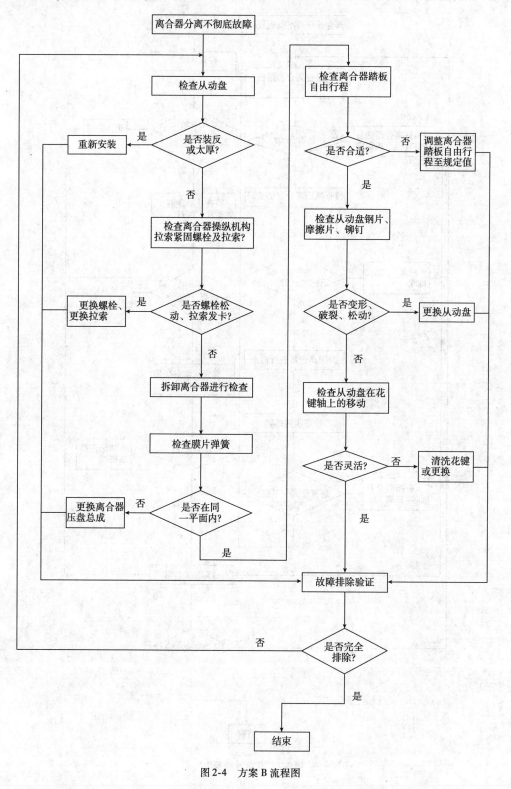

图 2-4　方案 B 流程图

方案 C,如图 2-5 所示。

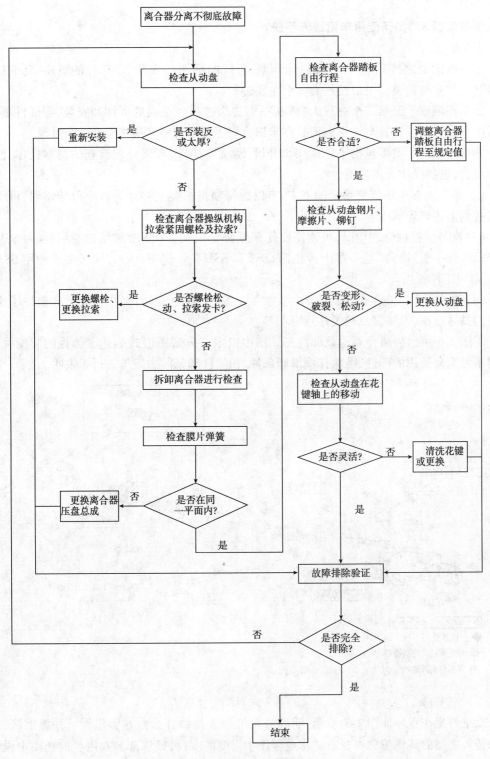

图 2-5　方案 C 流程图

三、实施与控制

引导问题8 如何使用丰田维修手册?

(1)概述。

①一般来说,维修作业可分成故障诊断;总成的拆卸和安装、零部件的更换、总成的分解、组装、检查与调整以及最终检查3个主要过程。

②丰田维修手册第一个过程为"诊断";第二个过程为总成的拆卸和安装、零部件更换、总成的分解、组装、检查与调整。但是在丰田维修手册中省略了最终检查这个过程。

③丰田维修手册不包括千斤顶和举升机、清洗零部件、车辆外观检查的基本操作,但在实际场合,这些操作必须进行。

(2)索引。在丰田维修手册的书末,有以维修项目的英文翻译为首字母的索引,可引导读者找到需要修理的内容。

(3)准备。根据修理情况,可能需要使用维修专用工具(SST)和维修专用材料(SSM),在丰田维修手册"准备"这一章中,列出了SST和SSM的一览表。一定要按要求使用SST和SSM,遵守工作程序。

(4)维修程序。在丰田维修手册"维修程序"这一章中,以图文并茂的形式描述了维修作业的具体步骤、方法以及相关注意事项等。

①图2-6所示为离合器总泵部件图。图中以零件分解图形式表达了部件的装配关系,并对不可重复使用的部件、需涂抹润滑脂部件、预涂件和紧固力矩等进行了说明。

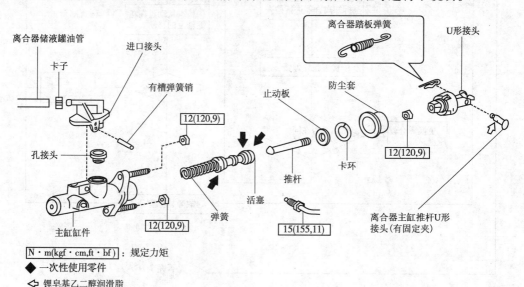

图2-6 部件图

②维修操作程序如图2-7所示,明确告知维修人员做什么?在哪里做?并提供诸如规范和警告之类的其他信息。只讲述作业程序中重要的项目,操作部分及内容放在图中说明。在解释部分,安排有详细的操作方法、标准值、注意事项、紧固力矩、涂油位置和不可重复使

用部件说明。作业项目的安装程序与拆卸过程相反,只说明要点。

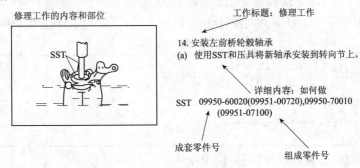

图2-7 操作程序格式

(5)维修规范。在维修手册中,可以通过"维修规范"章节对相关维修操作规范的内容进行查阅,同时在相应维修章节中用黑体字标注维修规范。

(6)维修术语定义,如表2-1所示。

术 语 定 义　　　　　　　　　　　　　　　表2-1

维修术语	意　义	维修术语	意　义
警告	说明有可能会伤害你或他人	注意	说明有可能损坏正在修理的部件
提示	提供有助于提高修理效率的补充资料		

引导问题9　如何进行离合器分离不彻底故障的就车检查?

(1)作业准备。

常用工具:_____

专用工具:_____

量具:_____

设备:_____

备件及辅料:_____

(2)如何检查调整离合器踏板自由行程?

①离合器踏板高度的检查,如图2-8所示。

②调整踏板高度,松开锁止螺母并转动止动螺栓直至踏板高度正确为止,然后紧固锁止螺母。

③踏板自由行程和推杆行程的检查,如图2-9所示,完成表2-2。

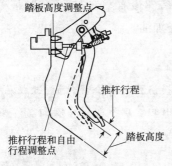

图2-8　离合器踏板高度的检查

图2-9　离合器踏板自由行程的检查

A. 踏板自由行程:踩下踏板直至感到有阻力为止。
B. 推杆行程(活塞与推杆间的间隙,反应在踏板上):轻轻踩下踏板直至感到有阻力为止。

数 据 值　　　　　　　　　　　　　　　　表 2-2

项　　目	标准数据(mm)	测量数据(mm)	结　　论
踏板高度	134.3~144.3		
自由行程	5~15		
推杆行程	129.3		

④调整踏板自由行程和推杆行程,说明步骤。

_____

_____

(3)如何进行离合器液压操纵系统的排气?

离合器液压操纵系统中进入空气后,离合器踏板会发软无力、工作行程缩短,导致离合器分离不彻底,使变速器换挡困难等。因此,当发现液压系统中进入空气后,应及时排气。

①人工排气方法如下:

先将离合器储油罐中加满_____制动液。

取下离合器工作缸的防尘帽,拧松工作缸的_____螺栓。

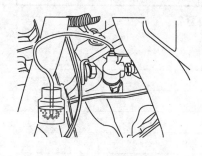

将一根与放气螺栓排气嘴尺寸相宜的塑料管一端套在放气螺栓上,另一端插在装有制动液的瓶中,如图 2-10 所示。

由助手反复踩离合器踏板,观察气泡从瓶中排出,直到空气完全排出,踏板阻力增大后,拧紧放气螺栓,取下塑料管。

②设备排气方法:

在加注设备中加入车辆规定的制动液,并给设备充气至 0.2~0.4MPa。

图 2-10　离合器液压系统排气

拧开离合器工作缸排油孔堵头,将加注设备的加油嘴安装到排油孔上,开通加注设备,从开始加油,直到离合器油杯加注到 2/3 左右且油中没有气泡泛起时止。加注时注意打开_____。

加注完成后,踩离合器踏板,若踏板有力,表明管路没有空气存在;若踏板无力,则说明_____(此时可将油杯中油倒出一些,继续用设备加油)。

重要提示

在拧紧放气螺栓时用力不可过大,力矩过大会损伤放气螺栓密封带,造成漏气;在使用塑料管排除空气时,插入装有制动液瓶中的管口不能露出液面。

引导问题 10　如何进行离合器总成的更换?

(1)作业准备。

常用工具:_____

专用工具：_____
量具：_____
设备：_____
备件及辅料：_____

(2) 查阅资料，用思维导图画出拆卸离合器总成由外及内的关联部件。

小知识

思维导图也称之为脑图(Mind Map)或概念图(Concept Map)，它是英国著名心理学家托尼·巴赞(Tony Buzan)于19世纪60年代发明的。巴赞先生认为，当人脑各个物理方面与智力技巧协同工作而不是彼此分隔时，其发挥作用的效益和效率都会更高。思维导图能调动所有的智力技巧：记忆和联想的想象技巧；左脑的词汇、数字、列表、次序、逻辑和分析技巧；右脑的颜色、形象、尺寸、节奏、白日做梦、整个画面的形态以及右侧皮层的空间意识能力；眼睛的感知和吸收能力；整个大脑对吸收过的东西进行组织、储存和回忆的能力。

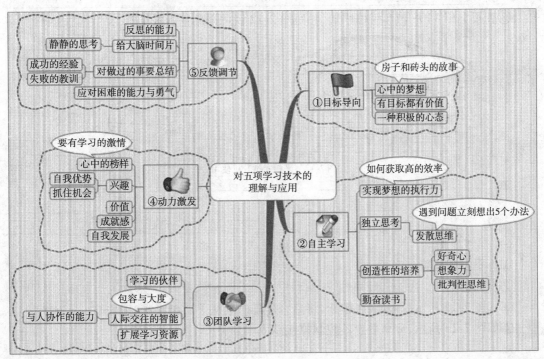

思维导图是一种将放射性思维具体化的方法，通常将与某一主题有关的概念置于圆圈或方框中，然后用连线将相关的概念和命题连接，连线上标明两个概念之间的意义和关系，从而形成一个特定的图形。使用思维导图，可以把一长串枯燥的信息变成彩色的、容易记忆的、有高度组织性的图画。心理学研究也表明，刺激的渠道越多，大脑中建立的联系就越多，新信息就越容易储存在长时记忆中。

(3) 丰田VIOS汽车在举升过程中的注意事项。

①在图2-11中标注出车辆举升位置和车辆重心。

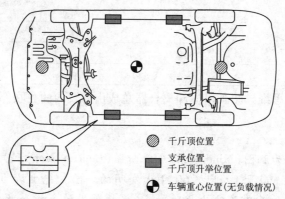

图 2-11 车辆举升位置

○ 千斤顶位置
■ 支承位置
　千斤顶升举位置
● 车辆重心位置(无负载情况)

②说明丰田 VIOS 汽车在举升前的准备工作。

_____

_____

③查阅丰田 VIOS 汽车维修手册,参照图 2-12 说明采用平板式举升架的注意事项。

图 2-12 平板式举升机使用

_____

_____

(4)操作步骤。

①拆下发动机盖。

②拆卸蓄电池。

③如图 2-13 所示,拆卸 5 颗螺栓,将离合器工作缸从手动变速器上拆下。

④如图 2-14 所示,分离变速器控制拉线总成。

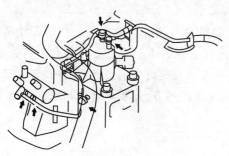

图 2-13 拆下离合器工作缸总成

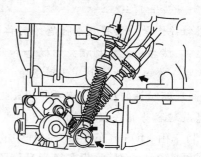

图 2-14 分离变速器控制拉线总成

⑤如图 2-15 所示，脱开倒挡开关接头。
⑥如图 2-16 所示，脱开车速传感器接头。

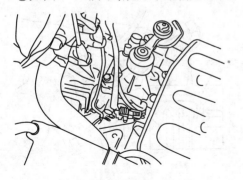

图 2-15　拆下倒挡开关接头

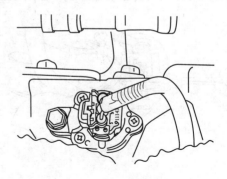

图 2-16　拆下车速传感器接头

⑦拆卸前轮。
⑧拆卸发动机左下护板、右下护板。
⑨拆卸排气管前段。
⑩如图 2-17 所示，用锤子与 SST 松开左、右侧轮毂螺母的锁紧卷边；踩下制动踏板以拆下左右侧轮毂螺母。
⑪如图 2-18 所示，从前减振器上拆下固定制动软管与车速传感器的线束；拆下车速传感器的固定螺栓，再将车速传感器从转向节上分离。

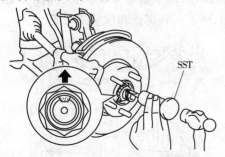

图 2-17　拆下左、右前轮毂螺母

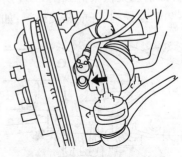

图 2-18　拆下轮速传感器接头

安全提示： 必须完全松开锁紧卷边，不然会损坏传动轴的螺钉。

⑫如图 2-19 所示，拆卸前部稳定杆。
⑬如图 2-20 所示，拆下开口销与螺母，用 SST 从转向节上拆下前悬架臂分总成。

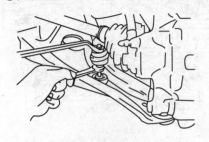

图 2-19　拆下前部稳定杆

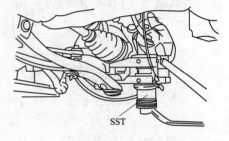

图 2-20　脱下左、右下悬臂

⑭如图 2-21 所示,拆下开口销与螺栓,用 SST 从转向节上拆下转向横拉杆端头分总成。

⑮脱开左、右前驱动轴总成。如图 2-22 所示,用 SST 拆下左、右前驱动轴总成。

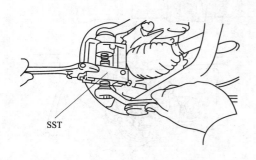

图 2-21　脱开拉杆球头

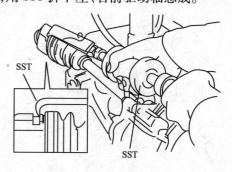

图 2-22　拆下左、右前传动轴总成

重要提示

(1)小心不要损坏防尘罩和油封。
(2)小心不要将驱动轴跌落。

⑯正确安装发动机吊钩,拆卸起动机总成。

⑰用千斤顶支撑前悬架横梁。

⑱如图 2-23 所示,拆下螺栓,从发动机右后支架上脱开脚胶。

⑲拆卸前悬架横梁。如图 2-24 所示,拆下 4 颗螺栓,取下前悬架加强梁;如图 2-25 所示,拆下 2 颗螺栓,脱开前悬架横梁;如图 2-26 所示,拆下 4 颗螺栓和前悬架横梁。

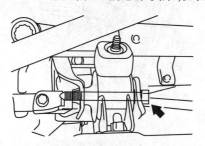

图 2-23　分离脚胶

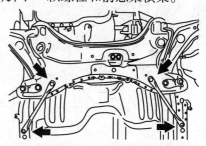

图 2-24　取下加强梁

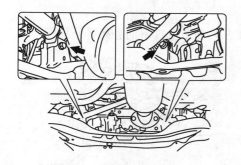

图 2-25　脱开前悬架横梁

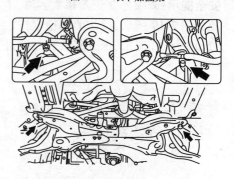

图 2-26　取下横梁

⑳用变速器千斤顶支撑变速器总成。
㉑如图 2-27 所示,拆下 3 颗螺栓,脱开发动机右后支架。
㉒如图 2-28 所示,拆下 7 颗螺栓,从发动机上拆下手动变速器。

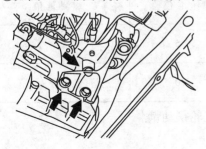

图 2-27　脱开发动机右后支架

图 2-28　拆下手动变速器

㉓如图 2-29 所示,从手动变速器上拆下分离轴承与分离叉:拆下离合器分离叉防尘套,从离合器分离叉上拆下分离轴承,拆下分离轴承固定夹,拆下分离叉支撑,从变速器上拆下分离叉。

㉔拆下离合器盖,如图 2-30 所示。对正离合器与飞轮上的记号;按顺序松开螺栓一圈后,直至弹簧弹力完全释放;拆下螺栓和离合器盖。

注意事项:

图 2-29　拆下分离轴承和分离叉

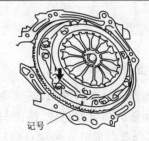

图 2-30　拆下离合器盖

㉕拆下离合器片,注意安装方向。
㉖检查离合器片总成。
如图 2-31 所示,用游标卡尺测量离合器片铆钉深度。
铆钉深度标准值:1.6mm;测量值:_____mm。
如图 2-32 所示,用百分表测量离合器片的摆动。
最大摆动量:0.8mm;测量值:_____mm。

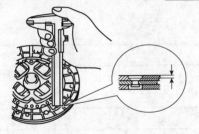

图 2-31　测量铆钉深度

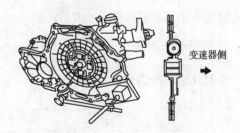

图 2-32　测量离合器片摆动

㉗如图2-33所示,用游标卡尺测量膜片弹簧磨损深度与宽度,完成表2-3。

膜片弹簧最大磨损度　　　表2-3

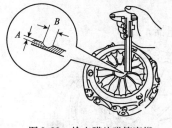

图2-33　检查膜片弹簧磨损

项　目	标准值	测量值
A(深)mm	0.5	
B(宽)mm	6.0	

㉘如图2-34所示,使用百分表、磁力表座测量飞轮摆动量。

最大摆动量:0.3mm;测量值:_____mm。

㉙如图2-35所示,转动分离轴承进行检查,应转动灵活自如。

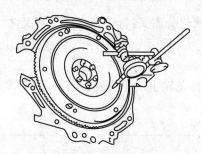

图2-34　检查飞轮摆动量

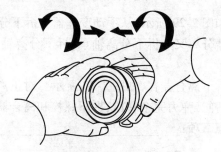

图2-35　检查分离轴承

分离轴承是永久润滑的,不需要清洁或润滑。

㉚更换新的离合器总成,按照与拆卸相反的顺序进行装复。

(5)离合器总成的安装注意事项有哪些?

_____
_____
_____
_____
_____

四、评价与反馈

1. 小组成果展示

简述本小组收获与体会。

(1)_____

(2)_____

你对其他小组的建议。

(1)_____

(2)_____

(3)_____

2. 评分(表2-4)

评 分 表　　　　　　　　　表2-4

考核项目	评分标准	分数	学生自评	小组互评	教师评价	小计
团队合作	是否和谐	5				
活动参与	是否积极	5				
安全生产	有无安全隐患	10				
现场5S	是否做到	10				
任务方案	是否正确、合理	15				
操作过程	是否正确、规范	30				
任务完成情况	是否圆满完成	5				
工具、设备使用	是否规范、标准	10				
劳动纪律	是否能严格遵守	5				
工单填写	是否完整	5				
总分		100				
教师签字：				年　月　日	得分	

注：违反操作规程，出现人身伤害或导致设备严重故障的，本任务考核0分。

五、第二课堂

1.举例说出离合器的其他类型。

2.列出离合器系统其他常见故障的分析及诊断检查流程。

学习任务2　汽车手动变速器换挡困难故障诊断和排除

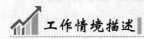
工作情境描述

　　丰田VIOS汽车车主周先生近期发现自己的车辆在使用过程中进挡和摘挡时阻力很大，进挡时未听到变速器发出异常声音。现周先生将车开到4S店，服务顾问经试车后初步判断为手动变速器操纵机构故障，请你做进一步的故障诊确认并排除。

TOYOTA 一汽丰田施工作业单

| 定期维护 ☐ | 一般维修 ■ | 钣喷维修 ☐ | 保修 ☐ |

工单No.	2		预约车辆	否■ 是☐	预约单号		维修类型/套餐	
车牌号码	×A×××××		VIN No.			首次维护☐	二次维护☐	T51套餐☐
车型代码			车身颜色	银	车型年份 2007	T26套餐☐	T35套餐☐	T48套餐☐
客房姓名/单位名称	周先生					登记首次来店	是 ☐	否 ■
联系地址	××市××区			邮编	611130	SSC/CSC确认	有 ☐	无 ☐
						维修履历	确认 有■	无☐
电话1	189×××××××		电话2			上次入厂	2013年8月9日 43020km	
备注1			备注2			入厂时间	2014年1月8日 9时0分	
客户委托事项	换挡阻力大					此次里程	57801km	
						承诺预交时间	2014年11月8日14时0分	
						变更交车时间	年 月 日 时 分	
确认项目	洗车 ☐	在店等候 ☐	旧件是否带走 ☐		结算方式	现金☐ 刷卡☐ 协议转账☐ 保险转账☐ 其他☐		

维修/诊断内容	工时费	必要的零件	零件费	维修/诊断结果	技师确认
检修变速器换挡机构故障		换挡拉索			
预估工时费	420	预零件费	1400	预估费用总计	1820

追加事项：

追加工时费		追加零件费		追加总费用		顾客确认结果	

要求完工时间	2014.1.8 13:30	开工时间①		完工时间①		提交DTR	是☐ 否☐
中断时长		开工时间②		完工时间②		TWC判定	是☐ 否☐
中断原因		质检时间		质检合格签字		TWC判定签字	

委托维修特别约定

1.以上预估项目若有偏差，将以实际维修结算为准；
2.贵重物品请带走或交我公司登记，未登记物品我公司不负赔偿责任；
3.如对承修工作不满，请于结算后7日内提出异议，逾期我公司免责；
4.请在接到提车通知后7日内提车，逾期我公司收取每日10元保管费；
5.自带零件引起的质量问题，责任由客户本人承担；包含可能丧失的保修权；
6.客户自愿接受我公司服务，并同意因维修需要在道路上进行必要测试，所有风险由客户及车辆保险公司承担。未购保险或不同意试车请早声明；
7.维修后的旧件，请于结算当日确认，逾期我公司自行处理；
8.因维修纠纷产生的时间、住宿、路费等间接损失本公司不予承担

| 本人已完全同意以上维修维护内容、价格及维修特别约定 | 客户签名 | 周×× | SA签名 | 张×× |

学习目标

通过学习，你应当能：

1. 描述丰田VIOS汽车手动变速器的结构特点；

2. 辨别换挡困难的故障现象；
3. 分析故障产生的原因，选择合理的诊断检查方案，正确对故障部位进行检查；
4. 按照维修手册在 30min 内安全规范地完成换挡操纵机构的调整；
5. 按照维修手册在 30min 内安全规范地完成变速器油的量和品质的检查且能补充和更换，并能正确处置废油；
6. 向客户解释故障判断及处理结果；
7. 把本次诊断与排除的故障编写成案例或技术公报。

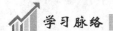

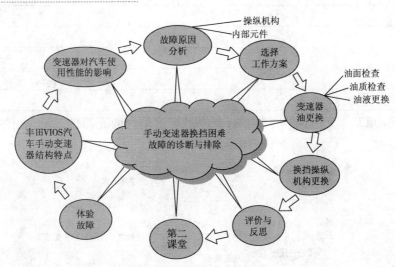

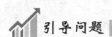

6h。

引导问题

一、任务准备

引导问题1　您体验到的车辆故障现象是怎样的？
(1) 作业准备。
① 车辆开进工位　　　　　　　　　　　　　　　　　　　　□ 任务完成
② 确认是否安装有座椅、转向盘、驻车制动器操纵杆、换挡杆护套以及脚踏垫　□ 任务完成
③ 检查换挡杆位置、拉起驻车制动器操纵杆　　　　　　　　□ 任务完成
④ 安装翼子板布　　　　　　　　　　　　　　　　　　　　□ 任务完成
⑤ 检查相关指示灯及油表　　　　　　　　　　　　　　　　□ 任务完成
(2) 故障现象记录：_____

引导问题2　丰田VIOS汽车手动变速器有何结构特点？

(1)丰田VIOS汽车采用什么类型的手动变速器？

①变速器有哪些类型？

A.按传动方式分：_____

B.按操纵方式分：_____

②手动变速器按工作轴的数量可分为3轴式变速器和2轴式变速器，丰田VIOS汽车类型为_____。

③丰田VIOS汽车手动变速器系统由哪几部分组成？

_____

_____

_____

_____

_____

(2)请补充填写丰田VIOS汽车手动变速器系统包含的元器件名称，如图2-36a)、图2-36b)所示。

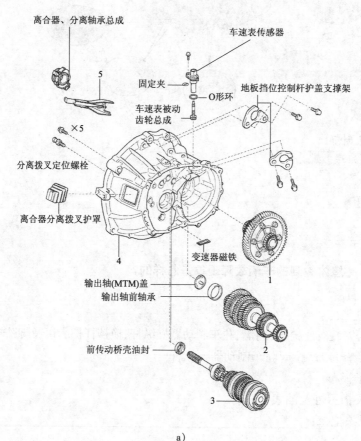

a)

图 2-36

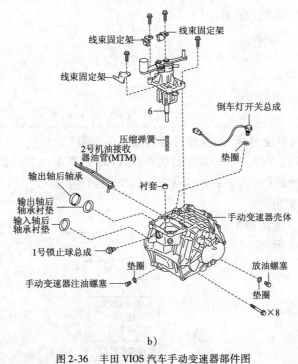

图 2-36 丰田 VIOS 汽车手动变速器部件图

1-_____;2-_____;3-_____;4-_____;5-_____;6-_____

引导问题 3 变速器的性能好坏对汽车工作性能有什么样的影响?

(1)变速器性能对汽车工作性能的影响。
□影响动力的传递。
□燃料消耗增加。
□烧坏离合器摩擦片。
□损坏变速器机件。
□汽车行驶过程中产生噪声。

(2)请列出手动变速器常见故障。

二、方案制订与优选

引导问题 4 哪些原因可能导致手动变速器换挡困难故障?

丰田 VIOS 汽车手动变速器换挡困难故障的原因有:

(1)离合器分离不彻底。
(2)变速器操纵机构故障。
①变速器拨叉和导块、凹槽磨损严重或锁紧螺钉松动,换挡时换挡杆从槽中脱出。
②变速器拨叉轴弯曲变形、端头有严重毛刺、锈蚀严重、锁止弹簧或互锁销被卡住,造成变速叉轴移动困难。
③换挡杆和拉杆弯曲变形,各活动连接处磨损松旷或调整不当。

④换挡和选挡拉索损坏或松旷。

(3)变速器齿轮机构故障。

①齿轮损伤。

②同步器损坏。

你认为还有哪些故障原因？

___

引导问题 5 根据以上分析,如何制订与优选工作方案？

以下 A、B、C 方案是三位同学分别制订的丰田 VIOS 汽车手动变速器换挡困难故障的诊断流程,请你选择一个最优的方案并说明你选择该方案的理由。

你最终选择的方案为_____

请说明你选择本方案的理由：_____

方案 A,如图 2-37 所示。

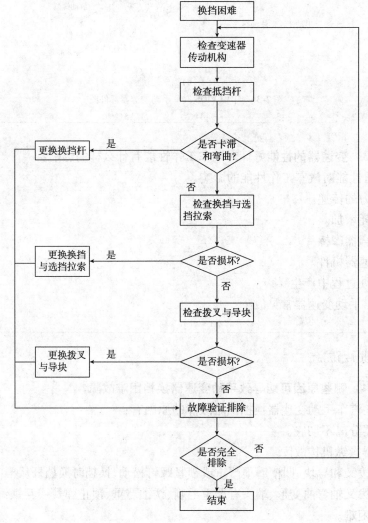

图 2-37 方案 A 流程图

方案 B,如图 2-38 所示。

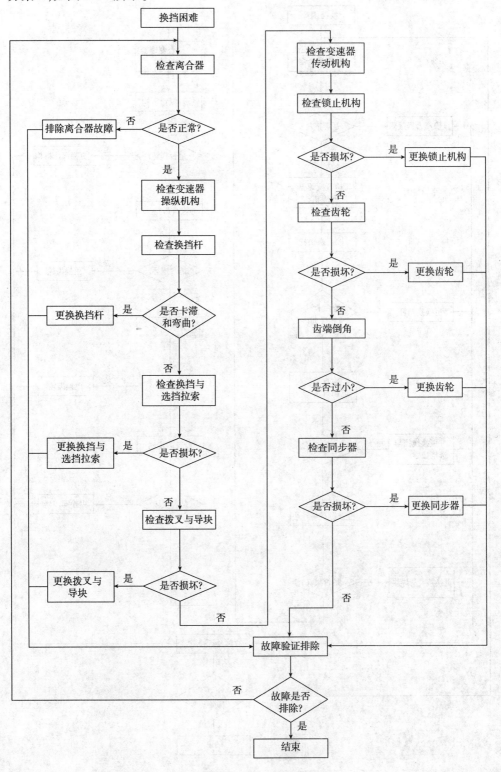

图 2-38　方案 B 流程图

方案 C，如图 2-39 所示。

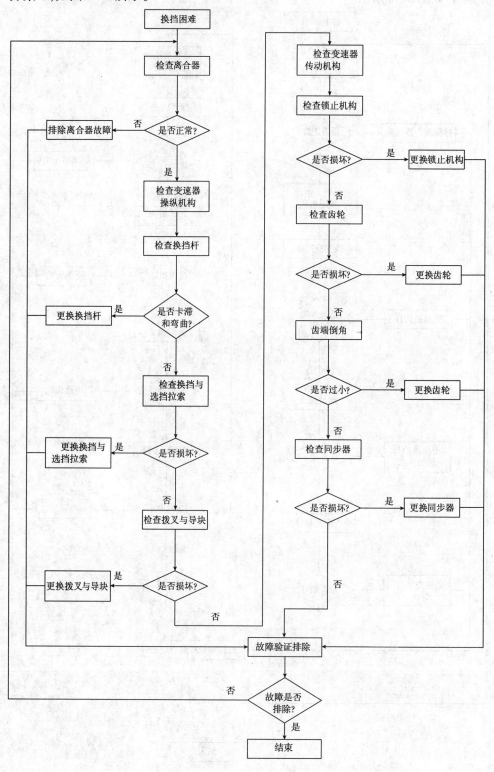

图 2-39　方案 C 流程图

三、实施与控制

引导问题6 在维修手动变速器过程中,有哪些安全注意事项?
_____
_____
_____
_____

引导问题7 如何进行变速器油量和品质检查、补充和更换作业?
(1)作业准备。
常用工具:_____
专用工具:_____
量具:_____
设备:_____
备件及辅料:_____
(2)通过查阅维修手册,叙述变速器油量检查方法,并说出图2-40表达的意思。
检查步骤及方法:_____
_____

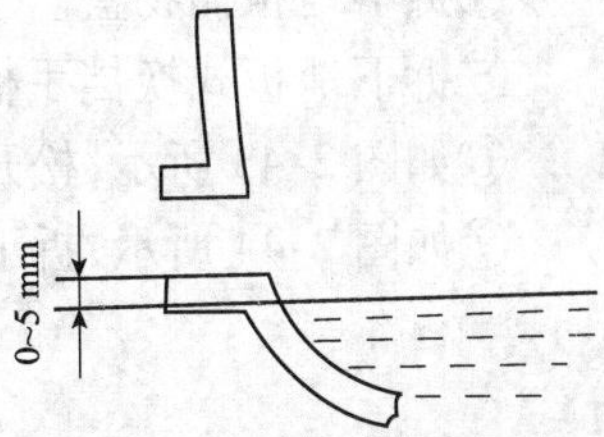

图2-40 手动变速器油液检查

(3)如何进行变速器油品质的检查?
_____
_____
_____

(4)如何对更换下来的变速器油进行处理?
_____
_____

引导问题8 如何对换挡操纵机构进行更换?
(1)作业准备。
常用工具:_____
专用工具:_____
量具:_____
设备:_____
备件及辅料:_____
(2)操作步骤及方法。
①如图2-41所示,用装饰条拆除器松开7颗卡扣,断开线束连接器,拆下组合仪表中央面板。
②如图2-42所示,拆下10颗卡扣后,拆下组合仪表面板。

图2-41 拆下组合仪表中央面板
○-7个卡扣

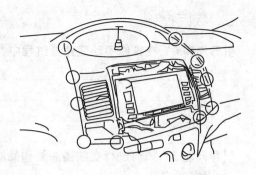

图2-42 拆下组合仪表面板
○-10个卡扣

③拆下操纵台面板。
④拆下地板储物盒。
⑤拆下地板式换挡手柄。
⑥如图2-43所示,松开6颗卡扣,拆下控制台孔盖。
⑦如图2-44所示,拆下螺钉E,用夹钳拆除器,松开3个卡夹,拆下控制台后部。

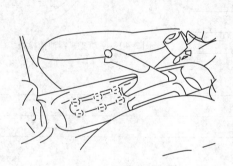

图2-43 拆下控制台孔盖
○-6个卡扣

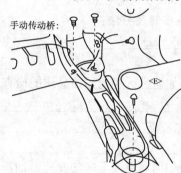

图2-44 拆下控制台后部

⑧拆下变速器控制拉线总成。如图2-45所示,拆下2个卡子,脱开变速器控制拉线头部。
⑨如图2-46所示,拆开两个卡爪,拆下控制拉线总成。

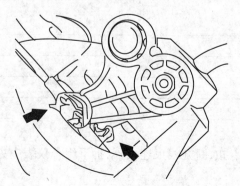

图2-45 脱下控制拉线头部

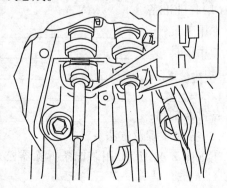

图2-46 拆下控制拉线总成

⑩如图 2-47 所示,拆下下部两个卡子、垫片和上部两个卡子,将手动变速器拉线拆下。

⑪如图 2-48 所示,拆下拉线固定螺栓。

⑫如图 2-49 所示,拆下 2 颗螺栓,从车身上拉出控制拉线,再从控制拉线上拆下固定器。

⑬更换新的拉索。按照与拆卸相反的顺序进行安装。

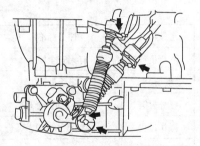

图 2-47　脱开拉线

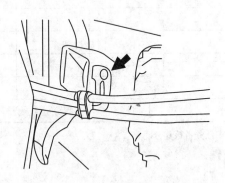

图 2-48　拆下螺栓

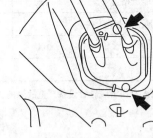

图 2-49　拆下螺栓

重要提示

螺母拧紧力矩均为 5.0N·m。

安装控制拉线时,一定要确保卡爪咬合牢靠。

换挡拉线的端部连接在换挡杆总成上时,注意连接方向和卡销插入方向。

安装塑料元件时,一定注意不要损坏卡扣及卡子。

四、评价与反馈

1. 小组成果展示

简述本小组收获与体会。

(1)＿＿＿＿＿＿＿＿＿＿＿＿＿＿＿＿＿＿＿＿

(2)＿＿＿＿＿＿＿＿＿＿＿＿＿＿＿＿＿＿＿＿

你对其他小组的建议。

(1)＿＿＿＿＿＿＿＿＿＿＿＿＿＿＿＿＿＿＿＿

(2)＿＿＿＿＿＿＿＿＿＿＿＿＿＿＿＿＿＿＿＿

2. 评分(表 2-5)

评 分 表　　　　　　　　　　表 2-5

考核项目	评分标准	分数	学生自评	小组互评	教师评价	小计
团队合作	是否和谐	5				
活动参与	是否积极	5				

续上表

考核项目	评分标准	分数	学生自评	小组互评	教师评价	小计
安全生产	有无安全隐患	10				
现场5S	是否做到	10				
任务方案	是否正确、合理	15				
操作过程	是否正确、规范	30				
任务完成情况	是否圆满完成	5				
工具、设备使用	是否规范、标准	10				
劳动纪律	是否能严格遵守	5				
工单填写	是否完整、规范	5				
总分		100				
教师签字：				年 月 日	得分	

注：违反操作规程，出现人身伤害或导致设备严重故障的，本任务考核0分。

五、第二课堂

1. 查阅资料说明其他手动变速器操纵机构的控制过程。

2. 查阅资料叙述手动变速器其他常见故障及其原因分析。

学习任务3　自动变速器汽车换挡不行驶故障诊断与排除

张先生准备驾驶自己的别克君威汽车带孩子去郊外游玩，起动发动机后，换挡操纵手柄无论置于D挡或R挡，车辆都不能行驶。车辆被拖车拖回4S店，服务顾问办理完接车手续后，将维修工单交于你，请你解决本车故障。

通过学习，你应当能：

1. 描述君威汽车自动变速器的结构特点；
2. 辨别确认自动变速器换挡不行驶故障现象；

3. 分析故障产生的原因,选择合理的诊断检查方案,正确判定故障部位;
4. 按照维修手册在30min内安全规范地完成自动变速器的油液检查、换挡杆位置以及仪表相关指示灯的检查;
5. 按照维修手册在60min内安全规范地完成自动变速器的初步检查;
6. 按照维修手册在30min内安全规范地完成自动变速器油的更换,正确处置废油;
7. 向客户解释故障判断及处理结果;
8. 把本次诊断与排除的故障编写成案例或技术公报。

学习脉络

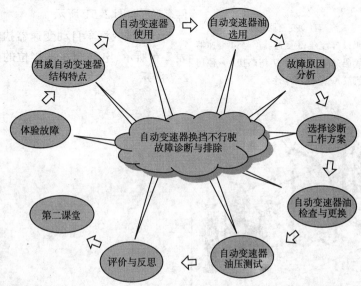

建议学习时间

6h。

引导问题

一、任务准备

引导问题1 您体验到的车辆故障现象是怎样的?

(1)作业准备。
① 车辆开进工位。　　　　　　　　　　　　　　　　　　□ 任务完成
② 确认是否安装有座椅、转向盘、驻车制动器操纵杆、换挡杆护套以及脚踏垫　□ 任务完成
③ 检查换挡杆位置,拉起驻车制动器操纵杆　　　　　　　　□ 任务完成
④ 安装翼子板布　　　　　　　　　　　　　　　　　　　□ 任务完成
⑤ 检查相关指示灯及油表　　　　　　　　　　　　　　　□ 任务完成
(2)故障现象记录:_____

引导问题 2　新君威 2.4L 汽车自动变速器有何结构特点？

(1) 新君威装配的 6T40E 自动变速器是一个全自动、6 速、拉维娜式电子控制变速器。该变速器由 5 个多片式离合器和 1 个单向离合器组合而成，通过齿轮系提供 7 种不同的传动比，6 个前进挡（D）和一个倒挡（R）。新君威汽车自动变速器识别信息，如图 2-50 所示。

(2) 君威汽车自动变速器系统包含的元器件名称，如图 2-51 所示。

(3) 君威汽车自动变速器执行元件动作如表 2-6 所示，电磁阀在各挡位的工作情况如表 2-7 所示。

图 2-50　新君威汽车自动变速器识别信息

1-自动变速器的代码；2-车型年；3-变速器型号；4-变速器系列；5-生产厂源代码；6-压制年份；7-儒略历（一种历法）日期；8-换挡/管路（A/B）；9-数字序列

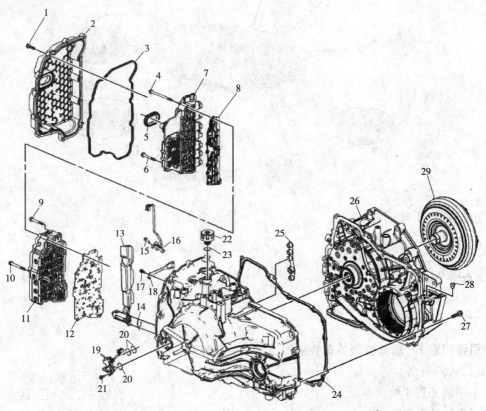

图 2-51　新君威汽车自动变速器内部构造

1、4、6、9、10、15、17、21-螺栓；2-控制阀体盖；3-控制阀体盖衬垫；5-控制阀体盖孔密封件；7-控制电磁阀（带阀体和变速器控制模块）总成；8-控制阀体过滤板；11-控制阀体；12-控制阀体隔板；13-自动变速器油位控制阀；14-自动变速器油位控制阀衬垫；16-自动变速器输出轴转速传感器；18-手动换挡止动杆弹簧；19-自动变速器输入轴转速传感器；20-自动变速器输入轴转速传感器 O 形密封圈；22-加油口盖；23-加油口盖密封件；24-变矩器壳体衬垫；25-自动变速器油泵密封件总成；26-带油泵的变矩器壳体总成；27-变矩器和差速器壳体螺栓；28-自动变速器加油管螺塞总成；29-变矩器

执行元件动作表　　　　　　　　　　　　　　　　表 2-6

挡位	驻车挡	倒挡	空挡	1挡制动	1挡	2挡	3挡	4挡	5挡	6挡
1-2-3-4 挡离合器	—	—	—	接合	接合	接合	接合	接合	—	—
3-5 挡倒挡离合器	—	接合	—	—	—	—	接合	—	接合	—
4-5-6 挡离合器	—	—	—	—	—	—	—	接合	接合	接合
2-6 挡离合器	—	—	—	—	—	接合	—	—	—	接合
低速挡和倒挡离合器	接合①	接合	接合①	接合	—	—	—	—	—	—
低速挡离合器	—	—	—	保持	保持	—	—	—	—	—

注：①无负载接合。

换挡电磁阀状态　　　　　　　　　　　　　　　　表 2-7

挡位	换挡电磁阀1	1-2-3-4挡离合器压力控制电磁阀5N.L	2-6挡离合器压力控制电磁阀4N.L	3-5倒挡离合器压力制电磁阀2N.H	低速挡、倒挡、4-5-6挡离合器压力控制电磁阀3N.H
驻车挡	通电	断电	断电	断电	通电
倒挡	通电	断电	断电	通电	通电
空挡	通电	断电	断电	断电	通电
1挡制动	通电	通电	断电	断电	通电
1挡	断电	通电	断电	断电	通电
2挡	断电	通电	通电	断电	通电
3挡	断电	通电	断电	通电	通电
4挡	断电	通电	断电	断电	通电
5挡	断电	断电	断电	通电	通电
6挡	断电	断电	通电	断电	通电

引导问题 3　怎样正确使用君威 2.4L 汽车自动变速器？

(1) 将自动变速器各挡位的功用填入表 2-8 中。

自动变速器各挡位的功用　　　　　　　　　　　　表 2-8

挡位名称	功　用
P	用以防止汽车移动，但只有在汽车停下并启用了驻车制动器后才可使用。起动发动机需确认在此挡位
R	
N	
D	
3	
2	
1	

(2)驾驶君威2.4L自动变速器的车辆时,有哪些注意事项?

①在车辆起步时,要将变速器的挡位置于_____和_____挡位,然后起动发动机。

②在车辆向前行驶时不能换挡至P挡或者R挡,必须在车辆停稳后换挡,否则会造成自动变速器严重损坏。

③在汽车行驶中,不能将变速操纵机构换入N挡滑行,否则由于发动机怠速运转,使自动变速器的油泵泵油量减少,造成变速器润滑不良而损坏。

④汽车因故障熄火不能行驶时,严禁用其他车辆牵引,否则将造成自动变速器损坏。

(3)换挡杆无法从P挡中摘出的原因有哪些?

_____

_____

_____

小知识

图2-52 制动换挡互锁槽

凯越汽车拥有制动换挡互锁(BTSI)系统。在从停车挡(P)换挡的时候,点火开关必须处于打开位置,而且必须踩下制动踏板。如果换挡杆不能正常移出P挡时,可采用以下方法:

(1)将点火关闭并拔掉钥匙。

(2)踩下制动踏板并保持不动。

(3)将点火钥匙插入制动换挡互锁槽,如图2-52所示。

(4)换挡至空挡(N)。

(5)将钥匙从制动换挡互锁槽上拔出。

(6)起动发动机并转换到想要的挡位。

引导问题4　怎样正确选择自动变速器油液?

(1)君威2.4L汽车如果经常在恶劣条件下行驶,每_____km更换一次自动变速器油。

(2)自动变速器油液常见的型号有DEXRON、MERCON、Original型;

根据图2-53,君威2.4L自动变速器车辆使用的变速器油液型号是_____。

(3)变速器油液的好坏对自动变速器工作性能有什么样的影响?

□影响动力的传递。

□导致变速器制动器打滑。

□烧坏离合器摩擦片。

□损坏变速器机件。

□汽车行驶过程中产生噪声。

图2-53 上海通用汽车专用自动变速器油液

二、方案制订与优选

引导问题5　自动变速器常见的故障有哪些?

_____

引导问题6 哪些原因可能导致自动变速器汽车换挡不行驶故障?

(1)自动变速器油液位太低。

(2)自动变速器油泵损坏,导致主油路不能建立正常油压。

(3)主油路或油压调节器堵塞。

(4)换挡拉线脱落,导致变速器不能停留在正确的挡位。

(5)机械系统损坏,不能传递动力。

(6)变矩器损坏不能传递动力。

引导问题7 如何制订自动变速器汽车换挡不行驶故障诊断方案?

以下 A、B、C 方案是三位同学分别制订的自动变速器汽车换挡不行驶故障的诊断方案,请你选择一个你认为最优的方案,并说明选择该方案的原因。

你选择的方案为_____

请说明你选择该方案的理由:_____

方案 A,如图 2-54 所示。

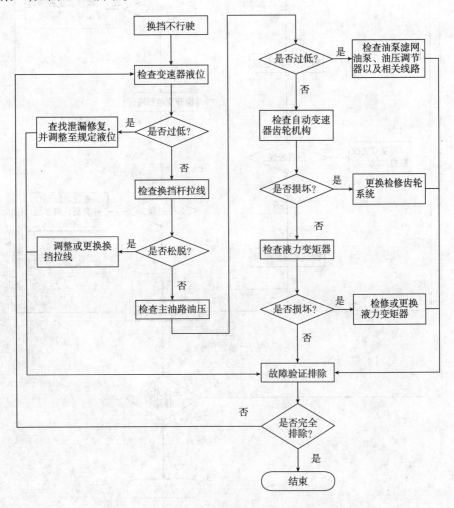

图 2-54 自动变速器汽车换挡不行驶故障诊断方案 A

方案 B,如图 2-55 所示。

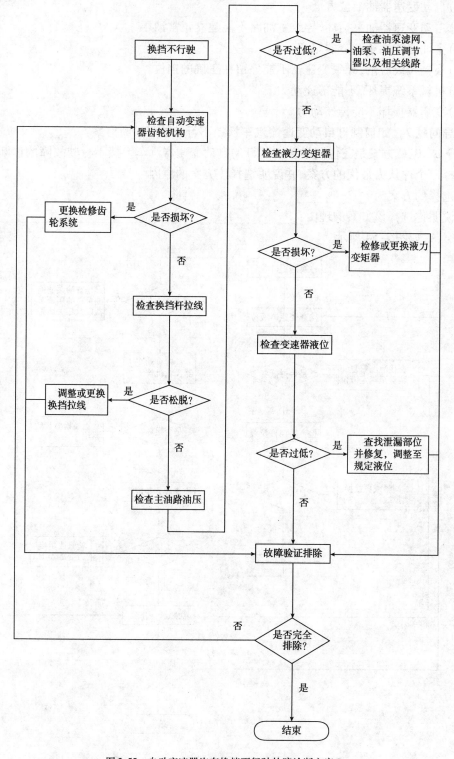

图 2-55 自动变速器汽车换挡不行驶故障诊断方案 B

方案 C,如图 2-56 所示。

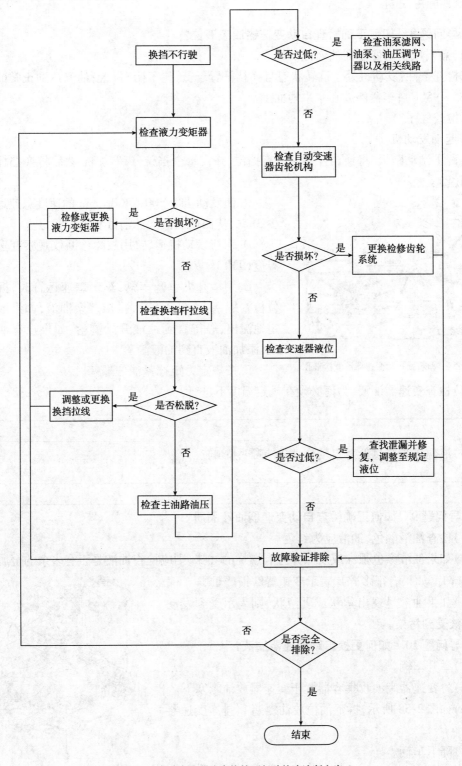

图 2-56 自动变速器汽车换挡不行驶故障诊断方案 C

三、实施与控制

引导问题8 如何正确检查自动变速器油液液位?

(1)新君威自动变速器油液位的检查。

①检查条件:发动机处于运转状态且换挡杆置于P(驻车挡)位置;油温达到正常的工作温度(85~95°C);车辆停放在水平地面上。

②检查程序。

A. 起动发动机。

B. 踩下制动踏板,将换挡杆换遍所有挡位,并在每个挡位停留约3s,然后将换挡杆换回驻车挡(P)。

C. 使发动机以500~800r/min的速度怠速运行至少3min,从而使油液泡沫消散和油位稳定。

D. 保持发动机运转,用故障诊断仪观察变速器油温度(TFT)。

E. 用举升机举升车辆,车辆怠速运行时,拆下油位检查螺塞1(图2-57),排出多余油液,如果油液稳定地流出,等待直到油液开始滴落,如果没有油液流出,添加油液直到油液滴落。

F. 按规定力矩拧紧油位螺塞。

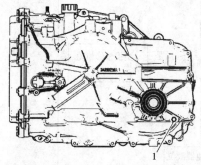

图2-57 新君威自动变速器油液检查孔

(2)检查变速器油液,为何必须在规定温度下进行?

_____

(3)液位过高或过低对自动变速器有哪些影响?

_____

引导问题9 如何正确检查自动变速器油液品质?

(1)检查油液颜色,油液应为红色。

(2)如果油液颜色很深或发黑并且有燃烧的气味,则应检查油液是否有多余的金属微粒或其他碎片,如果有很多碎片表示变速器磨损严重。

(3)如果油液呈现出絮状或乳液状,则表示受到发动机冷却液受到污染。

引导问题10 如何更换自动变速器油液?

(1)举升车辆。

(2)将变速器废油收集容器置于变速器放油螺塞下。

(3)如图2-58所示,拆下油位放油螺塞1,排净变速器废油。

(4)降下车辆。

(5)如图2-59所示,拆下油液加注口盖1。

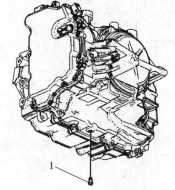

图2-58 新君威自动变速器油液排放塞

(6)将变速器油加注至规定油位。

正常换油加注量为4.0~6.0L;拆卸阀体盖后的加注量为5.0~7.0L;大修后的加注量8.0~8.5L。

(7)安装油液加注口盖1。

(8)检查变速器油位有无泄漏情况。

如何对废弃油液进行处理?

引导问题11 如何进行自动变速器油压检查?

(1)安装故障诊断仪。

(2)起动发动机。

(3)检查变速器油位是否合适。

(4)使用故障诊断仪检查清除所有存储的故障码。

(5)检查变速器操纵机构功能是否正常。

(6)关闭发动机。

(7)拆下管路压力测试孔塞,安装EN21867压力表,如图2-60所示。

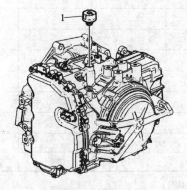 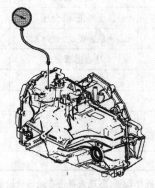

图2-59 新君威自动变速器油液加注口盖　　图2-60 新君威自动变速器油压表安装

(8)选择故障诊断仪"变速器管路压力控制电磁阀输出控制"。

(9)起动发动机。

重要提示

为了得到精确的管路压力读数,必须执行下文的程序,并且至少取3次平均值。

故障诊断仪只能在驻车挡(P)和空挡(N)状态下控制管路压力控制电磁阀,且要求发动机转速小于1500r/min,从而避免离合器管路压力过高或过低。

(10)用故障诊断仪控制电磁阀自动增加或减小管路压力约100kPa,须在增加或减小过程中保持压力稳定。

(11)将故障诊断仪上的压力读数和EN21867压力表上的读数进行对比。

(12)关闭发动机,拆下EN21867压力表。

(13)安装管路压力测试孔塞,将压力测试孔塞紧固至12N·m。

四、评价与反馈

1. 小组成果展示

简述本小组收获与体会。

(1) _____

(2) _____

你对其他小组的建议。

(1) _____

(2) _____

2. 评分(表2-9)

评 分 表　　　　　　　　　　　　　　　　　　表2-9

考核项目	评分标准	分数	学生自评	小组互评	教师评价	小计
团队合作	是否和谐	5				
活动参与	是否精彩	5				
安全生产	有无安全隐患	10				
现场5S	是否做到	10				
任务方案	是否正确、合理	15				
操作过程	是否正确、规范	30				
任务完成情况	是否圆满完成	5				
工具、设备使用	是否规范、标准	10				
劳动纪律	是否能严格遵守	5				
工单填写	是否完整	5				
总分		100				
教师签字：			年 月 日		得分	

注：违反操作规程，出现人身伤害或导致设备严重事故，本任务考核0分。

五、第二课堂

1. 简要说明CVT无级变速器的控制原理。

_____

2. 查阅资料说明大众朗逸DSG的控制原理。

_____

案例1

离合器异响

(1) 故障现象。一辆一汽-大众宝来汽车，发动机怠速运转时，原地松开离合器踏板，可听到发动机舱内发出"嗒嗒"异响声，踩下离合器踏板异响声消失，如果缓慢松开离合器踏板异响声不出现，行驶时一切正常。

(2) 诊断与排除。汽车行驶时一切正常，可以排除变速器故障。抬起变速器检查离合器压盘，未发现任何异常。该车装备双质量飞轮，两飞轮间用两圈弹簧连接，用于消除发动机的扭转振动。用手往复转动双质量飞轮检查,未发现异常。

检查离合器摩擦片,内圈与外圈之间由小弹簧连接在一起,与新件相比,旧件内圈与外圈之间明显松旷。由此分析,快速松开离合器踏板后,摩擦片上的小弹簧因冲击力大而被压缩到底,而双质量飞轮内的弹簧也因冲击大而被压缩到最短。在发动机扭转振动以及离合器小弹簧和双质量飞轮内弹簧的共同作用下,双质量飞轮内圈和离合器摩擦片外圈往复扭转产生异响。而如果轻轻松开离合器踏板,则离合器片的小弹簧受到的冲击非常小,压缩变形量很小,所以来回扭转的幅度也非常小,几乎听不到什么噪声。

更换离合器片后,故障排除。

案例 2

手动变速器噪声大

(1)故障现象。一辆东风标致 206 汽车,行驶 13 万 km,原地停车发动机怠速运转时变速器噪声大。当踩下离合器踏板时噪声减小。在行驶中的噪声与怠速时相同。

(2)诊断与排除。首先检查变速器油,判断是否有机械故障,放出变速器油呈黑色,说明变速器内部存在机械故障。解体变速器,检查各个零件。当转动输入轴轴承时,转动不畅且声音大。进一步检查发现轴承滚珠已经严重磨损。

更换新的输入轴轴承,装配好变速器。试车,发出的噪声正常,变速器工作正常。

案例 3

自动变速器挡位显示错误,行驶时有换挡冲击

(1)故障现象。一辆上海大众朗逸汽车,原地换 D 挡时仪表上显示此时挡位在 2 挡状态,行驶时有换挡冲击现象。

(2)诊断与排除。经检测,变速器控制单元存储器内有 00300 变速器机油温度传感器 - G93 断路/正极短路故障存储,读取数据流 010 组第一区显示油温为 -48℃,根据检测结果初步判定故障原因应该是油温传感器或线路短路造成的。查看电路图,经过排查最终发现连接到自动变速器上传感器插头 T8u 的线束中蓝棕线即 T8u/1 到变速器控制单元 J217 的插脚 T52b/45 之间的连线断开了。进行线束修复后试车,故障排除。

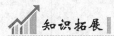知识拓展

一、离合器常见故障诊断与排除

1. 离合器打滑故障诊断与排除

(1)现象。离合器在正常使用时,离合器踏板完全放松、传动系也不过载的情况下,当离合器处于接合状态时,主、从动盘不能达到等速,即存在着相对滑动,发动机的动力不能完全传递。具体表现为:

①汽车起步时,离合器踏板完全抬起,不能起步或者起步困难。

②行驶中当发动机加速时,汽车速度不能随之提高,行驶无力。

③上坡或重载时,离合器片容易过热,严重时会散发焦味、冒烟,甚至烧坏离合器总成。

(2)原因分析。离合器打滑的根本原因是离合器压盘不能压紧从动盘摩擦片,或是从动盘摩擦片的摩擦系数过小,具体原因有:

①离合器踏板自由行程太小或没有自由行程。
②离合器从动盘摩擦片磨损过薄、硬化、有油污、有腐蚀或铆钉外露。
③离合器压盘过薄或压盘、飞轮变形。
④膜片弹簧弹力不足或膜片破裂。
⑤离合器与飞轮连接螺栓松动。
⑥对于采用机械拉索式操纵机构来说,可能是拉索卡滞、自调装置失效。
⑦对于离合器液压操纵机构,可能是离合器主缸工作不良、工作缸工作不良。
(3)故障诊断与排除,如图2-61所示。

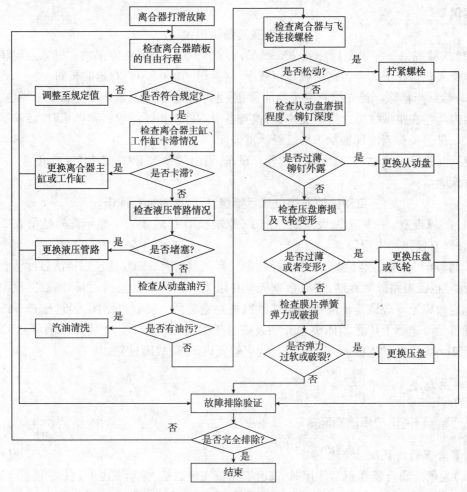

图2-61 离合器打滑故障诊断流程图

2. 离合器发抖故障诊断与排除

(1)故障现象。汽车用低速挡起步时,逐渐抬起离合器踏板并徐徐踩下加速踏板,离合器不能平顺接合且产生抖振,严重时甚至整车产生抖振现象。

(2)故障原因。
①分离杠杆或膜片弹簧分离指内端高度不在同一平面内。
②压盘或从动盘钢片翘曲变形,飞轮工作端面圆跳动严重超标。

③从动盘摩擦片油污、表面厚度不均匀、表面不平整、表面硬化、烧焦,铆钉露头、松脱、折断。
④从动盘上的扭转减振弹簧疲劳或折断、缓冲片破裂。
⑤分离轴承发卡而不能复位。
⑥离合器压紧弹簧折断或弹力不均,膜片弹簧疲劳或破裂。
⑦离合器踏板复位弹簧折断或脱落。
⑧发动机支架、变速器、飞轮、飞轮壳等部件的固定螺栓松动。
(3)故障诊断与排除,如图 2-62 所示。

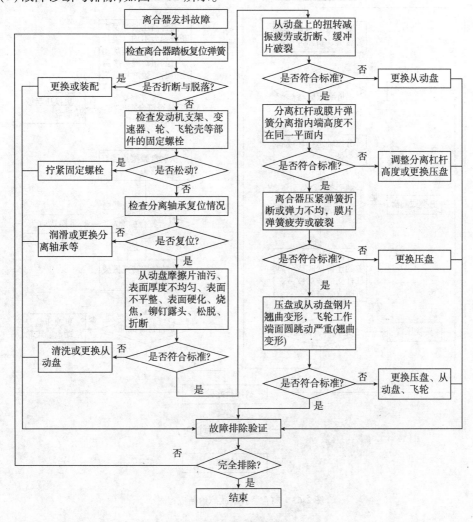

图 2-62　离合器发抖故障诊断流程图

3.离合器异响故障诊断与排除

(1)故障现象。当离合器分离或接合时,发出不正常的响声,当抬起踏板时,异响消失,有时踏下或抬起踏板时,都有不正常声响的现象。

(2)故障原因。
①离合器踏板复位弹簧疲劳、折断或脱落。
②分离轴承损坏或润滑不良。

③分离杠杆与离合器盖的连接松旷或分离杠杆支撑弹簧疲劳、折断或脱落。
④从动盘摩擦片花键孔与轴配合松旷。
⑤从动盘摩擦片铆钉松动或露头。
⑥从动盘扭转减振弹簧疲劳或折断。
(3)故障诊断与排除,如图2-63所示。

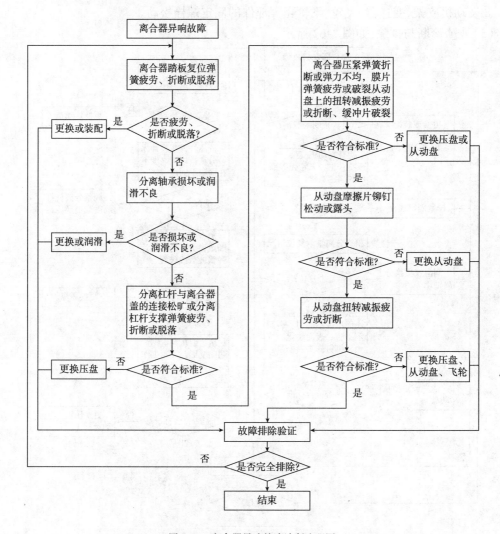

图2-63 离合器异响故障诊断流程图

二、手动变速器常见故障诊断与排除

1.跳挡故障诊断与排除

(1)故障现象。汽车在加速、减速或爬坡时,变速器操纵杆自动跳回空挡位置。
(2)原因分析。
①变速器操纵机构调整不当、磨损或松旷。
②拨叉、拨叉轴弯曲或磨损。

③自锁装置失效。
④同步器接合齿圈磨损或损坏。
⑤变速器轴、轴承磨损松旷或轴向间隙过大。
⑥常啮合齿轮轴向或径向间隙过大。
(3)故障诊断与排除,如图2-64所示。

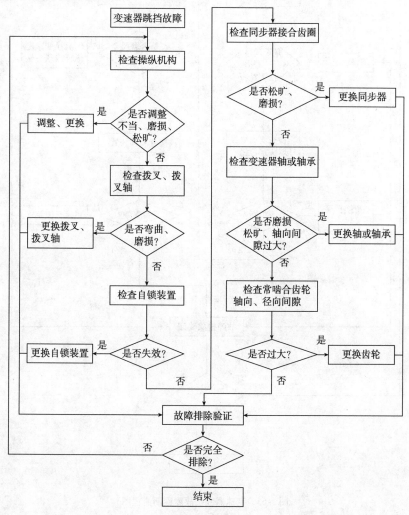

图2-64 手动变速器跳挡故障诊断流程图

2. 乱挡故障诊断

(1)现象。在离合器技术状况正常的情况下,变速器同时换上两个挡位;实际换入挡位与所需挡位不符;原有挡位未退出,仍能换入另一挡位。

(2)原因分析。

①变速器操纵机构调整不当、磨损或松旷。
②互锁装置失效。
③变速操纵杆手柄支撑球头座、球头磨损过大。
④变速操纵杆球头定位销折断。

(3) 故障诊断与排除，如图 2-65 所示。

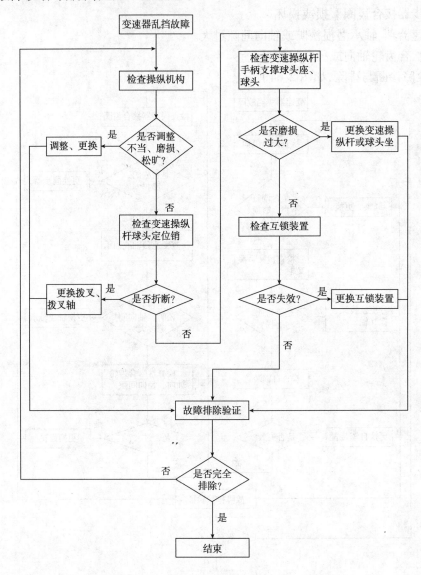

图 2-65　变速器乱挡故障诊断流程图

三、自动变速器常见故障诊断与排除

1. 自动变速器油易变质故障诊断与排除

(1) 故障现象。更换后的自动变速器油在较短的时间内就会变质，且自动变速器油油温过高（有焦味或可从加注口看到冒烟）。

(2) 故障原因。

① 自动变速器油液型号不符合规定或自动变速器油液受到了污染。

② 车辆经常过载导致油温过高变质。

③自动变速器油的冷却系统堵塞失效。
④自动变速器中离合器或制动器的间隙过小,在不工作时摩擦打滑,造成油温过高。
⑤主油路的油压过低,使得离合器和制动器在工作时打滑而造成油温过高。

(3)故障诊断与排除。
①确认汽车的行驶情况,是否有频繁急加速、超负荷行驶等。
②检查自动变速器油液液面,如果液面过低,排除泄漏故障后,添加自动变速器油液至规定液位。
③检查自动变速器油液品质,如果油液颜色很深或发黑还有烧焦的气味,检查油液是否有多余的金属微粒或其他碎片,如果在油液中发现大量金属或其他碎片,冲洗油冷却器和冷却器管路,然后大修变速器,如果没有发现变速器内部的损坏迹象,应更换油液、修理油冷却器并冲洗冷却器管路。
④在自动变速器达到正常工作温度时,检查自动变速器油冷却器的温度,冷却器正常的温度应为60℃左右。如果冷却器温度过低,说明自动变速器至冷却器管路有堵塞,应检修其油管和冷却器限压阀;如果冷却器温度过高,则需检测主油路的压力是否正常,如果油压正常,则说明离合器和制动器间隙太小,需拆检自动变速器。

2. 换挡不行驶故障诊断与排除

(1)故障现象。换挡操纵杆置于任一前进挡或倒挡,汽车均不能行驶。
(2)故障原因。
①自动变速器油液油液过低。
②油泵损坏或油泵进油滤网严重堵塞。
③换挡操纵杆与手控阀之间的连接杆或拉索松脱,使得换挡操纵杆置于倒挡或前进挡时,手控阀仍然在空挡或停车挡位置。
④液控系统中的主油路或主油路油压调节器有堵塞。
⑤自动变速器机械系统有损坏而不能传递动力。
⑥变矩器损坏而不能传递动力。

(3)故障诊断与排除。
①检查自动变速器油液的液面高度,如果液面过低,应在排除泄漏故障后再添加油液至规定高度。
②检查自动变速器操纵手柄与手控阀摇臂之间有无松脱,如有松脱,应对换挡拉线进行调整或更换。
③检查主油路的油压,如果油压偏小,应打开自动变速器油底壳,检查油泵的滤网有无堵塞;若滤网无堵塞,则需拆开自动变速器,检查油泵、油压调节器以及有关的油路。
④检查液力变矩器各花键是否损坏,液力变矩器至飞轮的螺栓是否缺失,检查液力变矩器毂至油泵的主动齿轮是否损坏。
⑤检查自动变速器的输入轴、行星排或输出轴。

3. 换挡冲击大故障诊断与排除

(1)故障现象。在车辆起步时,汽车会有明显的抖动,而在汽车行驶时自动变速器升挡的瞬间,汽车也会有明显的冲击。

(2)故障原因。

①自动变速器油型号不符合规定。

②发动机的怠速过高而引起换挡时的冲击。

③节气门位置传感器、车速传感器故障或节气门拉索调整不当,使主油路的油压过高导致换挡冲击。

④主油路油压调节器工作不良,使主油路的油压过高或过低导致换挡冲击。

⑤压力控制电磁阀损坏。

⑥蓄能器工作不良,使换挡瞬间油压过高导致换挡冲击。

⑦止回阀损坏或止回阀钢球漏装,导致换挡执行元件接合过快。

⑧换挡执行元件打滑。

⑨升挡过迟而引起换挡冲击。

⑩控制单元有故障或汽车的其他部位故障。

(3)故障诊断与排除。

①检查油液液面和品质是否正常,若已更换过自动变速器油液,应检查更换的油液型号是否符合规定。

②检查发动机的怠速是否在厂家规定范围内,如果怠速过高,应将其调整至规定的怠速,再检验换挡冲击故障是否消失。

③用故障诊断仪读取故障代码,按照故障提示查找故障原因,重点排除油压调节阀的故障。

④检查管路压力,与标准值进行比较,如果油压过高,应拆检主调压阀、蓄能器、相关阀体。

⑤检查自动变速器换挡执行元件的间隙、磨损,以及元件密封件的情况。

4. 打滑故障诊断与排除

(1)故障现象。在车辆行驶时,发动机转速升高很快,但车速提高很小或根本没有提高。

(2)故障原因。

①自动变速器油平面过低。

②自动变速器中单向离合器打滑。

③油泵磨损严重、滤清器堵塞,或主油路有泄漏而造成主油路的油压过低。

④离合器或制动器摩擦片(或制动带)磨损严重或已烧焦而引起打滑。

⑤离合器或制动器活塞密封圈损坏而漏油,导致油压过低。

(3)故障诊断与排除。

①检查自动变速器油液面,如果是油液面过低,排除泄漏故障后,添加自动变速器油,检查自动变速器是否打滑。

②检查自动变速器油液品质,如果油液颜色很深或发黑还有烧焦的气味,检查油液是否有多余的金属微粒或其他碎片,如果在油液中发现大量金属或其他碎片,冲洗油冷却器和冷却器管路,然后大修变速器;如果没有发现变速器内部有损坏的迹象,应更换油液、修理油冷却器并冲洗冷却器管路。

③检查主油路的油压,在拆检自动变速器前,先检测主油路的油压;如果油压正常,更换已打滑(磨损过度或已烧焦)的换挡执行元件即可;如果油压过低,则应检查油泵、油泵滤网

主油路和油压调节器等。

④进行道路试验,根据其打滑的规律判断故障的部位。

5. 升挡过迟故障诊断与排除

(1)故障现象。在汽车行驶中,升挡车速明显高于标准值、升挡前发动机转速偏高,须采用提前升挡的操作方法,才能使自动变速器升入高挡或超速挡。

(2)故障原因。

①节气门拉线调整不当。

②节气门位置传感器、车速传感器工作不良。

③自动变速器油温传感器工作不良。

④主油路油压调节阀工作不良。

⑤自动变速器控制单元需进行更新或有故障。

⑥强制降挡开关失效。

(3)故障诊断与排除。

①对于电控自动变速器,应先进行故障自诊断,如果有故障码,按故障码的提示查找故障原因。

②检查节气门位置传感器性能和相关线路,如果异常,进行匹配、检修或更换。

③检查车速传感器的电阻(电磁式)和传感器的线路,如果异常,进行检修或更换。

④检查自动变速器油温传感器的电阻和感器的线路,如果异常,进行检修或更换。

⑤检查强制降挡开关,如果短路,应予以修复或更换。

⑥执行自动变速器电脑的更新程序或更换变速器控制单元。

6. 不能升挡故障诊断

(1)故障现象。汽车行驶中,自动变速器始终在1挡,不能升入2挡及更高挡位。

(2)故障原因。

①节气门拉索或节气门位置传感器有故障。

②车速传感器工作不良。

③2挡制动器或高挡离合器有故障。

④换挡阀卡滞。

⑤挡位开关、制动开关、控制单元损坏或线路故障。

⑥换挡执行元件打滑。

(3)故障诊断与排除。

①用故障诊断仪读取故障码,如果有故障码输出,则按所显示的故障码检查故障。

②检查节气门拉索或节气门位置传感器的工作情况,不符合技术要求的,应进行调整或更换。

③检查车速传感器及其线路,如果工作不良,应进行更换。

④检查空挡起动开关是否良好,如果有故障,应进行调整或更换。

⑤检查自动变速器电脑的电源、搭铁和通信线路,如果发现异常,应进行检修或更换。

⑥如果上述检查均未发现故障,则需拆检自动变速器,检查换挡执行元件是否有严重磨损或有无泄漏。

四、驱动桥常见故障诊断与排除

1. 驱动桥异响故障诊断与排除

（1）故障现象。驱动桥在运行时发出不正常的响声，可分为：

①驱动时发出异响。

②滑行时发出异响。

③转弯行驶时发出异响。

（2）故障原因。

①齿轮油油量不足、油质变差，油内有金属颗粒。

②主减速器主、从动齿轮磨损，啮合间隙过大。

③主减速器主、从动齿轮装配调整间隙过小。

④主减速器主、从动齿轮轴承磨损松旷。

⑤差速器啮合间隙过小。

⑥差速器行星齿轮在行星齿轮轴上的运动有卡滞现象。

⑦差速器壳与行星齿轮轴配合松动、行星齿轮轴孔与其轴磨损松旷。

⑧半轴齿轮与行星齿轮啮合间隙不符合标准。

⑨半轴齿轮与半轴花键配合松旷。

（3）故障诊断与排除。

①换挡操纵杆置于空挡，举升车辆，检查驱动桥游动间隙，若驱动桥游动间隙太大，则表明驱动桥磨损。通常，由齿轮啮合间隙或半轴花键配合间隙过大引起的异响，需对驱动桥进行拆卸检查。

②检查驱动桥齿轮油油位、油质，若不符合要求，则故障由此引起（同时还会伴有驱动桥发热现象），按规定添加或更换齿轮油。

③驱动桥油量、油质检查正常，则进行路试进一步检查。

　　A. 汽车换挡行驶、脱挡滑行均有异响：故障多由主减速器齿轮啮合间隙不当、轮齿变形、齿面技术状况变差或轴承松旷引起。

　　B. 汽车换挡行驶有异响，脱挡滑行后声响减弱或消失：故障由主减速器齿轮轮齿的正面磨损严重或损伤，而齿的反面技术状况良好或齿轮间隙调整不当引起。

　　C. 汽车起步或突然变速时发出"吭"的一声，或汽车缓速时发生"喀啦、喀啦"的撞击声：故障由齿轮啮合间隙过大或半轴齿轮与半轴花键配合间隙过大引起。

　　D. 汽车行驶时发出周期性的金属撞击声：故障由齿轮个别轮齿折断引起。

　　E. 汽车转弯行驶有异响，直线行驶时声响减弱或消失：故障一般由半轴齿轮或行星齿轮的齿面严重磨损、齿面点蚀、轮齿变形，或折断、行星齿轮轴磨损等引起。

　　F. 汽车直线行驶和转弯行驶时，均有"哽呲、哽呲"的碰擦声，严重时产生金属撞击声：故障由半轴或套管弯曲变形引起。

　　G. 汽车行驶中异响时有时无，或有时呈周期性变化：故障一般由齿轮油中有杂物引起。

出现以上现象，均应拆卸检查驱动桥，视情对相应部件进行调整、更换或修复。

2. 驱动桥过热故障诊断与排除

(1)故障现象。汽车行驶一段里程后,用手探试驱动桥壳中部或主减速器壳,有无法忍受的烫手感觉。

(2)故障原因。

①齿轮油变质、油量不足或牌号不符合要求。

②锥形滚动轴承预紧度过大。

③齿轮啮合间隙调整过小。

④推力垫片与齿轮背隙过小。

⑤油封过紧或各运动副、轴承润滑不良而产生干(或半干)摩擦。

(3)故障诊断与排除。

①局部过热。

A. 用手触摸油封处:如过热,则故障由油封过紧引起,应更换合适的油封。

B. 用手触摸轴承处:如过热,则故障由轴承损坏或调整不当引起,应更换损坏的轴承或调整轴承。

C. 油封和轴承处均不过热,则故障由推力垫片与主减速器从动齿轮背隙过小引起,应重新调整背隙。

②普遍过热。

A. 检查齿轮油油面高度:油面太低,则故障由齿轮油油量不足引起,则应按规定添加齿轮油。

B. 检查齿轮油规格、黏度或润滑性能。若检查结果不符合要求,则应按规定更换齿轮油。

C. 检查主减速器齿轮啮合间隙的大小。先松开驻车制动器,换挡操纵杆置于空挡,轻轻转动主减器的凸缘盘,如转动角度太小,则故障由主减速器齿轮啮合间隙太小引起;如转动角度正常,则故障由行星齿轮与半轴齿轮啮合间隙太小或推力片与齿轮背隙过小引起,应重新调整。

3. 驱动桥漏油故障诊断与排除

(1)现象。从驱动桥加油口、放油口螺塞处,或油封、各接合面处可见到明显漏油痕迹。

(2)原因分析。

①加油口、放油口螺塞松动或损坏。

②通气孔堵塞。

③油封磨损、硬化,油封装反,油封尺寸与轴颈尺寸不对应,油封轴颈磨成沟槽。

④接合平面变形、加工粗糙,密封衬垫太薄、硬化或损坏,紧固螺钉松动或损坏。

⑤桥壳有铸造缺陷或裂纹。

(3)故障诊断与排除。

根据漏油痕迹判断漏油的具体原因。

需要注意的是,排除漏油部位故障时一定要检查通气孔是否畅通,如果通气孔堵塞,会造成内部压力过大,而引起油液的渗漏。

五、四轮驱动系统常见故障诊断与排除

1. 手动分动器

分动器的常见故障有,行驶中分动器动力传输中断、换挡困难或不能按要求换挡、分动器所有挡位都有噪声、四驱低挡换挡噪声或脱挡和输出轴漏油等。

(1)行驶中分动器动力传输中断故障诊断与排除。

①故障原因。

A. 润滑油不足,齿轮严重磨损。

B. 输入轴啮合套损坏。

C. 输出轴齿轮与啮合套损坏。

D. 选挡拨叉磨损。

②故障诊断与排除。

A. 检查加注润滑油。

B. 更换啮合套。

C. 更换输出轴和啮合套。

D. 更换选挡拨叉。

(2)换挡困难或不能按要求换挡故障诊断与排除。

①故障原因。

A. 车速过高,无法换挡。

B. 润滑油不足或润滑油型号不正确。

C. 长时间以高速四驱模式行驶。

D. 分动器外部拉杆机构有松旷或粘连。

E. 分动器内部齿轮粘连、磨损或松旷。

②故障诊断与排除。

A. 减速、停车,然后换挡。

B. 检查、加注润滑油。

C. 检修换挡机构。

D. 检修更换分动器齿轮机构。

(3)分动器所有挡位都有噪声故障诊断与排除。

①故障原因。润滑油不足或型号不符。

②故障诊断与排除。加注或更换润滑油。

(4)四驱低挡换挡噪声或脱挡故障诊断与排除。

①故障原因。

A. 4L,换挡不好换。

B. 换挡机构有松旷或粘连。

C. 换挡拨叉松旷、粘连或损坏。

D. 低挡齿轮磨损或损坏。

②故障诊断与排除。

A. 减速、停车先换入空挡,再换入L4L。

B. 检修换挡机构。

C. 检修更换换挡拨叉。

D. 检修更换齿轮机构。

(5)输出轴漏油故障诊断与排除。

①故障原因。

A. 润滑油过多。

B. 通气孔堵塞。

C. 输出轴油封损坏。

②故障诊断与排除。

A. 检查液位。

B. 检查通气孔。

C. 更换输出轴油封。

分动器的使用

在四轮驱动系统中,为了将输出的动力分配给前、后轴,因而设有分动器。驾驶员通过分动器操纵杆选择分动器高、低挡位,同时还应对安装在前轮轮毂上的前轴离合器进行锁止,从而实现两驱与四驱之间的转换,以适宜在不同地区行驶时的传动比及挡位数目,如图2-66所示。

1. 分动器各挡位含义

(1)4L:低速,四轮驱动;在陡坡、沙地、泥泞和冰雪路面行驶。

(2)N:空挡位置,所有车轮都不驱动;车辆停驶。

(3)2H:高速,后轮驱动;在铺装路面行驶。

(4)4H:高速,四轮驱动;在潮湿、冰雪路面行驶。

2. 分动器使用注意事项

(1)未先接上前桥,不得换上低速挡。

(2)未先退出低速挡,不得摘下前桥。

图2-66 分动器操纵杆

2. 电控分动器

电控分动器的常见故障可分为机械故障和电控系统故障。

(1)机械故障。电控分动器只是将手动操纵装置更换为电控操纵装置,分动器本身仍为机械结构,当机械机构出现故障,仍会导致电控分动器不工作。具体表现为:机械异响;接合件磨损,不能传输动力;漏油;齿轮间隙过大。出现机械故障时,应首先检查分动器油位和油品是否符合要求,若符合要求则需对分动器进行拆检。

(2)电控系统故障。电控系统故障主要有电控执行器故障(电磁阀、换挡电动机)、开关信号(功能开关和位置传感器)和电控单元故障。具体表现为:电磁阀、电动机线圈短路;电磁阀、电动机线圈断路,不工作;电磁阀、电动机温度过高,失效;电磁阀、电动机线路连接器接触不良;分动器指示灯异常;分动器转换开关断路或异常;执行位置传感器故障;开关或传感器线路不良。

一般可通过故障诊断仪进行如下操作:读取故障码、读取数据流、动作测试、控制单元编程、自适应设定,来实现电控系统的诊断。

标致4008汽车电控四轮驱动电气原理图,如图2-67所示;相应代码名称,见表2-10。

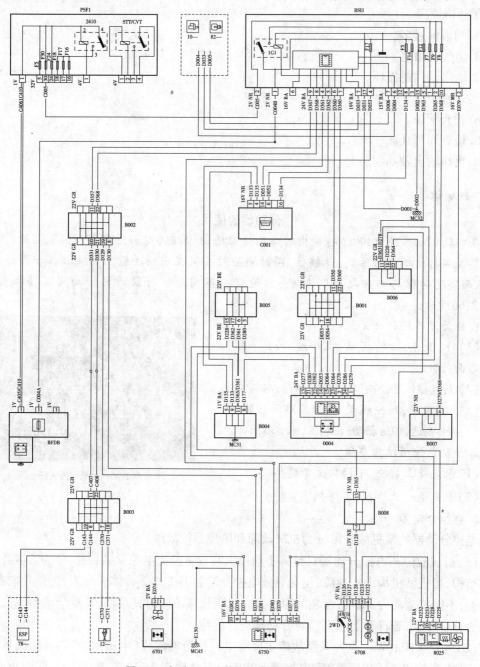

图2-67 标致4008电控四轮驱动系统电气原理图

代码名称 表2-10

项目代码	名称信息	项目代码	名称信息
0004	组合仪表	1320	发动机ECU
6701	差速锁控制电磁阀（后部）	6708	4×4开关和差速器锁止控制开关
6750	差速器控制单元	7020	防抱死制动控制单元
7800	ESP	8025	空调面板
B001	混合等电位接头1	B002	混合等电位接头2
B003	混合等电位接头3	B004	混合等电位接头4
B005	混合等电位接头5	B006	混合等电位接头6
B007	混合等电位接头7	B008	混合等电位接头8
BFDB	蓄电池插座处的熔断丝盒	BSI	智能盒控制系统
C001	诊断插座	PSF1	熔断丝板—发动机舱熔断丝盒
MC32	车身搭铁点编号32	MC45	车身搭铁点编号45

 小知识

电控分动器

电控分动器取消了手动操纵装置，以电磁阀进行动作切换，实现高速运行状态下的两驱和四驱切换，如图2-68所示。

针对电控分动器，一般会设置中央差速器，再通过前轴和后轴的独立差速器，把驱动力分配到四个车轮，同时允许前后轮、左右轮之间存在转速差，以实现前后轴之间动力分配。

电控分动器控制原理：

（1）驾驶员通过换挡按钮，将换挡信息传递给分动器ECU，分动器ECU指令电磁阀同步装置开始工作，同时指令换挡电动机将分动器挡位换上4H，换上4H后，待转速差为零，分动器ECU再指令前轴离合器工作，使前轴接合，前轴接合后，电磁阀同步装置停止工作。

图2-68 电控分动器

（2）分动器ECU读取车速信号、前轴离合器动作信号、分动器位置信号、前轴离合器位置信号，经过逻辑运算，合理控制分动器和前轴离合器的动作，实现高速时四驱和两驱的合理切换。

项目三 汽车转向制动行驶系统简单故障诊断与排除

学习任务1 汽车转向沉重故障诊断与排除

工作情境描述

张先生平时驾驶一辆别克凯越1.6L汽车,近段时间发现在转弯过程中转动转向盘比以前沉重费力,无回正感觉,近几天这种现象更加明显。现在汽车已经开至维修站点,服务顾问已办理完成接车手续,安排你解决本车的转向系统故障。

	ASC 代码		工单类型	维修类型	工时单价		打印时间	第 页 共 页		
维修工单号	开单日期	牌照号	车辆识别号	发动机号	品牌	车型	行驶里程数(km)	保修起始日期	保修起始里程数	车辆颜色
	2013.2.21	×××× ××	LSGJT53W87H000×××	×××	BUICK		23246	2007.2	21	红
车主××××××			邮编		地址		送修人	电话	手机	业务接待
张先生			××××××		××省××市××区××号		张先生	8268××××	××	刘××
序号	操作代码	客户故障描述		检测结果/故障原因	项目名称/维修措施		标准工时	附加工时	技师	故障 投诉 索赔 代码 代码 标志
1		转向沉重								
					燃油 V2	随车工具 仪表良好打√,有问题请注明 是否预约 否取回付费更换的旧件 车内无贵重物品 是□否■ 是■否□ 是■否□		点烟器		
					车牌号	是否需要清洗车辆 是■否□		是否需要清洗发动机 是□否■		
					里程数	三天后回访确认 要回访√ 不要回访 回访时间 上午 下午 晚上√ 回访方式 手机√ 固定电话 短信 确切时间				
维修历史					预计金额	预计交车时间 2013.2.23 15:30 工时费:800元 材料费:1230元				
			请确认贵重物品已妥善保存			客户签名				

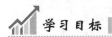 **学习目标**

通过本学习任务的学习,你应当能:
1. 描述凯越汽车转向系统的结构与特点;
2. 辨别转向沉重的故障现象;
3. 分析故障产生的原因,制订合理的诊断检查方案,正确使用轮胎气压表等设备对故障部位进行检查;
4. 正确进行轮胎气压的调整;
5. 根据维修手册在60min内安全规范地完成齿轮齿条式转向器间隙的调整;
6. 根据维修手册在30min内安全规范地完成动力转向油泵的更换;
7. 能向客户解释故障判断及处理结果;
8. 能把本次诊断与排除的故障编写成案例。

学习脉络

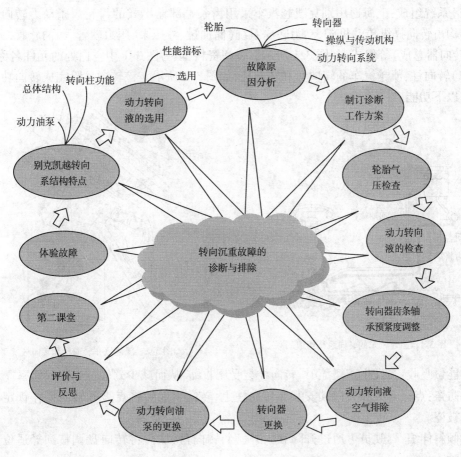

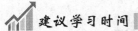 **建议学习时间**

8h。

引导问题

一、任务准备

引导问题1 您体验到的车辆故障现象是怎样的?

(1)作业准备:

①车辆开进工位 　　　　　　　　　　　　　　　　　　　　　　　□ 任务完成

②确认是否安装有座椅、转向盘、驻车制动器操纵杆、换挡杆护套以及脚踏垫 □ 任务完成

③检查换挡杆位置,拉起驻车制动器操纵杆 　　　　　　　　　　　□ 任务完成

④安装翼子板布 　　　　　　　　　　　　　　　　　　　　　　　□ 任务完成

⑤检查相关指示灯及油表 　　　　　　　　　　　　　　　　　　　□ 任务完成

(2)故障现象记录:_____

引导问题2 凯越汽车动力转向系统有何结构特点?

(1)系统组成:上海通用别克凯越汽车采用齿条端部输出式的齿轮齿条动力转向系统,基本结构由转向操纵传动机构、动力转向系统(储油罐、液压泵、压力软管、回油软管、分配阀总成、转向器总成)等组成,如图3-1所示。查阅资料,填写图3-1中空白处的元件名称。

(2)转向柱:凯越汽车的转向盘和转向柱,如图3-2所示。该转向柱除完成转向功能外,还具有以下功能。

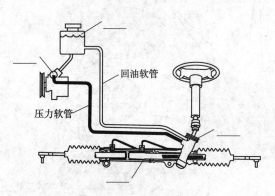

图3-1 凯越汽车的转向系统组成

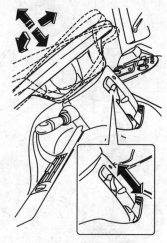

图3-2 凯越汽车转向盘和转向柱

①能量吸收:当发生正碰撞时,转向柱会受压收缩,从而减少驾驶员受伤的概率。

②防盗:点火开关和转向锁安装在转向柱上,转向锁能够将点火和转向操作锁定,以防止汽车被盗。

③倾斜伸缩:驾驶员可通过升降和内外倾斜转向盘,从而将转向盘调整到舒适位置,以方便驾驶。

④点火钥匙未拔提醒:如果驾驶员离车时,将钥匙忘记在点火开关上,点火钥匙未拔提醒功能将通过报警提醒驾驶员。

(3)液压泵:凯越汽车动力转向系统液压泵为叶片泵,由图3-3可以看出,液压泵由发动机前端的附件皮带驱动。

(4)储液罐:储液罐采用分置式,目的是使发动机舱留有更大空间,如图3-4所示。

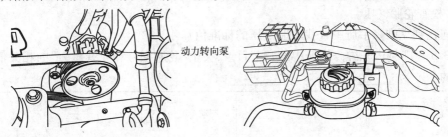

图3-3 凯越汽车动力转向泵　　　　　图3-4 凯越汽车储液罐

引导问题3 如何正确选用凯越汽车动力转向油?

(1)使用的动力转向油规格型号:_____

(2)动力转向液的换油周期为_____,每次的加注量为_____

小知识

电控动力转向

电子控制动力转向系统(EPS),根据转向动力形式,分为电控液压式和电控电动式。电控液压式是在传统的液压动力转向系统的基础上增设了控制液体流量的电磁阀、车速传感器和电子控制单元等,电子控制单元根据检测到的车速信号,控制电磁阀,使转向动力放大倍率实现连续可调,从而满足高、低速时的转向助力要求。电控电动式EPS是利用直流电动机作为动力源,电子控制单元根据转向参数和车速等信号,控制电动机转矩的大小与方向。电动机的转矩由电磁离合器通过减速机构减速增矩后,加载在汽车的转向机构上,使之得到一个与工况相适应的转向作用力。

二、方案制订与优选

引导问题4 哪些原因可能导致转向沉重故障?

(1)转向轮轮胎气压过低。

(2)动力转向油液严重不足。

(3)液压泵皮带打滑。

(4)液压系统有空气。

(5)_____

(6)_____

(7)_____

引导问题5 根据以上分析,如何制订与优选工作方案?

请你制订一个最优的故障诊断方案并说明理由。

_____

_____

_____

三、实施与控制

引导问题6　如何进行转向沉重故障的诊断?

(1) 检查轮胎气压。

如何在别克维修手册中查找轮胎气压的标准值?

图3-5是凯越汽车维修手册中的章节目录,关于"轮胎型号和充气压力"的相关信息,应该查阅的章节为_____。

0.基本信息	5.制动系统
1.空调系统	6.发动机
2.转向系统	7.自动变速器
3.悬架系统	8.车身和附件
4.驱动系统	9.安全保护装置

图3-5　章节目录

图3-6是凯越汽车维修手册中每一章节中的标题,关于"轮胎型号和充气压力"的相关信息,应该在_____标题下查阅。

— 规格	— 维修指南
— 示意图和布线图	— 说明与操作
— 部件定位	— 专用工具和设备
— 诊断信息和程序	

图3-6　标题信息

在维修手册的章节中,包含有规格、示意图和布线图、部件定位、诊断信息和程序、维修指南、说明与操作、专用工具和设备七个标题。

(1) 在"规格"这个标题下,可以查找到螺栓的紧固力矩、系统所用的油液和容量、系统所用部件的参数。

(2) 在"示意图和布线图"这个标题下,可以找到该系统的线路图。

(3) 在"部件定位图"这个标题下,可以查找到该系统机械或线路部件的位置。

(4) 在"诊断信息和程序"这个标题下,可以查找到一些维修策略的详细步骤、诊断故障码的详细解释和出现故障码的检修流程、TECH 2上每项数据的解释。

(5) 在"维修指南"这个标题下,可以查找到该系统的部件拆装步骤。

(6) 在"说明与操作"这个标题下,可以查找到该系统主要部件的介绍及对线路图的走向说明介绍。

(7) 在"专用工具和设备"这个标题下,可以查找到维修该系统时所需的专用工具名称及专用工具的图形和编号。

在查找维修手册时,首先要了解查找目标,确定需要查找的项目应该属于哪一个章节,然后再翻到相对应章节的目录,确定需要查找的项目应该属于该章节的哪一个系统,再根据需要查找的项目来确定属于该系统的哪一个标题,最后根据标题确定具体的页码。

请在凯越汽车维修手册目录(图3-7)中找出关于"轮胎型号和充气压力"的部分,并标注出来。

3-2 目录		悬架系统
转向节	3D-17	部件维修 3E-4
轮毂与轴承	3D-17	合金车轮孔隙 3E-4
一般说明和系统操作	3D-18	合金车轮表面装饰 3E-4
后悬架	3D-18	车下平衡 3E-5
轮胎和车轮	3E-1	校正不均匀轮胎 3E-6
规格	3E-2	轮胎和车轮配装 3E-6
轮胎尺寸和压力规格	3E-2	轮胎安装和拆卸 3E-6
充气压力换算规格	3E-2	一般说明和系统操作 3E-7
紧固件紧固规格	3E-2	轮胎和车轮平衡 3E-7
诊断	3E-2	轮胎防滑链的使用 3E-7
车轮跳动	3E-2	替换轮胎 3E-8
维护和修理	3E-3	全天候轮胎 3E-8
车上维修	3E-3	客车公制尺寸轮胎 3E-8
车轮	3E-3	轮胎标签 3E-8
车上平衡	3E-3	备胎 3E-8
		车轮 3E-8
		充气轮胎 3E-8

图3-7 目录

图3-8是凯越汽车维修手册中关于"轮胎型号和充气压力"部分的内容,请回答以下的问题。

3E-2　规格　　　　　　　　　　　　　　　　　　　　　　　　　　　轮胎和车轮

规格

轮胎尺寸和压力规格

满载充气压力

轮胎	车轮	前		后	
		千帕	磅/平方英寸	千帕	磅/平方英寸
195/55R15	6J×15(合金)	205	30	205	30

图3-8 轮胎型号和充分压力相关内容

①凯越汽车装用的轮胎的规格为_____
②解释轮胎规格中各项的含义_____
③车辆上轮胎气压标签的标注位置:_____
④记录所检查车辆的轮胎气压,完成表3-1。

轮 胎 气 压　　　　　　　　　　　表3-1

轮胎气压 数值记录	左前轮:_____kPa;右前轮:_____kPa; 左后轮:_____kPa;右后轮:_____kPa
检查结论	
处理方法	

⑤查阅资料,判断凯越汽车与轮胎气压有关的问题。
轮胎气压的检查条件:□冷车;□热车;□车辆轮胎着地;□车辆轮胎不着地。
备胎的气压是否需要检查:□是;□否。

(2)检查动力转向液液面高度。

①凯越汽车的动力转向液储液罐如图3-9所示,请找出液面标记并说明标记的含义。

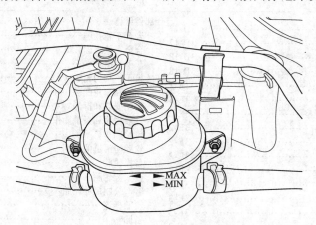

图3-9 凯越汽车动力转向液储液罐上的标记

MAX-_____;MIN-_____

②查阅资料,说明检查凯越汽车动力转向液时应注意:

A. 如果油液温度为66℃(150°F),油液的液面应介于_____和_____之间。

B. 如果油液温度为21℃(70°F),液面应位于_____标记处。

C. 如果油液液面不符合要求,请添加油液至正常范围。

结论:_____

处理方法:_____

添加动力转向液是否完成:□是;□否。

引导问题7 如何进行齿轮齿条式转向器齿条轴承预紧度的调整?

(1)凯越汽车齿轮齿条式转向器的基本结构如图3-10所示,请在图中标注出锁止螺母和调节器螺塞的位置。

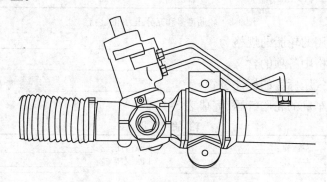

图3-10 凯越汽车齿轮齿条式转向器

(2) 调整步骤。
①松开锁止螺母。
②顺时针拧调节器螺塞至_____ N·m,然后将它松开30°至40°。
③检查小齿轮力矩,小齿轮预紧力矩为_____ N·m。
④在固定调节器螺塞的同时,拧紧锁止螺母。
(3) 在调整前,齿条是否需要居中? □是;□否。理由:_____

引导问题8 如何排出动力转向油液中的空气?
(1) 作业准备。
常规工具:_____
专用工具:_____
设备:_____
备件及辅料:_____
(2) 操作步骤。

重要提示

维修后的动力转向系统,必须排出液压系统的空气,才能得到正确的液面读数。油液中的空气可能导致泵产生气蚀噪声,时间一久,还会导致泵损坏。

动力转向系统中的空气排放有两种方式,一种是人工排放,一种是专用工具排放。

以下各个操作步骤前的序号并不代表实际操作次序,请仔细阅读并分析后,进行排序。

动力转向油液系统中空气的人工排放步骤:_____

①转向盘回到中心位置。让发动机继续运行2~3min。
②将转向盘从一侧转到另一侧,但在任一侧都不要转到底,放出系统中的空气。

如何判断动力转向油液中的空气已经排放干净? 你认为的判断要点有:
_____
_____
_____

③再次检查液面。必要时,添加油液,使液面达到最低标记(MIN)。
④起动发动机,使发动机在急速下运行。
⑤将转向盘向左转到底,将动力转向液添加至液面最高标记(MAX)。
⑥对车辆进行路试,确保转向功能正常且没有噪声。
⑦重新检查液面。
⑧确保系统达到正常工作温度并稳定后,液面应达到MAX(最高)标记,必要时添加油液。

引导问题9 如何更换齿轮齿条式转向器?
(1) 作业准备。
常规工具:_____
专用工具:_____
设备:_____
备件及辅料:_____

(2)操作步骤。

①如图3-11所示,断开蓄电池负极电缆。

②拆卸车轮。

③如图3-12所示,断开动力转向机进液管。

④断开动力转向机进液管之前,需要完成相应的准备工作。

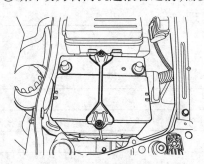 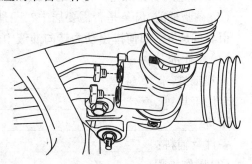

图3-11　断开蓄电池负极电缆　　　　　　图3-12　断开动力转向机进、出液管

⑤拆卸中间轴夹紧螺栓,如图3-13所示,此螺栓的规格为:_____。

⑥拆卸外转向横拉杆球节紧固螺母,并用球节拆卸工具KM-507-B从转向节上断开外转向横拉杆,如图3-14所示。

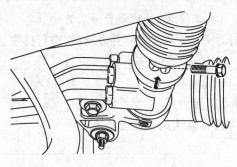 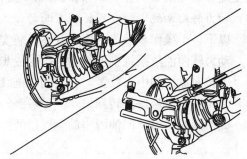

图3-13　拆卸_____螺栓　　　　　　图3-14　断开外转向横拉杆

⑦如图3-15所示,从转向机装配架上拆卸螺母和螺栓。

A. 此螺栓总共有_____个。

B. 它们的规格为_____

⑧如图3-16所示,拆卸变速驱动桥中心托架固定螺栓,移开变速驱动桥中心托架。

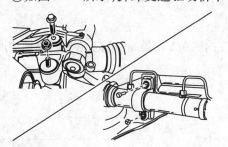 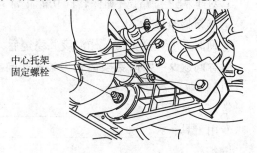

图3-15　拆卸转向机装配架螺母和螺栓　　　图3-16　拆卸变速驱动桥中心托架固定螺栓

⑨从横梁总成上拆卸齿轮齿条转向机总成。
⑩调整齿条和小齿轮总成的齿条预紧度。
⑪如图3-17所示,将齿条和小齿轮总成安装到横梁上。
安装前的准备工作有:

_____

_____

⑫如图3-18所示,将螺栓和螺母安装到转向机装配架上,紧固螺栓和螺母至60N·m。

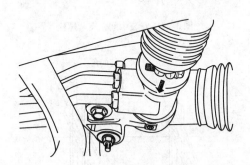

图3-17 安装齿条和小齿轮总成

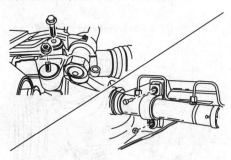

图3-18 安装转向机装配架螺栓螺母

⑬如图3-19所示,将油管紧固螺栓安装到横梁卡夹上,紧固回油管卡夹螺栓至8N·m。
⑭对于装备手动变速驱动桥的车辆,安装变速驱动桥中心托架,并紧固螺栓至80N·m,如图3-20所示。

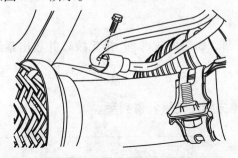

图3-19 安装回油管到横梁卡夹上

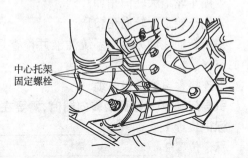

图3-20 安装变速驱动桥中心托架

⑮将外转向横拉杆连接到转向节上,如图3-21所示,安装外转向横拉杆紧固螺母,紧固螺母至50N·m。
⑯安装中间轴夹紧螺栓,如图3-22所示,紧固螺栓至25N·m。
⑰如图3-23所示,连接动力转向液进口和出口管,紧固接头至28N·m。
⑱安装车轮,调整前轮前束,降下车辆。
⑲检查最大转向角,如图3-24所示。
将车停放在地板上,先将转向盘转到正前位置。在地板上标记两只轮胎中心线,再向右将转向盘转到底,在地板上标记两个轮胎的新中心线。两条中心线之间的夹角即为最大转向角。

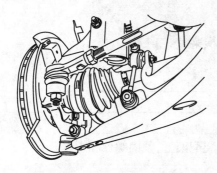

图 3-21　安装外转向横拉杆到转向节

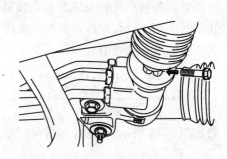

图 3-22　安装中间轴夹紧螺栓

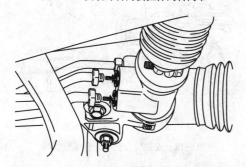

图 3-23　连接动力转向液进口和出口管

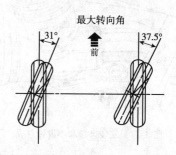

图 3-24　最大转向角

标准：

内侧车轮最大转向角：37.5°。

外侧车轮最大转向角：31°。

⑳重新加注动力转向系统油液并检查是否泄漏。如果发现泄漏，排除故障并放出系统中的空气。

㉑连接蓄电池负极电缆。

引导问题 10　在更换转向器时，需要在哪些地方标注记号？请列举。

标记位置 1：_____

标记位置 2：_____

标记位置 3：_____

标记位置 4：_____

引导问题 11　如何更换动力转向油泵？

(1) 作业准备。

常规工具：_____

专用工具：_____

设备：_____

备件及辅料：_____

(2) 操作步骤。

①在拆卸动力转向泵前，是否需要先将动力转向系统的动力转向液排出？如果需要，如何才能保证将动力转向系统的动力转向液排放干净？

是否需要：　　□ 需要　　　□ 不需要
动力转向液的排放步骤：
_____
_____
_____

②查阅资料,列出凯越汽车动力转向泵的拆卸步骤。
_____
_____

③动力转向油泵安装步骤。
请对下面的操作进行排序。
____将供油软管连接至动力转向泵。
____安装附件传动皮带。
____将高压软管接头连接至动力转向泵,紧固高压软管接头至28N·m。
____将新的动力转向泵安装到车上,然后再安装两条动力转向泵螺栓,紧固两条动力转向泵螺栓至25N·m。
____排放动力转向系统中的空气。
____向下转动动力转向泵托架,然后安装右前侧螺栓,紧固两条右动力转向泵托架螺栓至35N·m。
____重新加注动力转向液。

四、评价与反馈

1. 小组成果展示
简述本小组收获与体会。
(1)_____
(2)_____
你对其他小组的建议。
(1)_____
(2)_____

2. 评分表(表3-2)

评　分　表　　　　　　　　　　　表3-2

考核项目	评分标准	分数	学生自评	小组互评	教师评价	小计
团队合作	是否和谐	5				
活动参与	是否积极主动	5				
安全生产	有无安全隐患	10				
现场5S	是否做到	10				
任务方案	是否正确、合理	15				

续上表

考核项目	评分标准	分数	学生自评	小组互评	教师评价	小计
操作过程	是否规范	30				
任务完成情况	是否圆满完成	5				
工具、设备使用	是否规范、标准	10				
劳动纪律	是否能严格遵守	5				
工单填写	是否完整	5				
总分		100				
教师签字:		年 月 日			得分	

注：违反操作规程，出现人身伤害或导致设备严重故障的，本任务考核0分。

五、第二课堂

（1）查阅资料，说明2014款爱丽舍、宝马740Li汽车动力转向系统的结构特点。

_____

_____

_____

（2）如何对动力转向系统防过载装置进行检查和调整？

_____

_____

_____

学习任务2 汽车制动效能不足故障诊断与排除

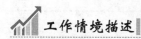 工作情境描述

客户张先生驾驶一辆别克凯越汽车在行驶过程躲避障碍时，突然发现制动不灵，张先生连续踩几次制动踏板，并且依靠驾驶经验将车辆靠边后打电话求救，公司派拖车将故障车辆拖回4S店，服务顾问完成接车手续，安排你小组负责解决本车故障。

ASC 代码		工单类型		维修类型		工时单价		打印时间		第 页 共 页	
维修工单号	开单日期	牌照号	车辆识别号	发动机号	品牌	车型	行驶里程数(km)	保修起始日期	保修起始里程数		车辆颜色
	2013.2.21	××× ×××	LSGJT53 W87H000×××		BUICK		23246	2007.2	21		红

车主		邮编	地址	送修人	电话	手机	业务接待
张先生		×××××	×××××	张先生	×××××	×××××	刘××

序号	操作代码	客户故障描述	检测结果/故障原因	项目名称/维修措施	标准工时	附加工时	技师	故障代码	投诉代码	索赔标志
		制动效果差								

燃油 V2	随车工具	点烟器
	仪表良好打√，有问题请注明	
	是否预约 否取回付费更换的旧件 车内无贵重物品 是□否■ 是■否□ 是■否□		
车牌号	是否需要清洗车辆 是■否□	是否需要清洗发动机 是□否■
公里数	三天后回访确认 要回访√ 不要回访 回访时间 上午 下午 晚上√ 回访方式 手机√ 固定电话 短信 确切时间	

维修历史		预计交车时间
		2013.2.23 15：30
	预计金额(元)	工时费：220
		材料费：450
	请确认贵重物品已妥善保存	客户签名

学习目标

通过本学习任务的学习，你应当能：

1. 描述凯越汽车制动系统的结构特点；
2. 分析故障产生的原因，制订诊断检查计划，正确对故障部位进行检查；
3. 根据维修手册，在40min内安全规范地完成制动液更换及系统排气，正确进行废油的处理；
4. 根据维修手册，在45min内安全规范地完成制动摩擦片更换；
5. 根据维修手册，在60min内安全规范地完成制动主缸的更换；
6. 根据维修手册，在20min内安全规范地完成驻车制动器行程的调整；
7. 向客户解释故障判断及处理结果；
8. 把本次诊断与排除的故障编写成案例或技术公报。

学习脉络

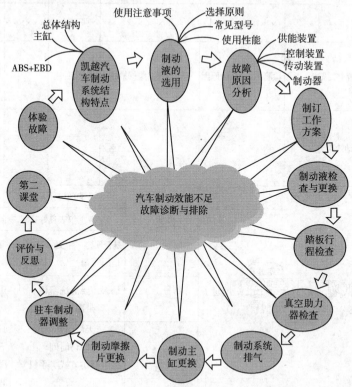

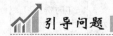**建议学习时间**

12h。

引导问题

一、任务准备

引导问题1 您体验到的车辆故障现象是怎样的？
(1)作业准备：
①车辆开进工位　　　　　　　　　　　　　　　　　　　□任务完成
②确认是否安装有座椅、转向盘、驻车制动器操纵杆、换挡杆护套以及脚踏垫□任务完成
③检查换挡杆位置,拉起驻车制动器操纵杆　　　　　　　□任务完成
④安装翼子板布　　　　　　　　　　　　　　　　　　　□任务完成
⑤检查相关指示灯及油表　　　　　　　　　　　　　　　□任务完成
(2)汽车路试的注意事项有：

(3)故障现象记录：

引导问题2　凯越汽车制动系统有何结构特点？

凯越汽车基础制动系装有真空助力器，制动管路采用 X 形管路布置，如图 3-25 所示。前、后制动器均采用盘式制动器，驻车制动采用手操纵；装有防抱死制动系统（ABS）和电子制动力分配（EBD）装置。制动主缸结构如图 3-26 所示，为串联双腔异径活塞式制动主缸。前、后轮速度传感器属于可变磁阻式，前轮速传感器连接在转向节上，如图 3-27 所示，每个齿环有 47 个均匀分布的齿，后轮速度齿环嵌在轮毂总成中，如图 3-28 所示，该齿环不能单独更换，必须更换后轮毂轴承总成。

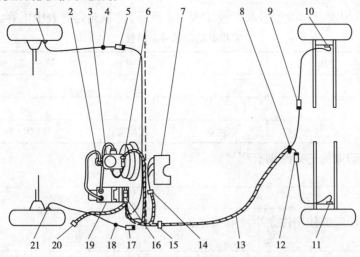

图 3-25　X 形制动管路

1-右前轮速度传感器；2-制动主缸；3-主缸储液罐；4-护圈；5-右前轮速度传感器连接器；6-制动液液面开关连接；7-仪表组；8-连接器 C302；9-左后轮速度传感器连接器；10-右后轮速度传感器；11-左后轮速度传感器；12-左后轮速度传感器连接器；13-车身线束；14-连接器 C202；15-连接器 C110；16-电子制动控制模块连接器；17-左前轮速度传感器连接器；18-护圈；19-附带电子制动控制模块的液压调节器；20-连接器 C107；21-左前轮速度传感器

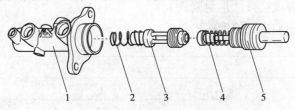

图 3-26　别克凯越汽车制动主缸结构图

1-制动主缸壳体；2-_____弹簧；3-_____；4-_____弹簧；5-

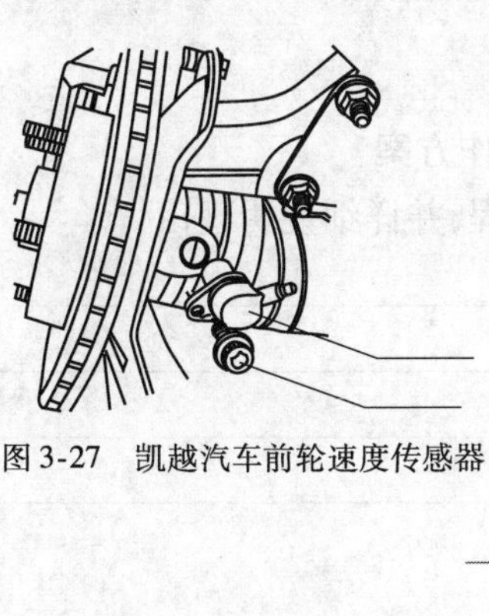

图 3-27　凯越汽车前轮速度传感器 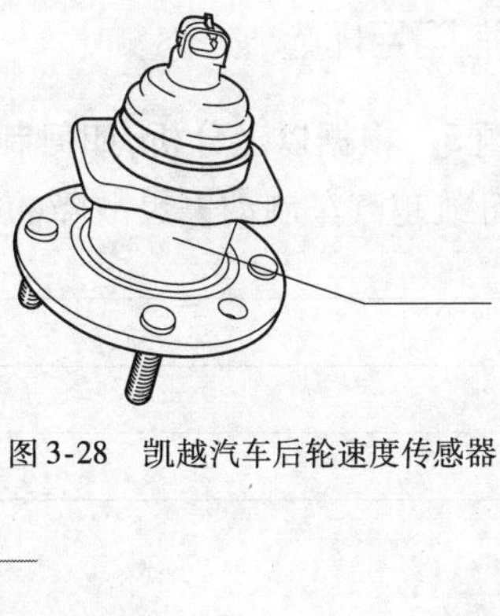　　　图 3-28　凯越汽车后轮速度传感器

引导问题3　制动液分类及正确选用?

(1) 制动液的使用性能要求有哪些?

① 应有较高的沸点。

② 对橡胶的适应性好。

③ 抗腐蚀和防锈的性能。

④ _____

⑤ _____

(2) 目前,常用的制动液型号及特性如表3-3所示,请补充完善表中内容。

常用制动液型号及特性　　　　　　　　　表3-3

制动液型号	颜　色	材　料	吸水性	相　溶　性
DOT3				
DOT4				
DOT5	紫色	硅酮基	不易吸水	与DOT3和DOT4不相溶

(3) 汽车制动液的选择原则有哪些?

_____

_____

(4) 汽车制动液的使用注意事项有哪些?

_____

_____

_____

引导问题4　哪些原因可能导致制动失灵故障?

(1) 主缸内无制动液。

(2) 制动管路破裂或接头严重泄漏。

(3) 制动踏板与制动主缸的连接松脱。

(4) _____

(5) _____

(6) _____

(7) _____

(8) _____

二、方案制订与优选

引导问题5　根据以上分析,如何制订与优选工作方案?

请你制订凯越汽车制动失灵故障的故障诊断流程,并详细说明理由。

_____

_____

_____

_____

三、实施与控制

引导问题6　如何进行制动失灵故障的诊断？

(1) 制动液液位的检查。

①制动储液罐的安装位置在＿＿＿＿＿＿＿＿＿＿＿＿＿＿＿＿＿＿＿＿＿＿＿

②在图3-29上标记出液位检查标识,储液罐上插接器所连接的元件为＿＿＿＿＿＿,其作用是＿＿＿＿＿＿＿＿＿＿＿＿＿＿＿＿＿＿＿＿＿＿＿＿＿＿＿＿＿＿＿

图3-30所示的报警灯的名称是＿＿＿＿＿＿＿＿＿＿＿＿＿＿＿,其点亮的条件是＿＿＿＿＿＿＿＿＿＿＿＿＿＿＿＿＿和＿＿＿＿＿＿＿＿＿＿＿＿＿＿＿＿＿＿＿

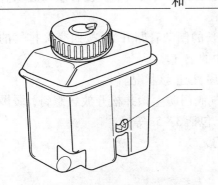

图3-29　凯越汽车制动储液罐

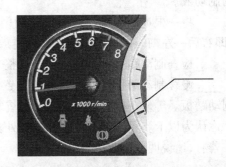

图3-30　凯越汽车制动报警灯

③制动液储液罐中制动液的多少对汽车使用性能有什么影响？
＿＿＿＿＿＿＿＿＿＿＿＿＿＿＿＿＿＿＿＿＿＿＿＿＿＿＿＿＿＿＿＿＿＿＿＿。

④打开制动液储液罐盖之前,如果发现制动液储液罐盖及周围有很多灰尘,你的处理方法是：＿＿＿＿＿＿＿＿＿＿＿＿＿＿＿＿＿＿＿＿＿＿＿＿＿＿＿＿＿＿＿＿＿

说明这样做的理由：＿＿＿＿＿＿＿＿＿＿＿＿＿＿＿＿＿＿＿＿＿＿＿＿＿＿＿

⑤制动液储液罐盖能否长时间打开：□能；□不能。

为什么？＿＿＿＿＿＿＿＿＿＿＿＿＿＿＿＿＿＿＿＿＿＿＿＿＿＿＿＿＿＿＿

⑥记录你所检查的液面：□合格；□不合格。

制动液的颜色＿＿＿＿＿＿＿＿,凯越汽车加注的制动液型号为＿＿＿＿＿＿＿。

除此之外,还有其他型号的制动液吗？
＿＿＿＿＿＿＿＿＿＿＿＿＿＿＿＿＿＿＿＿＿＿＿＿＿＿＿＿＿＿＿＿＿＿＿＿＿

(2) 制动系统空气的排除。

①在哪些情况下,空气可能会进入制动系统？
＿＿＿＿＿＿＿＿＿＿＿＿＿＿＿＿＿＿＿＿＿＿＿＿＿＿＿＿＿＿＿＿＿＿＿＿＿

②制动系统中如果进入空气,对制动系统最直接的影响是＿＿＿＿＿＿＿＿＿＿

③如果只更换了右后车轮制动轮缸,在进行制动系统排气时是否只需要排除右后轮缸管路中的空气？

为什么？＿＿＿＿＿＿＿＿＿＿＿＿＿＿＿＿＿＿＿＿＿＿＿＿＿＿＿＿＿＿＿

若需要排气,如何进行操作?

_____

④排气步骤。

以下是制动系统排气的操作步骤,请进行排序。

____慢踩制动踏板并保持在最低位置。

____在发动机熄火时,连续踩制动踏板数次,直到完全消除助力器中的压力。

____紧固放气螺钉,安装排气阀防尘帽。

____向制动主缸储液罐中加注新制动液。

____找到并取下右后排气阀帽,将一根透明管连接到排气阀门上。使管浸入透明容器中的制动液。

____将一根透明管连接到前排气阀门上,从最长的制动管路开始,按照交叉排气的顺序,即右后→左前→左后→右前的次序排放制动器中的空气。

____检查制动踏板是否绵软。重复整个放气程序,校正该状况。

____慢踩制动踏板并保持在最低位置,拆卸排气阀门防尘帽并松开放气螺钉,缓慢松开制动踏板。等候3~5s,然后再继续,重复本程序,包括3~5s等候。

你认为以上步骤是否有值得改进之处? □有;□无。

若有,请说明你的改进意见。

_____

(3) ABS压力调节器内空气的排除。

用上述传统的排气方法,只能排除制动主缸和制动管路中的空气,如果要排除ABS压力调节器内的空气,则需要使用上海通用专用诊断仪TECH 2。图3-31为TECH 2的外形及基本组成。

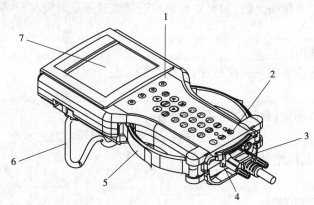

图3-31 TECH 2的外形及基本组成

1-键盘;2-开启和关闭按钮;3-DLC连接电缆;4- VCI(车辆通信接口)锁定杆;5-可调皮带;6-倾斜支杆;7-显示屏

学习关于TECH 2诊断检测仪基本操作步骤的资料,实车使用TECH 2诊断检测仪排除ABS压力调节器内的空气,并记录操作步骤。

步骤1 _____

步骤2 _____

步骤3 _____

步骤 4 _____
步骤 5 _____
步骤 6 _____
步骤 7 _____
步骤 8 _____

小知识

通用专用诊断仪 TECH 2

　　TECH 2 诊断检测仪由液晶显示屏、四个"软键"、标准键盘、车辆通信接口模块和 RS-232 通信端口组成,通过更换不同的插接卡片可以测试不同的车型。操作步骤如下:

　　(1)接通电源,仪器进入自检状态,屏幕进行"SYSTEM INITIANLIZING(系统初始化)"约 4s;当仪器发出一声蜂鸣提示音后,屏幕将会显示仪器的版本信息。

　　(2)按回车键进入主菜单,屏幕显示:F0-诊断、F1-服务程序系统、F2-显示捕捉数据、F3-工具选项、F4-启用。

　　(3)通过上下光标键选中目标,按回车键确认。

　　(4)选择 F0 功能,进入车辆规格选项,通过移动光标键选择年款。按回车键,进入车辆系统,选择合适类型,再按回车键进入系统选择菜单,屏幕显示:F0-发动机动力、F1-车身、F2-底盘、F3-诊断电路检查。

　　(5)移动光标键选择 F0,按回车键进入发动机类型选项,此时可选择 3.2L V6G8 或 3.1L V6L82 两种型号,选择前者,按回车键直接进入下述功能;选择后者,按回车键后,还要选择 BUICK,回车,才能进入以下功能,屏幕显示:F0-故障代码(DTC)、F1-数据显示、F2-特殊功能、F3-捕捉、F4-I/M 信息、F5-ID 信息。

　　(6)选择 DTC,按回车键,进入诊断代码功能:F0-DTC 信息、F1-失败记录、F2-清除故障码、F3-捕捉信息。

　　(7)移动光标键选择 F0,按回车键确定,进入以下界面:F0-DTC 信息、F1-查阅故障码(特殊 DTC)、F2-清除故障码后记录、F3-诊断测试说明。

　　(8)移动光标键选择 F0,按回车键确定,显示故障代码。通过光标键翻页;或按 INFO 对应键,可提供有关帮助信息。

　　(9)返回"7"中,选择 F1,按回车键确定,进入故障查询界面,此时可通过故障代码的输入,查询所指代的故障,并提供有关帮助信息。

　　(10)返回到"6"中,选择 F1,按回车键确定,此时可显示故障代码。

　　(11)返回到"6"中,选择 F2,按回车键确定,屏幕提示:真的要清除吗?(Y/N),按 Y 键清除,按 N 键取消。

　　(12)返回到"6"中,选择 F3,按回车键确定,屏幕显示:重新捕捉信息、重复显示、提示的确要刷新吗?(Y/N),按 Y 键重新捕捉,按 N 键重复显示。

　　(13)返回到"5"中,选择 F2,按回车键确定,屏幕显示:发动机、变速器。

　　(14)移动光标键选择"发动机",按回车键确定,进入以下操作界面:F0-发动机数据、

F1-催化剂数据、F2-EGR阀数据、F3-氧传感器数据、F4-仪表数据、F5-点火数据、F6-输出驾驶员数据、F7-炭罐数据。

(15)移动光标键选择 F0 发动机数据,按回车键进入以下界面:发动机转速、理想怠速、冷却液温度、进气温度、空气流量传感器、发动机负荷等共58项内容。

(16)选择其中一项,可进行测试。

(17)返回"5",移动光标键选择 F2"特殊功能",按回车键进入以下界面:发动机输出控制、变速器输出控制、燃油系统、怠速控制系统、曲轴位置变化学习功能。

(18)选择发动机输出控制,按回车键,屏幕显示:风扇继电器、故障指示灯、空调继电器、炭罐系统、EGR 电磁阀、闭环数据、巡航控制、燃油泵、GENL-终端。

(19)通过选择,可进入相应功能。

引导问题7 如何进行制动液的更换?

(1)作业准备。

常用工具:＿＿＿＿＿＿＿＿＿＿＿＿＿＿＿＿＿＿＿＿＿＿＿＿＿＿＿＿＿＿＿＿

专用工具:＿＿＿＿＿＿＿＿＿＿＿＿＿＿＿＿＿＿＿＿＿＿＿＿＿＿＿＿＿＿＿＿

量具:＿＿＿＿＿＿＿＿＿＿＿＿＿＿＿＿＿＿＿＿＿＿＿＿＿＿＿＿＿＿＿＿＿＿

设备:＿＿＿＿＿＿＿＿＿＿＿＿＿＿＿＿＿＿＿＿＿＿＿＿＿＿＿＿＿＿＿＿＿＿

备件及辅料:＿＿＿＿＿＿＿＿＿＿＿＿＿＿＿＿＿＿＿＿＿＿＿＿＿＿＿＿＿＿

(2)操作步骤。

①哪些情况下需要更换制动液?

＿＿＿＿＿＿＿＿＿＿＿＿＿＿＿＿＿＿＿＿＿＿＿＿＿＿＿＿＿＿＿＿＿＿＿＿＿

②更换制动液和制动系统排气相比,需要增加哪些步骤?

＿＿＿＿＿＿＿＿＿＿＿＿＿＿＿＿＿＿＿＿＿＿＿＿＿＿＿＿＿＿＿＿＿＿＿＿＿

＿＿＿＿＿＿＿＿＿＿＿＿＿＿＿＿＿＿＿＿＿＿＿＿＿＿＿＿＿＿＿＿＿＿＿＿＿

引导问题8 如何进行制动摩擦片的更换?

(1)作业准备。

常用工具:＿＿＿＿＿＿＿＿＿＿＿＿＿＿＿＿＿＿＿＿＿＿＿＿＿＿＿＿＿＿＿＿

专用工具:＿＿＿＿＿＿＿＿＿＿＿＿＿＿＿＿＿＿＿＿＿＿＿＿＿＿＿＿＿＿＿＿

量具:＿＿＿＿＿＿＿＿＿＿＿＿＿＿＿＿＿＿＿＿＿＿＿＿＿＿＿＿＿＿＿＿＿＿

设备:＿＿＿＿＿＿＿＿＿＿＿＿＿＿＿＿＿＿＿＿＿＿＿＿＿＿＿＿＿＿＿＿＿＿

备件及辅料:＿＿＿＿＿＿＿＿＿＿＿＿＿＿＿＿＿＿＿＿＿＿＿＿＿＿＿＿＿＿

(2)操作步骤。

①在哪些情况下需要更换制动摩擦片?

＿＿＿＿＿＿＿＿＿＿＿＿＿＿＿＿＿＿＿＿＿＿＿＿＿＿＿＿＿＿＿＿＿＿＿＿＿

②凯越汽车前后制动摩擦片的更换周期一样吗? □一样;□不一样。

更换标准:前制动摩擦片厚度小于＿＿＿mm;后制动摩擦片厚度小于＿＿＿mm。

(3)前制动摩擦片更换。

对下面的操作步骤进行排序。

＿＿＿用150mm 游标卡尺测量最小衬片厚度,内外衬片实测厚度为＿＿＿＿＿＿mm。

____拆卸前轮。
____降下车辆。
____安装前轮。
____举升并妥善支承车辆。
____将制动块安装到制动钳中。
____向下拉制动钳活塞壳体并用螺栓将其固定到固定架上,紧固固定架制动钳壳体螺栓至27N·m。
____拆卸制动块。
____拆卸制动钳总成固定架下螺栓,向里按压活塞,向上拔出制动钳活塞壳体。
你认为以上步骤是否有值得改进之处? □有;□无。
若有,请说明你的改进意见。
_____

(4)后制动摩擦片更换与前制动摩擦片更换的不同之处有哪些?

引导问题9 如何进行制动主缸的更换?
(1)作业准备。
常用工具:_____
专用工具:_____
量具:_____
设备:_____
备件及辅料:_____
(2)注意事项。
_____
(3)制动主缸的拆卸。
图3-32、图3-33所示,为制动主缸的拆装过程。

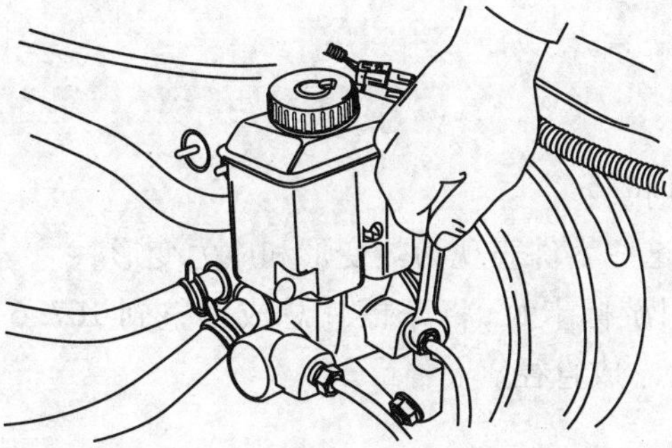

图3-32 拆下制动主缸上的制动油管 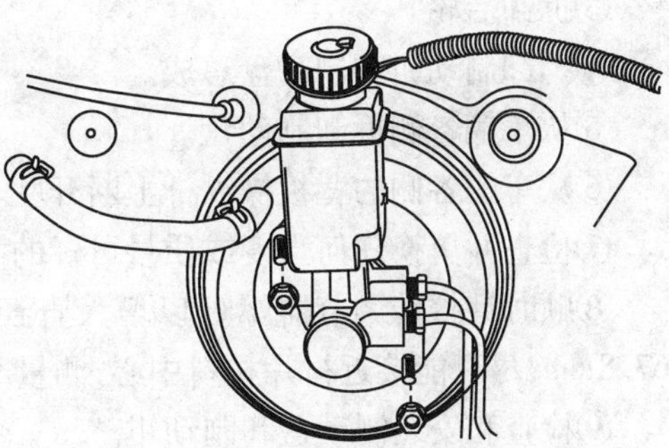　　图3-33 拆下制动主缸连接螺母

你制订的制动主缸的拆卸步骤:
_____
_____
_____

(4)制动主缸的安装。

按照与拆卸制动主缸的相反顺序进行制动主缸的安装。其中,制动主缸连接螺母的紧固力矩为18N·m;制动油管的紧固力矩为16N·m。

更换制动主缸完毕,添加制动液后是否需要重新排气? □需要; □不需要。

为什么?_____

引导问题10 如何对驻车制动器的行程进行调整?

(1)作业准备。

常用工具:_____

专用工具:_____

量具:_____

设备:_____

备件及辅料:_____

(2)操作步骤。

图3-34、图3-35所示为驻车制动器行程的调整过程。

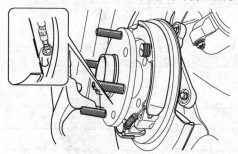
图3-34 从背板操纵杆上断开驻车制动拉线

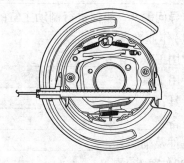
图3-35 使用游标卡尺调整摩擦片直径

①松开驻车制动器。

②举升车辆。

③拆卸后轮。

④拆卸制动钳和制动盘总成。

⑤从车辆各侧拆卸制动盘。

⑥从车辆各侧的背板操纵杆上断开驻车制动拉线。

⑦检查并更换任何强度或质量可疑的零件,这些零件表现为热变形和应力变形。

⑧顺时针拧转调节器螺母以增大直径,使用游标卡尺,将摩擦片总成调整到167.6~167.8mm,尽可能接近衬片材料中心,测量摩擦片总成直径。

⑨检查和安装制动盘和制动钳。

⑩将驻车制动拉线安装到车辆各侧的背板操纵杆上。

⑪在驾驶室内,拉起驻车制动器手柄。听到两声"咔嗒"后停止。

⑫用手转动后轮,直到车轮开始拖滞。

⑬松开驻车制动器。

⑭用手转动后轮,检查拖滞。必要时重新调整拉线。

在驻车制动器的行程调整中,有哪些注意事项?

引导问题 11　如何用 TECH 2 读取 ABS 系统故障码?

(1)作业准备。

常用工具:＿＿＿＿＿＿＿＿＿＿＿＿＿＿＿＿＿＿＿＿＿

专用工具:＿＿＿＿＿＿＿＿＿＿＿＿＿＿＿＿＿＿＿＿＿

量具:＿＿＿＿＿＿＿＿＿＿＿＿＿＿＿＿＿＿＿＿＿＿＿

设备:＿＿＿＿＿＿＿＿＿＿＿＿＿＿＿＿＿＿＿＿＿＿＿

备件及辅料:＿＿＿＿＿＿＿＿＿＿＿＿＿＿＿＿＿＿＿

(2)请你制订用 TECH 2 读取 ABS 系统故障码的操作步骤。

①＿＿＿＿＿＿＿＿＿＿＿＿＿＿＿＿＿＿＿＿＿＿＿＿

②＿＿＿＿＿＿＿＿＿＿＿＿＿＿＿＿＿＿＿＿＿＿＿＿

③＿＿＿＿＿＿＿＿＿＿＿＿＿＿＿＿＿＿＿＿＿＿＿＿

④＿＿＿＿＿＿＿＿＿＿＿＿＿＿＿＿＿＿＿＿＿＿＿＿

⑤＿＿＿＿＿＿＿＿＿＿＿＿＿＿＿＿＿＿＿＿＿＿＿＿

⑥＿＿＿＿＿＿＿＿＿＿＿＿＿＿＿＿＿＿＿＿＿＿＿＿

⑦＿＿＿＿＿＿＿＿＿＿＿＿＿＿＿＿＿＿＿＿＿＿＿＿

⑧＿＿＿＿＿＿＿＿＿＿＿＿＿＿＿＿＿＿＿＿＿＿＿＿

⑨＿＿＿＿＿＿＿＿＿＿＿＿＿＿＿＿＿＿＿＿＿＿＿＿

⑩＿＿＿＿＿＿＿＿＿＿＿＿＿＿＿＿＿＿＿＿＿＿＿＿

(3)在用 TECH 2 读取 ABS 系统故障码的过程中,注意事项有哪些?

四、评价与反馈

1. 小组成果展示

简述本小组收获与体会。

(1)＿＿＿＿＿＿＿＿＿＿＿＿＿＿＿＿＿＿＿＿＿＿＿

(2)＿＿＿＿＿＿＿＿＿＿＿＿＿＿＿＿＿＿＿＿＿＿＿

对方案的反思:

你对其他小组的建议。

(1)＿＿＿＿＿＿＿＿＿＿＿＿＿＿＿＿＿＿＿＿＿＿＿

(2)＿＿＿＿＿＿＿＿＿＿＿＿＿＿＿＿＿＿＿＿＿＿＿

2. 评分表(表3-4)

评 分 表　　　　　　　　　表3-4

考核项目	评分标准	分数	学生自评	小组互评	教师评价	小计
团队合作	是否和谐	5				
活动参与	是否积极主动	5				
安全生产	有无安全隐患	10				
现场5S	是否做到	10				
任务方案	是否正确、合理	15				
操作过程	是否规范	30				
任务完成情况	是否圆满完成	5				
工具、设备使用	是否规范、标准	10				
劳动纪律	是否能严格遵守	5				
工单填写	是否完整	5				
总分		100				
教师签字:				年　月　日	得分	

注:违反操作规程,出现人身伤害或导致设备严重故障的,本任务考核0分。

五、第二课堂

(1)查阅资料,说明丰田 VIOS 汽车、大众 JETTA、宝马 740Li 等汽车制动系统的结构特点。

_____
_____
_____

(2)汽车制动跑偏的原因有哪些?

_____
_____
_____

(3)气压制动系统制动失灵故障的原因有哪些?

_____
_____
_____

(4)驻车制动器的常见类型有哪些?

_____
_____
_____

学习任务3　减振器故障诊断与排除

工作情境描述

李先生有一辆东风标致307汽车,近期,车辆于行驶过程中,经常能听见车辆右前部有"悾悾"的响声,特别是在通过坑洼路面时响声更明显。李先生已将车开到4S店,服务顾问试车后初步判断为右部悬架故障,请你做进一步的故障确认并排除故障。

东风标致特许销售服务商
维修委托书

东风标致

维修委托书号	购车日期	服务顾问	车牌号	车型	行驶里程	颜色	特约商编码: 进厂时间
1	2007.9	张××	×A×××××	307	89450km	银	2013.12.21 10:00
送修人	联系电话		VIN		发动机号/备件组织号		预计完成时间/变更
李××	139×××××××		LDC933L××××××		/		16:00/
车主			报修原因:				
联系地址:			右前部"悾悾"异响				
邮政编码:							

换机油机滤□	换汽滤□	换空滤□	换防冻液□	定期维护□			
维修项目		维修类别	维修技工	备件名称	数量	价格(元)	批准
检修右前悬架				前减振器	1	350.00	

增项:

服务顾问签字:　　　客户签字:

车辆外观	工费估算: 192.00元	其他费用:
	材料费估算: 350.00元	
	维修费用总计约: 542.00元 声明:维修费用以实际发生费用为准	
	对本次维修的旧件您希望　　带走□　放弃□	
	声明:因质量担保所更换的备件所有权归东风标致所有	
	您的车辆外观是否需清洗　　清洗□　不清洗□	
	您对本次维修是否满意	
	完全满意□　　基本满意□　　不满意□	
	其他意见:	

轮毂	√	随车工具	√	其他	感谢您提出的宝贵意见,它对我们改进服务非常重要
备胎	√	前标			
燃油	E　　　F	后标	√		您希望的回访电话:
请您确认车内文件及物品、现金已取出。					

务顾问签字/日期: 张×××　　2013.12.1　　客户签字/日期: 李××　　2013.12.21

学习目标

通过本学习任务的学习,你应当能:
1. 描述东风标致307汽车悬架系统结构特点;
2. 分析减振器故障产生的原因,制订诊断检查方案,对减振器失效进行判断;

3. 根据维修手册,正确选用工具和设备,在90min内安全规范地进行东风标致307汽车前减振器的更换,操作过程中严格执行5S;

4. 向客户解释故障诊断及处理结果。

学习脉络

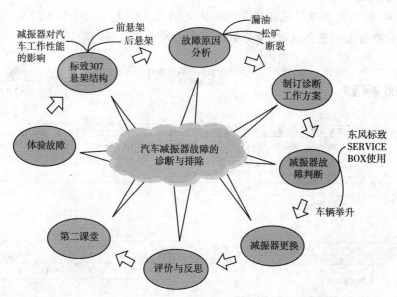

建议学习时间

6h。

引导问题

一、任务准备

引导问题1 您体验到的车辆故障现象是怎样的?

(1)作业准备。

①车辆开进工位 □任务完成
②确认是否有安装座椅、转向盘、驻车制动器操纵杆、换挡杆护套以及脚踏垫 □任务完成
③检查换挡杆位置、拉起驻车制动器操纵杆 □任务完成
④安装翼子板布 □任务完成
⑤检查相关指示灯及油表 □任务完成

(2)故障现象记录:_____。

引导问题2 东风标致307汽车悬架系统有何结构特点?

(1)东风标致307汽车前悬架为麦弗逊独立悬架,其特点是下悬臂直接由三角臂构成。横向稳定杆位于发动机的后面,横向稳定杆不参与车辆转向,如图3-36所示,填写元器件名称。

(2)东风标致307汽车后悬架为U形可变形横梁悬架,其特点是横梁变形可补偿一侧车轮受到冲击时对另一侧车轮的影响,其横向稳定杆焊接在U形可变形横梁上,可以减小侧倾现象,但不可更换;减振器与螺旋弹簧分离布置,如图3-37所示,填写元器件名称。

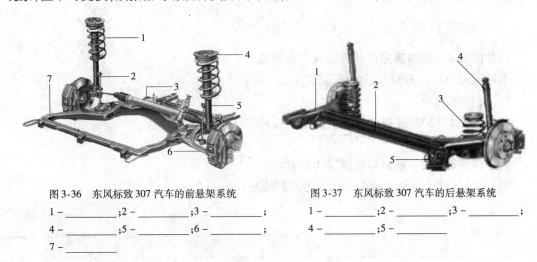

图3-36 东风标致307汽车的前悬架系统
1—_____;2—_____;3—_____;
4—_____;5—_____;6—_____;
7—_____

图3-37 东风标致307汽车的后悬架系统
1—_____;2—_____;3—_____;
4—_____;5—_____

(3)东风标致307汽车的悬架系统零部件的作用见表3-5,请连线。

悬架系统零部件　　　　　　　　　　　　　　　　　　　　　表3-5

零件名称	作　用	零件图	作　用
前稳定杆	抑制弹簧的振动情况		承载悬架系统部件,并与其他部件共同起到车辆定向的功能
后稳定杆	吸收车身一部分垂直运动		与转向系统一起,决定转向桥的转向
弹簧	减少车身横向摇动		承载发动机、转向机构、悬架系统,并起到联系地面与车辆的功能
减振器	保证车辆行驶方向的稳定性		起到定向车辆的功能

(4)东风标致307汽车减振器有什么优点?
减振器内部装有一部分低压氮气,用于在减振器压缩和伸张过程中,通过气体体积的改变来补充活塞拉杆的体积,从而避免出现空穴现象。

引导问题3 减振器质量的好坏对汽车工作性能有什么样的影响?
□车身下沉
□车辆行驶偏移和滑行
□前轮偏摆
□轮胎异常磨损

☐制动距离增加
☐造成夜晚能见度不稳定或不规律照明,导致对面的驾驶员产生耀眼、炫目的感觉
☐汽车行驶过程中产生噪声

二、方案制订与优选

引导问题4　哪些原因可能导致减振器故障?

东风标致307汽车减振器的故障原因有:

(1)减振器漏油。

(2)减振器杆护套磨损严重或减振器连接松旷。

(3)_____。

引导问题5　如何制订与优选工作方案?

根据以上分析,请制订减振器故障的诊断流程。

_____

_____

_____

引导问题6　东风标致汽车 SERVICE BOX 是什么?

(1)汽车维修资讯手段有:_____

(2)SERVICE BOX 系统为标致基于 Internet 互联网络的维修资讯平台,通过 SERVICE BOX 网站可以对标致全系列车型进行备件目录查询、维修工艺查询、维修工时查询、电路图查询等工作。

引导问题7　如何进行减振器故障的就车检查?

①将车辆水平停放,目视车辆左右高度或用卷尺测量车轮与翼子板高度是否一样;

②检查轮胎气压是否一致;

③_____

④_____

⑤_____

引导问题8　如何对减振器进行更换?

(1)作业准备。

常用工具:_____

专用工具:_____

量具:_____

设备:_____

备件及辅料:_____

(2)维修工艺的查找。

①通过因特网登录 https://servicebox.peugeot.com,弹出如图3-38所示对话框后输入用户名和密码进入到 SERVICE BOX 系统。其系统对用户设置有访问权限,根据一个工作岗位的权限不同,所能查阅的内容也不同。

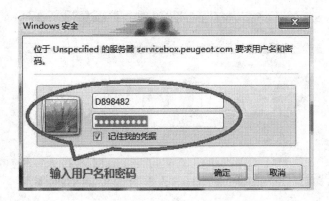

图 3-38 输入用户名和密码

②进入首页后,在 VIN/VIS 框内输入需要查询车辆的 17 位 VIN 码,点击 OK,如图 3-39 所示。输入 VIN 的目的是使系统所显示的内容自动与查询车辆的配置相符。

图 3-39 输入 17 位 VIN 码

③也可以不输入 VIN 号,直接选择技术文档进入到选择车型页面。如图 3-40 所示。

图 3-40 选择技术文档

④选择车型 307 后进入技术文件页面。如图 3-41 所示。

图 3-41　选择车型

⑤进入技术文件页面点击维修,如图 3-42 所示。

图 3-42　点击维修

进入到技术资料页面。可以通过点击左侧菜单可进行备件、维修工时、快速估价、技术快讯、维修工艺、诊断工具升级、电路图、补充文档等的查询。

⑥选择悬架总成,如图 3-43 所示。

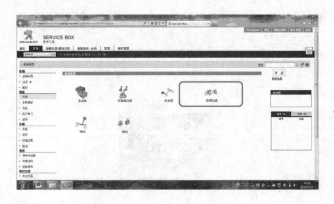

图 3-43　选择悬架总成

⑦进入悬架的分解图,选择前轴,如图 3-44 所示。

项目三 汽车转向制动行驶系统简单故障诊断与排除

图 3-44　选择前轴

⑧选择所需要的操作的项目,如图 3-45 所示。

图 3-45　选择操作项目

⑨进入前悬架总成拆装的工艺流程,如图 3-46 所示。

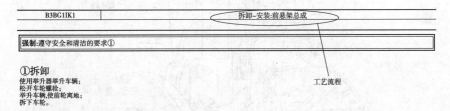

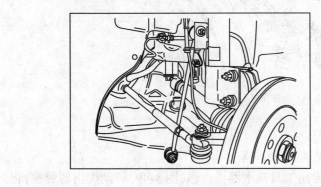

图 3-46　工艺流程

⑩通过点击页面上橘红色方框可查得与此次工作内容相关的其他工艺流程,如图3-47所示。

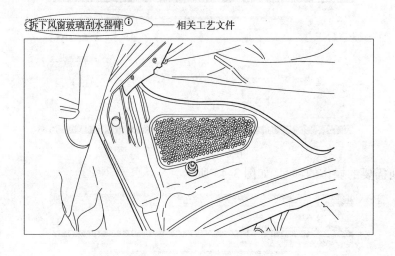

图3-47 相关的其他工艺流程

(3)前悬架的拆卸。

使用举升机举升车辆前,松开车轮螺栓。

①拆下车轮。

②如图3-48所示,将减振器与转向节分离。拆卸横向稳定杆、连接杆固定到悬架总成上的螺母1;拆卸悬架总成固定到转向节上的螺母2;拆卸转向节球销螺母3。

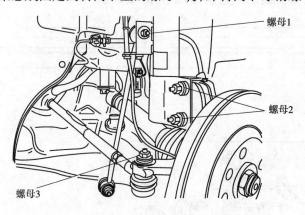

图3-48 拆卸螺母1、2、3

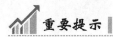

在传动轴护套上必须放置保护装置。如:棉纱等

③拆下刮水器臂固定螺母4,使用专用工具刮水器拔出器(图3-49)转动拔出器螺栓,将刮水器臂拔出,如图3-50所示。

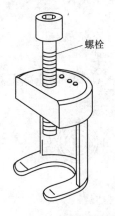

图 3-49 刮水器拔出器

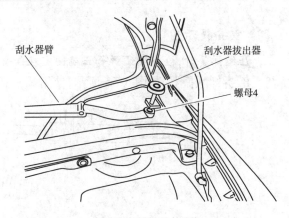

图 3-50 拆卸刮水器臂

④如图 3-51 所示,拆下风窗玻璃保护板。

⑤如图 3-52 所示,拆卸悬架总成上固定螺母 5。使用专用减振器固定端拆装工具 T45 防止减振器杆转动。

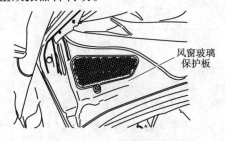

图 3-51 拆下风窗玻璃保护板

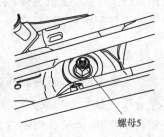

图 3-52 拆下悬架总成上固定螺母

⑥拆下悬架总成。

⑦减振器拆卸步骤。

A. 使用弹簧压缩器(图 3-53),将螺旋弹簧固定到弹簧压缩器的弹簧压缩支座 2 内,压紧弹簧,如图 3-54 所示。

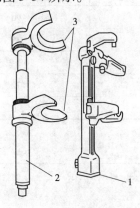

图 3-53 弹簧压缩器
1-弹簧压缩器 U77FACOM;2-弹簧压缩支座 MG INTERNATIONAL;3-弹簧支座 M2

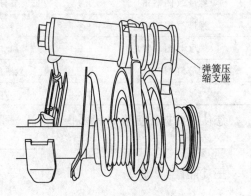

图 3-54 拆卸减振器弹簧

压缩弹簧时,检查确认弹簧正确固定在弹簧支座上。

B. 拆卸减振器,如图3-55所示,使用减振器固定端拆装工具T45防止减振器杆转动。

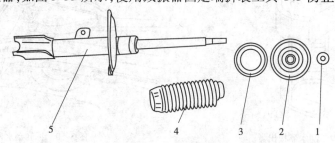

图3-55 减振器分解图
1-尼龙衬套螺母;2-减振器固定端支撑座;3-挡圈;4-减振器杆护套;5-减振器

⑧更换新的减振器,按照与拆卸相反的顺序进行装复。
更换下的备件怎么处理:_____

1. 重新安装时,按照与拆卸相反的顺序进行安装。
2. 将弹簧压缩器打开到最大限度并不能使弹簧从工具上脱离。
3. 安装刮水片时,必须将刮水片末端(刮水器刮水片)与风窗玻璃图示上的标记对齐。
4. 螺母拧紧力矩(见表3-6)。

螺母拧紧力矩表　　　　　　　　表3-6

标　记	说　明	拧紧力矩(N·m)
尼龙衬套螺母(图3-54)	组装减振器	69
螺母1(图3-48)	将连接杆固定到悬架总成上的螺母	40
螺母2(图3-48)	转向节与悬架总成的紧固件	90
螺母3(图3-48)	转向节球销螺母	35
螺母4(图3-50)	刮水器臂固定螺母	10±2.5
螺母5(图3-52)	悬架总成上固定螺母	72
—	车轮螺栓	90

您认为减振器更换中有哪些安全注意事项呢?
_____

三、评价与反馈

1. 小组成果展示
简述本小组收获与体会。
(1)_____

(2) _____

你对其他小组的建议。

(1) _____

(2) _____

2. 评分表(表 3-7)

评 分 表　　　　　　　　　　　表 3-7

考核项目	评分标准	分数	学生自评	小组互评	教师评价	小计
团队合作	是否和谐	5				
活动参与	是否积极	5				
安全生产	有无安全隐患	10				
现场5S	是否做到	10				
任务方案	是否正确、合理	15				
操作过程	是否规范	30				
任务完成情况	是否圆满完成	5				
工具、设备使用	是否正确	10				
劳动纪律	是否能严格遵守	5				
工单填写	是否完整	5				
总分		100				
教师签字：			年　月　日		得分	

注：违反操作规程，出现人身伤害或导致设备严重故障的，本任务考核 0 分。

四、第二课堂

(1) 查阅资料，说明丰田 VIOS 汽车、大众 JETTA 汽车等的减振系统的结构特点。

_____
_____
_____
_____

(2) 本学习任务中李先生更换的减振器可以索赔吗？为什么？

_____
_____
_____
_____

学习任务 4　汽车轮胎异常磨损故障的诊断与排除

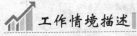

秦先生驾驶自己的丰田 VIOS 汽车到 4S 店进行 2 万 km 维护，服务顾问在做环车检查

时,发现两前轮胎面磨损异常,内侧的磨损量要比外侧多,服务顾问与秦先生沟通后,在维护作业的同时增加轮胎磨损故障诊断与排除作业,安排你小组解决此故障。

 一汽丰田施工作业单

				定期维护 ■	一般维修 ■	钣喷维修 □	保修 □

工单NO.		预约车辆	否■ 是□	预约单号		维修类型/套餐		
车牌号码	×××××××	VIN No.				首次维护 □	二次维护 □	T51套餐 □
车型代码		车身颜色	银色	车型年份	2008	T26套餐 □	T35套餐 □	T48套餐 □
客户姓名/单位名称	秦××					登记首次来店	是 □ 否 ■	
联系地址		×××××××		邮编		SSC/CSC确认	有 ■ 无 □	
电话1	135×××××××	电话2				维修履历	确认 有■ 无□	
备注1		备注2				上次入厂	2009年5月27日 5300km	
客户委托事项	两前轮异常磨损					入厂时间	2013年7月23日15时17分	
						此次里程	23000km	
						承诺预交时间	2013年7月23日17时30分	
						变更交车时间	年 月 日 时 分	
确认项目	洗车 ■	在店等候 □	旧件是否带走 □			结算方式	现金 □ 刷卡 □ 协议转账 □ 保险转账 □ 其他 □	
维修/诊断内容		工时费(元)	必要的零件	零件费(元)		维修/诊断结果		技师确认
2万km维护			空气滤清器	69				
			机油滤清器	45				
			机油4L	108				
		预估工时费 260	预零件费	222		预估费用总计(元)	482	
追加事项: 检查两前轮异常磨损								
		追加工时费 420	追加零件费			追加总费用(元)	顾客确认结果	
要求完工时间	2h	开工时间①	15:17	完工时间①		提交DTR	是 □ 否 □	
中断时长		开工时间②		完工时间②		TWC判定	是 □ 否 □	
中断原因		质检时间		质检合格签字		TWC判定签字		

委托维修特别约定	5.自带零件引起的质量问题,责任由客户本人承担,也包括可能丧失的保修权;
1.以上预估项目若有偏差,将以实际维修结算单为准;	6.客户自愿接受我公司服务,并同意因维修需要在道路上进行必要测试,所有风险由客户及车辆保险公司承担。未购保险或不同意试车请另声明;
2.贵重物品请带走或交我公司登记,未登记物品我公司不负赔偿责任;	7.维修后的旧件,请在结算当日确认,逾期我公司自行处理;
3.如对承修工作不满,请在结算后7日内提出异议,逾期我公司免责;	8.因维修纠纷产生的时间、住宿、路费等间接损失本公司不予承担。
4.请在接到提车通知后7日内提车,逾期我公司收取每日10元保管费;	

本人已完全同意以上维修维护内容、价格及维修特别约定	客户签名	秦××	SA签名	李××

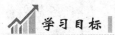

学习目标

通过学习,你应当能:

1. 描述丰田 VIOS 汽车轮胎的结构特点;
2. 辨别典型的轮胎异常磨损现象;
3. 分析故障产生的原因,制订诊断与故障排除方案,正确进行故障部位检查;
4. 根据设备使用说明书,正确使用轮胎拆装机和轮胎动平衡仪,在 30min 内完成一只轮胎更换与动平衡;
5. 根据设备使用说明书,正确使用四轮定位仪,在 60min 内完成车轮定位检查与调整;
6. 向客户解释故障判断及处理结果;
7. 把本次诊断与排除的故障编写成案例或技术公报。

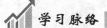

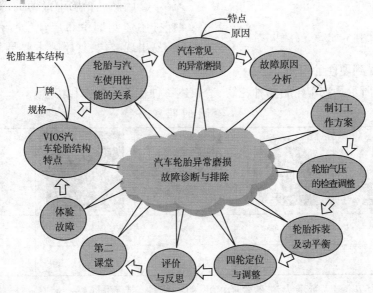

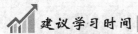

6h。

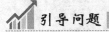

一、任务准备

引导问题 1 您体验到的车辆故障现象是怎样的?
(1)作业准备。
①车辆开进工位　　　　　　　　　　　　　　　　　　　　　　　□ 任务完成
②确认是否有安装座椅、转向盘、驻车制动器操作杆、换挡杆护套以及脚踏垫　□ 任务完成
③检查换挡杆位置,拉起驻车制动器操作杆　　　　　　　　　　　　□ 任务完成

④安装翼子板布　　　　　　　　　　　　　　　□ 任务完成
⑤检查相关指示灯及油表　　　　　　　　　　　□ 任务完成
（2）故障现象体验记录：_____

引导问题 2　丰田 VIOS 汽车轮胎有何结构特点？

（1）汽车轮胎的基本结构包括哪几部分？

汽车轮胎的基本结构如图 3-56 所示。

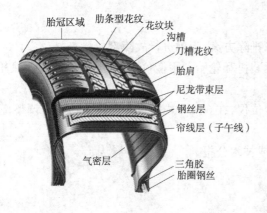

图 3-56　轮胎的结构

①胎体是外胎的骨架，由帘布层和缓冲层组成，其作用是承受负荷，保持轮胎外缘尺寸和形状。按照胎体帘布层的排列方式不同，有斜交轮胎、子午线轮胎。

②胎侧是轮胎中最薄的部分，其作用是保护胎体侧部帘布层免受损伤。胎侧又最容易出现鼓包，其原因主要是驾驶员操作不当，致使胎侧受到硬性的损伤。

③表 3-8 所示是汽车轮胎几种花纹，请叙述每种花纹的名称和特点

轮 胎 的 花 纹　　　　　　　　　　　　　　　　　表 3-8

轮胎花纹				
名称				
特点				

④如图 3-57a)、b)所示为汽车轮胎的两种平衡块，其不同点是_____。

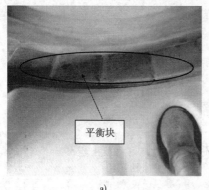
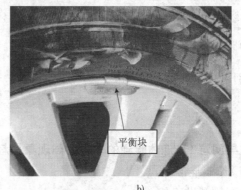

　　　　　a)　　　　　　　　　　　　　　　　　b)

图 3-57　车轮上的平衡块
a)平衡块 1；b)平衡块 2

⑤轮胎的磨损标记如图 3-58a)、b)所示,其不同点是_____

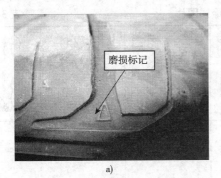
a)

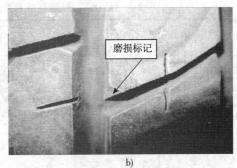
b)

图 3-58 轮胎的磨损标记
a)轮胎上的磨损标记位置指示;b)轮胎花纹中的磨损标记

(2)何谓子午线轮胎?它与普通的轮胎相比有哪些优势?
_____
_____

(3)丰田 VIOS 汽车装备的轮胎如图 3-59a)、b)所示,请完成填空并问答问题。

a)

b)

图 3-59 轮胎标识
a)生产厂家标识;b)数据标识

①图 3-59a)所示,轮胎上的字母表示的轮胎的厂牌是_____,此外,轮胎的著名品牌还有哪些?
_____

②图 3-59b)所示,轮胎上的 185/60R15 的含义是:
_____

引导问题 3 如何辨别轮胎正常磨损与异常磨损?
(1)何谓轮胎的正常磨损?
_____
_____

(2)轮胎的异常磨损(完成表3-9的填空,说明磨损的形式)

轮胎花纹异常磨损图片　　　　　　　　　　　　表3-9

磨损图片						
磨损的形式						

(3)轮胎技术状况对汽车工作性能有哪些影响?
_____
_____

二、方案制订与优选

引导问题4 引起轮胎异常磨损的原因有哪些?

(1)一辆汽车上装备不同的厂牌与型号的轮胎会不会引起异常磨损?说明原因。
_____

(2)轮胎的气压异常会不会引起异常磨损?说明原因。
_____

(3)轮辋变形、轮毂轴承松动、转向节球头磨损会不会引起异常磨损?说明原因。
_____

(4)车身高度变化会不会引起异常磨损?说明原因。
_____

(5)车轮的动平衡失准会不会引起异常磨损?说明原因。
_____

(6)丰田VIOS汽车的前悬架是什么结构形式?其结构与技术状况的变化会不会引起异常磨损?说明原因。
_____

(7)四轮定位异常会引起车轮的异常磨损,详细分析每一项对轮胎偏磨的影响。
_____

引导问题5 根据以上分析,制订故障诊断的方案,画出流程图并说明理由。

三、实施与控制

引导问题6 如何进行轮胎气压的检查与调整？

(1)作业准备。

常用工具：_____

专用工具：_____

量具：_____

设备：_____

备件及辅料：_____

(2)丰田 VIOS 汽车轮胎标准气压标签贴在何处？其标准气压是多少？

轮胎标准气压标签贴在：_____

标准气压：前轮_____kPa；后轮_____kPa；备胎_____kPa。

(3)试解释前后轮胎的标准压力为什么不一样？备胎的压力为什么高出很多？

_____

_____

(4)轮胎气压的检查条件有哪些？

_____

(5)测量结果，填入表3-10。

测 量 结 果 表　　　表3-10

轮胎	左前轮	右前轮	左后轮	右后轮	备胎
测量值(kPa)					
结论					
处理办法					

小知识

各大汽车制造商通常都采用 bar、kPa、MPa、kgf/cm^2 和 PSI 五个单位中的某一个来对汽车轮胎的标准气压进行标注，这些单位之间的换算关系是：$1 bar = 10^5 Pa = 10^2 kPa = 0.1 MPa = 14.503 PSI = 1.0197 kgf/cm^2$。

引导问题7 如何进行轮胎的拆装操作？

(1)作业准备。

常用工具：_____

专用工具：_____

量具：_____

设备：_____

备件及辅料：_____

(2)轮胎拆卸。

轮胎拆装需用到轮胎拆装机。轮胎拆装机如图3-60所示，由机械、电气和气动三部分组成。其中机械部分由底座、压胎装置、操作台、剥离刀头以及锁紧装置等组成。轮胎拆装机脚踏控制开关如图3-61所示,其中拆卸开关和装复开关控制的是电动机的旋转;轮辋装夹开关和压胎开关控制的是汽缸的运动。压胎拆装用的是气动,固定轮辋拆装用的是张紧头;进行轮胎拆和装操作,所使用的操作台的旋转方向是相反的,当剥离刀头位置固定好后就应锁紧。

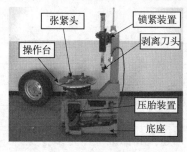

图3-60 轮胎拆装机

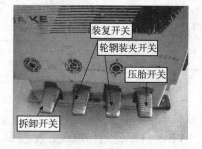

图3-61 拆装机脚踏控制开关

①准备工作。先给轮胎拆装机通电、通气,然后操作拆卸开关或装复开关(图3-60)看操作台旋转是否正常;操作压胎开关,看压胎装置的汽缸运动是否正常。将要拆卸的轮胎内气体压彻底放掉。

②轮胎和轮毂压离。拆卸之前应取掉轮辋上的平衡块,在压胎时一定要将轮胎胎圈压出其原来的装配位置并使其处于轮辋的中部位置。

③拆胎。将轮胎通过轮辋固定在轮胎拆装机上,安装一定要做到平稳、牢固、安全。用撬棍将胎圈止口撬到剥离刀头上,使用撬棍时要避免粗暴操作,防止损坏轮胎胎圈和轮辋。拆胎时在剥离刀头与轮胎内圈之间应涂上润滑脂,以便减少这两者之间的摩擦力。操作拆卸开关,此时由于轮辋在旋转的过程中,操作人员应观察剥离刀头与轮胎内圈之间的情况,并不断向下用力,以保证轮胎的内圈始终处于轮辋的中央。否则可能会由于胎圈与刀头摩擦力太大引起轮辋从工作台上跳出,造成安全事故。

(3)轮胎的安装与充气。

①安装轮胎时,要彻底清洁轮胎内圈与轮辋的接触部位,以保证其密封。一定要注意轮胎的装配标记(图3-62),如果装反则会破坏轮胎的动平衡。同时应检查气门嘴是否居中,有无歪斜等,然后在胎圈上涂上润滑脂,将剥离刀头压在胎圈上,踩下装复开关,这时操作台的旋转方向与拆卸时相反,边装边往下压胎圈,保证已装进轮辋中的胎圈始终处于轮辋的中央,以便顺利的装入。两边的胎圈都装入后应调整轮胎与轮辋的相对位置,若轮胎上有最轻位置标记应使其对准气门嘴。

②把装完后的轮胎充气到标准压力,检查轮胎和气门嘴是否漏气。检查漏气时,应使用喷水壶或将整个轮胎浸入水盆中观察。

引导问题8 如何进行轮胎的动平衡操作?

(1)什么情况下需要对车轮进行动平衡操作?

_____

(2)轮胎动平衡机如图3-63所示,由机械部分和电气部分组成。显示屏显示的是输入的数据和不平衡量;功能选择区主要选择轮辋的类型以及操作的项目;卡规用来测量轮辋的宽度;提示区显示需要输入的数据类型和动不平衡的位置;启动和止动手柄操作时应缓慢轻柔,避免粗暴动作。

图 3-62 轮胎的向外安装标记

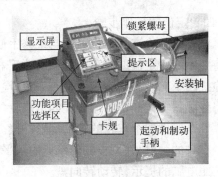
图 3-63 轮胎动平衡机

(3) 叙述车轮动平衡的操作步骤。

注意事项：

引导问题 9 如何进行四轮定位的操作？

(1) 作业准备。

常用工具：

专用工具：

量具：

设备：

备件及辅料：

(2) 四轮定位对汽车性能有哪些影响？

(3) 四轮定位仪如图 3-64 所示，其数据的传输方式有两种：一是电脑与传感器之间采用线连接，即车辆左前传感的数据线与仪器的左上方相连，车辆右前传感器的数据线与仪器的右上方相连；二是前后传感器既有数据线连接也有红外线传输。打印机、数据线、电脑主机、转向盘锁止杆等放在机柜里。

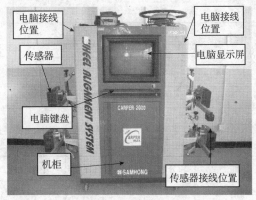
图 3-64 四轮定位仪

(4)四轮定位的操作步骤。
①电脑开机并检查其定位数据与维修手册是否一致,如不一致,则手动修改。
②将要做四轮定位的汽车开上四柱举升机,检查该车的底盘技术状况,如有故障,应先修复。检查四个轮胎的厂牌型号是否一致,检查轮胎的气压并调整到标准值。
③将传感器支架和传感器装在四个车轮的轮辋上面。
④举升车辆做四个车轮的轮辋变形补偿。
⑤做车身的弹跳,并调整好传感器的水平。
⑥按照电脑的提示,转动转向盘。
⑦电脑显示检测结果,以红色字体显示的是超标值。
⑧电脑切换到调整界面,顶住制动踏板、锁死转向盘,调整超标值,边调整边观察电脑显示为蓝色为止。

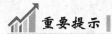

传感器、数据线必须正确连接;传感器要严禁磕碰、敲击、掉地,传感器装在车轮上时应挂好保险绳;数据线不能碾压和折叠,电脑在没有关机的情况下不能插拔数据线;电脑里的数据应及时更新,保证车型资料最新。

(5)根据测试结果,在四轮定位操作中你要做的调整有哪些?能做的调整有哪些?已经做了的调整有哪些?
_____
_____

(6)影响四轮定位仪测量结果误差的因素有哪些?
_____
_____

四、评价与反馈

1. 小组成果展示
简述本小组收获与体会。
(1) _____
(2) _____
你对其他小组的建议。
(1) _____
(2) _____

2. 评分表(表3-11)

评 分 表　　　　　　　　　　　　　　　表3-11

考核项目	评分标准	分数	学生自评	小组互评	教师评价	小计
团队合作	是否和谐	5				
活动参与	是否积极	5				

续上表

考核项目	评分标准	分数	学生自评	小组互评	教师评价	小计
安全生产	有无安全隐患	10				
现场5S	是否做到	10				
任务方案	是否正确、合理	15				
操作过程	是否规范	30				
任务完成情况	是否规范	5				
工具、设备使用	是否规范、标准	10				
劳动纪律	是否能严格遵守	5				
工单填写	有关车轮和四轮定位等相关知识预习是否充分	5				
	总分	100				
教师签字：			年　月　日		得分	

注：违反操作规程，出现人身伤害或导致设备严重故障的，本任务考核0分。

五、拓展训练

(1) 除轮胎异常磨损外，车轮的常见故障还有哪些？

(2) 向用户介绍如何正确使用汽车轮胎。

(3) 汽车轮胎换位的目的是什么？画图说明常见的换位作业方法有哪些？

案例1

电子动力转向无助力故障

(1) 故障现象。一辆奇瑞A3汽车行驶中突然出现转向无助力、转向盘不能转动，有时停车熄火后又恢复正常。

(2)诊断与排除。读取电子转向助力系统无故障码,试车也未出现用户所说的故障现象。但在原地来回转动转向盘十几次,突然感到转向盘无法转动,然后用力再转动一下又恢复正常。并且当转向盘出现无法转动时,诊断仪出现与电子转向系统无法通信的故障。

依据系统无法通信故障现象可推定系统的供电或搭铁出现了问题,然而电子转向系统只有一个蓝色两线插头与其连接,在来回转动转向盘,尤其是在转向盘转到极限位置时,电子转向柱也会产生一定的摆动,在向左转到极限位置时蓝色两线插头与仪表台框架干涉,来回用力转到极限位置,电子转向系统的故障灯有时亮。来回拨动插头能听见电子转向系统内部继电器工作的声音。

将电子转向系统控制器分解,在电路板上与蓝色两线插头相对应的针脚出现脱焊虚接的现象。

重新焊接,然后调整与仪表框架的间隙试车,故障排除。

案例2

真空助力器导致制动疲软故障

(1)故障现象。一辆东风雪铁龙凯旋汽车,行驶里程4.3万km,踩下制动踏板时感觉行程明显延长。正常制动时,虽然制动踏板已经踩到底,但制动效果很差,几乎感觉不到制动力。但是紧急制动时,制动效果较好。

(2)诊断与排除。根据维修经验,维修人员诊断为制动主缸泄压故障,于是更换了制动主缸,试车确认故障排除。用户接车后,行驶了约1 000km故障又出现。

检查制动液位正常,制动主缸、ESP液压单元、制动轮缸及制动管路密封良好。

测量故障车的制动踏板行程为130mm,正常车的制动踏板行程为95mm,制动踏板行程明显过长。

使用东风雪铁龙诊断仪检测无故障记录,断开ESP液压单元的插接器及真空助力器的真空管进行路试,故障依旧,这说明故障点不在于制动系统的电子部件。

使用制动液检测仪检测制动液含水率,制动液含水百分比在正常范围内,但制动液的清洁度较差,制动液浑浊且有微小的悬浮物。更换制动液并进行制动系统排气,路试故障依旧。通过以上检查,排除了ESP液压单元、制动轮缸以及制动管路的故障可能性。

于是再次将检查重点放在了制动主缸上。在用力踩住制动踏板时,制动液储液罐内有气泡出现,说明制动主缸内部泄压,导致制动压力不足而使制动性能变差。在试车过程中,听到驾驶室内偶尔有"嗒、嗒"的敲击声,仔细倾听发现响声来自真空助力器内部。分析认为真空助力器推杆与制动主缸的柱塞间隙过小,在车辆行驶中的振动使真空助力器推杆反复轻推制动主缸的柱塞,造成制动主缸的柱塞和密封圈的磨损加剧。检修至此,分析认为造成制动主缸连续损坏的根本原因在于真空助力器。更换真空助力器,故障排除。

案例3

行驶跑偏故障

(1)故障现象。一辆帕萨特领驭1.8T车,行驶10 350km,客户反映车辆向右跑偏,同时右前轮轮胎有轻微的内侧异常磨损(即右前轮内侧伤胎)。

(2)诊断与排除。根据维修经验影响轮胎内侧异常磨损的主要原因是:车轮定位失准以及由下列原因引起的汽车跑偏所致。

①两侧的轮胎花纹不同、花纹深浅不一或两侧轮胎气压不等。

②前减振器弹簧变形或失效,导致两侧缓冲不一致,受力不均匀使得前减振器在车辆行驶过程中左右高度不同。

③转向拉杆球头,支撑臂胶套,稳定杆胶套等底盘部件磨损过大,存在不正常间隙。

④某个车轮的制动器回位不良分离不完全。

⑤车轮冲击路牙导致车架总体变形,两侧轴距相差过大。

首先检查该车轮胎花纹、气压,均为正常。并对该车的底盘各部件进行了检查,也未发现松旷和变形现象,然后对该车的四轮定位检测数据进行了检查,四轮定位检测数据均在允许范围以内,且轴距正常。

经过分析,将汽车左、右车轮和前、后车轮均进行互换,但跑偏现象依然存在。

于是采用偏差补偿的方法,先进行轴距调整。调整该车后桥,采取放大右边轴距,将后桥的右边向后移,左边向前移的办法,同时将副梁右边向前调整,左边向后调整,并重新查看了前轮定位的数据,与调整前的数据基本没有什么变化。调整完后经试车,该车还是有向右"跑偏"的现象,故障依然存在。

进行外倾角的调整,将外倾角从原来的左侧(-1°05′)、右侧(-0°47′)调整至左侧(-0°49′)、右侧(-1°08′),调整后经过试车"跑偏"问题解决。经过几个月对该用户进行跟踪,该车再没有出现伤胎和"跑偏"的现象。

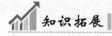

知识拓展

一、转向系统故障诊断与排除

1. 机械式转向系故障诊断与排除

机械式转向系统常见的故障有转向沉重、转向不灵敏操纵不稳定、行驶跑偏、高速摆动、转向发卡等。

(1)转向沉重故障诊断与排除。

①故障现象。驾驶员转动转向盘时,感到比平时沉重费力。

②原因。

A. 轮胎气压低于标准值。

B. 定位参数失准,前桥或车架变形。

C. 轮毂轴承过紧。

D. 转向横拉杆、转向横拉杆接头的球头配合处过紧、缺油或变形。

E. 转向器啮合间隙过小、转向器各轴承轴向间隙过小、转向器缺油、转向轴弯曲、柱管凹陷导致与转向轴碰擦等。

③故障诊断与排除。

A. 检查轮胎气压、轮毂轴承松紧程度、转向横拉杆球头有无松动、前轮定位参数等。必要时应对前桥及车架是否变形进行检查。

B. 拆下转向横拉杆,如果转向仍然沉重则故障在转向器和转向操纵机构。

C. 若故障在转向器,则应检查转向器。先检查外部转向轴有无明显变形凹陷等,再检查啮合间隙是否过小,轴承间隙是否过小,是否缺油,有无异响等。

(2)转向不灵敏,操纵不稳定故障诊断与排除。

①现象。操纵转向盘时需用较大幅度转动,才能控制汽车的行驶转向,感觉转向盘松旷量很大;汽车在直线行驶时又感到行驶不稳。

②故障原因。

A. 转向横拉杆及各连接件松旷。

B. 转向轴与转向盘配合松动。

C. 转向器啮合间隙过大,安装松动。

D. 前轮毂轴承松动、间隙过大。

E. 定位参数失准。

③故障诊断与排除。

A. 检查前轮毂轴承间隙是否过大,转向横拉杆球头、转向横拉杆接头球头是否松动。

B. 检查转向盘的自由行程。如果自由行程过大,球头,轴承无松动则说明转向器故障,调整转向器啮合间隙。

C. 检查前束。前束值过大时,伴随有轮胎异常磨损。

(3)汽车行驶跑偏故障诊断与排除。

①故障现象。汽车在直线行驶时,转向盘不在中间位置,驾驶员需不断向一个方向转动转向盘,方能保持直线行驶,否则,汽车自动向另一边跑偏。

②故障原因。

A. 左、右两轮气压不等、轮胎磨损情况不等,造成滚动半径不等。汽车自动向滚动半径小的一边跑偏。

B. 定位参数失准。

C. 两前轮轮毂轴承的松紧程度不等。

D. 单边车轮的制动器拖滞。

E. 悬架部件变形、悬架向一边倾斜。

③故障诊断与排除。

A. 检查轮胎气压是否一致,不符合要求时按规定气压充气。

B. 检查轮胎的规格型号及四轮轮胎磨损情况是否一致,如果不一致,进行轮胎换位或更换轮胎。

C. 检查跑偏一侧的车轮毂和制动器是否温度过高,若温度过高,则为轮毂轴承过紧和制动拖滞。

D. 检查悬架各部件是否有变形情况。

E. 进行定位检测和调整。

(4)汽车高速摆振故障诊断与排除。

①故障现象。汽车出现转向盘发抖、行驶不稳、摆振等现象,摆振现象随车速提高而增大或在高速某个转速出现。

②故障原因。

A. 前轮动平衡失准。

B. 定位参数失准。

C. 前轮辋变形。

D. 转向传动机构运动的干涉。

E. 车架、车桥变形。

F. 传动轴不平衡。

G. 悬架装置出现故障,如左、右悬架刚度不等,减振器失效,导向装置失效等。

③故障诊断与排除。

A. 若在某一车速时摆振出现,多为车轮动不平衡和轮辋变形所致,应检查轮胎动平衡和轮辋变形情况。

B. 检测、校正传动轴。

C. 若摆振随车速提高而增大,应对转向系、前桥及悬挂等进行全面检查以发现造成摆振的原因。

(5)两边转向力不一致,一边重一边轻。

①故障现象。在转动转向盘时,某一位置出现卡滞,必须费较大力气方能通过,有时甚至完全不能转动。

②故障原因。

A. 转向器内的齿轮卡滞。

B. 循环球式转向器的钢球破裂。

C. 转向器轴承破裂。

D. 啮合间隙调整不当。

③故障诊断与排除。对转向器进行全面检查,检修或更换转向器。

2. 液压转向系统故障诊断

(1)转向沉重或助力不足故障与排除。

①故障现象。装有液压动力转向系统的汽车在行驶中感觉转向沉重,或怠速时原地转动转向盘感觉沉重。

②故障原因。

A. 储液罐内液位高度低于规定值。

B. 液压管路中渗入了空气。

C. 油路堵塞,油路不畅。

D. 驱动油泵皮带过松或打滑。

E. 转向器内部泄漏。

F. 转向油泵磨损严重,导致压力过低。

G. 机械转向机构故障。

③故障诊断与排除。

A. 检查转向油罐的液面高度,过低应检查泄漏并添加补充。

B. 检查转向油泵的驱动皮带张紧度,突然提高发动机转速,并确认皮带是否出现打滑现象。

C. 检查转向油罐内的滤网,若发现滤网过脏应清洗或更换。

D. 检查油路中是否渗入了空气,如果发现油罐中的油液有气泡,则说明油路中有空气,应进行排气并加注新的油液至规定高度。

E. 检查管路是否扭结或堵塞,造成油路不畅。

F. 转向油泵进行输出油压检查,如果油泵输出压力不足,说明油泵有故障,此时应更换或检修转向油泵。

(2) 转向时有噪声故障与排除。

① 故障现象。助力油泵工作时,转向系统有异常响声,尤其当转向盘处于极限位置时或原地转动转向盘更为明显;转向器发出严重的嘶嘶声,尤其当转向盘处于极限位置时或原地转动转向盘更为明显。

② 故障原因。

A. 转向系统管路中渗入空气。

B. 转向油液中有过多的沉积物。

C. 油罐滤网堵塞。

D. 油管接头松动。

E. 油泵磨损严重。

F. 控制阀性能不良。

G. 转向系统部件干涉。

③ 故障诊断与排除。

A. 检查油液液位是否过低,当液位过低时,油泵会在工作时吸进空气而产生噪声。应进行排气并加注新的油液,液位至规定高度。

B. 检查转向油罐内的滤网,若发现滤网过脏应清洗或更换。

C. 检查动力转向软管是否碰到其他部件,确保动力转向软管正确安装在软管卡夹中。

D. 检查助力泵皮带是否过松,油泵皮带过松,也会使油泵发出嘶嘶的皮带啸叫声。如果皮带过松打滑则调整助力泵皮带张紧力。

E. 当转向盘处于极限位置时或原地转动转向盘发出严重的嘶嘶声,是由于控制阀性能不良所致,应更换控制阀。

(3) 发动机工作时,转向盘发抖故障与排除。

① 故障现象。发动机工作时转动转向盘发抖,尤其是在原地转向时控制阀共振,转向盘抖动。

② 故障原因。

A. 转向油液液位过低。

B. 动力转向系统中有空气。

C. 油泵皮带松弛、打滑。

D. 油泵泵油压力不足。

E. 转向油泵流量控制阀卡滞。

③ 故障诊断与排除。

A. 检查油液液位是否过低,查找泄漏故障并排除;并加注新的油液,液位至规定高度。

B. 检查油路中是否渗入了空气,如果发现油罐中的油液有气泡,则说明油路中有空气。应进行排气并加注新的油液,液位至规定高度。

C. 检查转向油泵驱动皮带是否过松,打滑,如果打滑则调整助力泵皮带张紧力。
D. 检查助力转向泵油压,如果转向泵油压不足则更换或检修动力转向泵。
(4)左右转向轻重不同故障与排除。
①故障现象。转动转向盘时左右的轻重不同,一边重,一边轻。
②故障原因。
A. 控制阀的滑阀偏离中间位置。
B. 控制阀内堵塞,使左右移动时阻力不一样。
③故障诊断与排除。
A. 油液脏污导致滑阀卡滞,更换助力转向油液。
B. 检查调整控制阀如果仍不能排除,更换控制阀或转向机总成。
(5)转向盘不能自动回到中间位置故障。
①故障现象。正常行驶条件下,转向后转向盘不能自动回到中间位置。
②故障原因。
A. 转向器控制阀有阻塞或卡滞。
B. 回油软管扭曲阻塞。
C. 机械转向系故障等。
③故障诊断与排除。
A. 检查动力转向软管是否正确安装在软管卡夹中,是否有扭曲变形。
B. 检查动力转向器控制阀是否有阻塞或卡滞。必要时进行清洗或更换。
C. 检查机械转向相关的故障,如球头横拉杆有无松动,轴承有无松动,定位参数是否正确等。

3. 电控液压转向系统故障诊断与排除

电控液压转向系统将传统液压转向系统中的转向泵改变为单独的电动机驱动,并根据不同的车速、转向盘的转速控制电动机的转速等级,从而提供可变的转向助力,下面以POLO车为例进行故障的诊断与排除。

(1)故障现象。行车急速或低速时转向沉重;行驶高速时转向太灵敏、转向系统故障警告灯亮起。
(2)故障原因。
①储液罐液位过低。
②车速传感器,转向盘转速传感器或线路故障。
③电动转向泵故障。
④动力转向的ECU熔断丝被烧断。
⑤电控单元(ECU)故障。
⑥机械转向系故障。
(3)故障诊断与排除。
①转向储液罐液位检查。在对电控液压转向系统进行故障诊断时,首先要检查转向系统的液位是否符合要求,在发动机停转、转向轮处于正前位置时检查油液液位。
②车速传感器,转向盘转速传感器检查。
A. 用故障诊断仪进行检测,查看是否有关于车速传感器和转向盘转速传感器的故障代

码,根据故障代码的提示进行检修。

B. 用故障诊断仪读取和车速传感器和转向盘转速传感器有关的数据流,转动车轮和转向盘查看诊断仪上的数据和标准数据是否一致。

C. 检查车速传感器和转向盘转速传感器相关线路是否有短路和断路并排除。

③电动泵的检查。通过对油泵泵油压力的检测,可以判断油泵的好坏,具体方法如下:

A. 将专用油压表(V.A.G1402)串接于油泵输出管口上,并使油压表的截止阀处于导通位置。

B. 加注油液至规定液位,排除液压管路中的空气。

C. 起动发动机。

D. 将专用油压表的截止阀转到截止位置,并使油温达到80℃(注意测量时间不要超过5s)。

E. 读取数据,如果没有达到标准值表明电动泵损坏(POLO车的电动泵规定的输送压力标准值是90~105bar)。

F. 左右旋转转向盘至极限位置并保持截止阀在导通位置读取压力值,如果读数大大低于第一次的测量值表明则分配阀和动力缸活塞密封圈漏油。

④路试检验。电控液压助力转向系统性能的路试检验,应在系统无故障的情况下进行,检验内容为:

A. 停车与低速状态下、转向角度大时转向应省力(油泵泵油量大,油压高)。

B. 中高速转向时,路感好、不发飘,安全性高(油泵泵油量小,油压低)。

C. 左右转向时,在相同的转角下所用的转向力应该一致。

4. 电控电动转向系统故障诊断与排除

以大众车型为例进行故障的诊断与排除。

(1)故障现象。转向警告灯K161点亮时,说明转向系统产生故障,如图3-65所示。

图3-65 转向警告灯点亮

(2)诊断与排除。

①电动转向控制单元基本设定。以20 km/h的车速在平路上直线行驶,左右转动转向盘至极限位置,停车之前,将转向盘回正,确定转向盘不再调整,指示灯熄灭,若指示灯仍然不熄灭,则可能的原因为:

A. ABS控制单元传输车速信号错误。

B. 转向角传感器超出误差范围。

C. 配置错误。

②零位(中间)位置设定。如果更换了转向角传感器 G85、转向机总成含转向控制单元 J500、转向柱开关总成含控制单元 J527,做过一次车轮定位的调整,断过电或出现故障代码:"00778",需要做转向零位(中间)位置设定。

前轮保持直线行驶状态,用 VAS5051 输入地址码:44,转向盘向左转 4°～5°(一般 10°之内),回正后再向右转 4°～5°(一般 10°之内)方向回正,双手离开转向盘,然后输入功能码:11,再输入 40168(第二代为 31857),再按返回键:"◄",输入:06-60,再按"激活"键,退出5051,断开点火开关 6s 后即可。

注意:在做转向零位设定时,发动机不能运行。转向盘左右转动后,再回正时,双手必须离开转向盘,使转向盘静止不动,以便让控制单元对零位进行确认。

③极限位置的设定。如果更换了转向角传感器 G85、转向机总成含转向控制单元 J500、转向柱开关总成含控制单元 J527,做过一次车轮定位的调整或出现故障代码:"02546",需要做转向极限位置的设定。极限位置设定方法:

前轮处于直线行驶状态,起动发动机,转向盘向左转动 10°左右,停顿 1～2s,回正;再向右转动 10°左右,停顿 1～2s,回正;双手离开转向盘,停顿 1～2s,然后转向盘向左转到极限位置,停顿 1～2s,再向右转到极限位置,停顿 1～2s,转向盘再回正;关闭点火开关 6s 后生效。

注意:做完转向零位(中间)位置设定和转向极限位置的设定后,必须用 5051 进入 44-02,查询转向系统无故障,设定工作才能结束。

④途安、途观、新帕萨特按引导型功能提示操作。

第三代 EPS 的转向角度传感器 G85 初始化,进入 44,读取数据块 7,车辆直线往前开动几米,途中转向盘左右转动 45°或者不用开车,转向盘左右转动 40°。

注意:第三代 EPS 不需要进行极限位置升级、只要车辆运行一定时间后会自动升级。电动机械转向的基本设定和转向角度传感器 G85 初始化设定应在引导性功能中进行操作。

二、制动系统的故障诊断与排除

1. 普通液压制动系统故障诊断与排除

汽车制动系统中常见的故障有制动效能不良、制动拖滞、制动失效、制动跑偏、制动踏板异常、制动异响等。

(1)制动效能不良。

①故障现象。汽车行驶中制动时,制动力不足,制动减速度慢,制动距离长。

②原因。

A. 制动管路中有空气。

B. 制动液变质。

C. 制动踏板自由行程过大。

D. 制动摩擦片品质差。

E. 制动轮缸故障。

F. 制动主缸故障。

G. 制动助力器效能不足。

③故障诊断与排除。

A. 检查制动液的液位及品质,如不符合规定要求进行添加或更换。

B. 踩下制动踏板时有弹性感且制动踏板自由行程过长,说明制动管路中混有空气,应对制动系统进行排气。

C. 当用力踩下制动踏板时,踏板高度降至很低位置;制动效能很差,如连续几次踩制动踏板,踏板高度随着增高且制动效能好转,说明制动间隙过大。

D. 连续几次踩制动踏板时,踏板高度仍过低,且在第二次踩制动踏板后,感到制动主缸活塞未复位,说明制动主缸皮碗破裂。

E. 用力踩住制动踏板时,踏板的高度若缓慢或迅速下降,说明制动管路某处破裂、接头密封不良或轮缸皮碗密封不良,其复位弹簧过软或折断,或主缸皮碗、皮圈密封不良,回油阀及出油阀不良。也可先踏下制动踏板,观察有无制动液渗漏部位,若外部正常,则应检查轮缸或主缸故障。

F. 踏板高度适当,但制动踏板太硬且制动效能不良、阻力明显增大。应检查真空助力器工作性能:

打开发动机,运行1~2 min后关闭,踩几次制动踏板,如果制动踏板逐渐升高,说明制动助力器密封性能正常;如果制动行程不变,则说明助力器漏气失效。

关闭发动机,踩制动踏板数次,释放真空助力器内的真空。然后踩住制动踏板,起动发动机,此时制动踏板应随着发动机进气歧管产生真空而自动下降,说明真空助力器良好。若制动踏板没有下降,说明真空助力器失效。

(2)制动拖滞。

①故障现象。制动后放松制动踏板,车辆行驶无力,重新起步困难,个别或全部车轮不能立即完全解除制动状态,导致制动鼓或制动钳发热。

②故障原因。

A. 踏板与其轴的配合锈滞。

B. 制动踏板没有自由行程或其复位弹簧脱落、折断或过软。

C. 制动液太脏、品质差或型号不对,使回油困难。

D. 制动管凹瘪、堵塞,使回油不畅。

E. 制动卡钳松动、制动盘翘曲变形。

F. 主缸活塞复位弹簧过软、折断,皮碗的长度过长、发胀堵住回油孔或回油孔被污物堵塞。

G. 轮缸或主缸皮碗胀大、活塞变形或有污物粘住。

H. 制动蹄复位弹簧过软、折断,导致制动蹄不能复位,制动蹄摩擦片与制动鼓间隙过小,制动放松后仍有局部摩擦。

③故障诊断与排除。

A. 放松制动踏板后,全部或个别车轮仍有制动作用,即表明制动拖滞。行车中出现制动拖滞,若各轮制动鼓均过热,表明主缸有故障。若个别制动鼓过热,则属于该轮制动器工作不良。

B. 若故障在主缸时,应先检查制动踏板自由行程。若无自由行程,一般为主缸推杆与活塞的间隙过小或没有间隙。若自由行程正常,可拆下总泵储液室螺塞,连续踩—放松制动踏板,观察回油情况。如不回油,为回油孔堵塞。如回油缓慢,可检查制动液是否太脏、黏度太大。如制动液正常,则主缸皮碗、皮圈可能发胀或其复位弹簧过软,应分解主缸检查。

C. 若故障是个别车轮制动器拖滞,故障一般在该车轮的制动器及制动轮缸上。先检查制动盘是否严重变形,制动钳支架是否松动。如未解决,可架起该车轮,拧松轮缸放气螺钉,如制动液随之急速喷出且车轮即刻转动自如,说明该轮制动管路堵塞,轮缸未能回油。如转动该轮仍拖滞,可检查制动蹄摩擦片与制动鼓间隙是否太小。若上述均正常,则应检查轮缸活塞的复位情况。

（3）制动失效故障诊断与排除。

①故障现象。汽车在行驶中,一脚或连续几脚踩制动踏板,制动踏板均被踏到底,完全无制动效果。

②故障原因。

A. 制动管路破裂或接头严重泄漏。

B. 制动主缸内无制动液。

C. 制动踏板与制动主缸的连接松脱。

D. 制动主缸皮碗破损或踩翻,导致制动主缸完全失效。

E. 制动轮缸皮碗破损或踩翻;导致制动轮缸完全失效。

③故障诊断与排除。

A. 检查制动液储液罐的液位是否在规定范围内。

B. 检查制动系统漏油情况,如制动主缸推杆防尘套处制动液漏流严重,多属制动主缸皮碗踏翻或严重损坏;如某车轮制动鼓边缘有大量制动液,说明该轮制动轮缸皮碗压翻或严重损坏。

C. 检查制动踏板与制动主缸的连接情况,若松脱,查明原因进行检修。

（4）制动跑偏。

①故障现象。汽车在制动时,左、右车轮制动力不一致,使车辆向一边偏行。

②故障原因。

A. 四轮定位参数不符合要求、转向机构松旷。

B. 左、右车轮摩擦片的接触面积相差太大,两前轮摩擦片的质量、型号不同,或制动间隙不一致。

C. 左、右车轮制动鼓失圆、厚度、直径、工作面的粗糙度不等。

D. 左、右轮制动蹄复位弹簧弹力不等。

E. 右轮制动蹄支承销偏心套磨损程度不一致。

F. 左、右轮某侧轮缸有空气,软管老化或分泵皮碗不良,两侧车轮轮胎气压不一致,某侧车轮摩擦片油污、水湿、硬化、铆钉外露。

③故障诊断与排除。

检查时先通过路试制动,(非 ABS 车辆)根据轮胎拖印查明制动效能不良的车轮予以检修。拖印短或没有拖印的车轮即为制动效能不良。如有制动试验台检查更为方便,看哪个车轮制动力小,即为不良的车轮。先检视该轮制动管路是否漏油,轮胎气压是否充足,若均正常,下一步可检查摩擦片与制动鼓间隙。如仍无效,可检查轮缸是否渗入空气,若无空气渗入,即拆下制动鼓,按原因逐一检查制动器各部件。如也正常,说明故障不在制动系。应检查车架或前轴的技术状况及转向机构情况。

关于前后都是钳式制动机构的车辆如若出现故障,则应检查制动片、制动盘磨损情况,制动轮缸是否有空气,制动卡钳导销是否卡滞等。

2. ABS 系统故障诊断与排除

ABS 系统可能出现的故障有:紧急制动时车轮被抱死;在驾驶过程中 ABS 指示灯点亮。

(1) 故障现象。行车过程中 ABS 故障指示灯点亮或制动时车轮抱死。

① 故障原因。

A. 轮速传感器或关联线路断路或电阻过高。

B. 轮速传感器气隙不正确或有脏污。

C. ABS 控制模块的电源或搭铁异常。

D. 到压力调节模块的线路短路、断路。

E. 压力调节模块没有电源和搭铁。

② 故障诊断与排除。

A. 初步检查,是在 ABS 系统出现明显故障而不能正常工作时首先采取的检查方法。检查方法如下:

a. 检查制动液液位是否在规定的范围之内。

b. 检查车轮胎型号及花纹槽的深度是否符合规定。

c. 检验驻车制动器是否完全释放。

d. 检查 ABS 电控单元导线插头、插座的连接是否良好,连接器及导线是否损坏。

e. 检查所有的继电器、熔断丝是否完好,插接是否牢固。

B. 故障诊断仪诊断,利用诊断仪功能的下列功能进行检测。

a. 故障代码读取。

b. 激发 ABS 部件(如 ABS 灯、电磁阀、ASR 阀等)。

c. 读出 ECU 参数(如电压、轮速等)。

C. 用万用表或示波器确认故障点。

a. 检查从传感器到 ECU 线路的好坏(有无断路、短路和高阻值现象)。

b. 检查传感器的气隙,用非磁性塞尺测量传感头与齿圈之间的间隙应符合车辆的规定,例如桑塔纳前轮为 1.1~1.97mm。

c. 检查传感器的电阻,对于电磁式的传感器可利用万用表的电阻挡测量传感器的电阻值,一般在 1 000~2 000Ω,例如 2004 款凯越前轮传感器电阻为 1 280~1 920Ω。

d. 测量传感器的输出电压,当车轮转动时,传感器有电压输出,且与车轮的转速成正比,2004 款凯越以 30r/min 的速度转动车轮,用万用表测量输出电压约 120mV。

e. 检查电磁传感器波形,正常的信号电压波形应是均匀的正弦电压波形,峰值应符合厂家要求。

3. 驻车制动系统故障诊断与排除

(1) 机械驻车系统故障诊断与排除。

① 故障现象。

A. 拉起驻车制动操纵杆,无法制动车辆。

B. 驻车制动操纵杆过高。

C. 驻车制动操纵杆拉不动。

② 故障原因。

A. 驻车制动衬片已磨损到极限或有油污。

B. 驻车制动拉线过松或过紧,需调整。

C. 制动拉线卡滞。

D. 驻车制动间隙过大。

E. 制动鼓磨损过甚,失圆或有沟槽。

F. 驻车操纵杆的自由行程过大。

③ 故障诊断与排除。

A. 将汽车停放在平坦的路面上,拉紧驻车制动器操纵杆,换低速挡起步,若汽车很容易起步而不熄火,或汽车在规定的坡道上拉紧驻车制动器操纵杆,汽车产生溜车,则说明驻车制动器不良。

B. 按规定检查操纵杆的自由行程,若行程过大应调整拉线。检查操纵杆的阻力,若感觉没有阻力,说明拉杆或绳索断裂、松脱,应更换或修复。若很沉重,则说明操纵杆或绳索及制动器发卡,应拆检修复。

C. 将驻车制动器操纵杆拉到止点,检查摩擦片和制动盘的结合情况。如果制动间隙过大,应检查制动系统各传动铰链是否磨损松旷;若无松旷,应调整摩擦片与制动盘的间隙,边调整边做拉紧试验,直到摩擦片与制动盘能紧密结合为止。

D. 拉紧驻车制动后,摩擦片与制动盘能靠紧,但不起制动作用,此时应检查接触表面是否有油污;检查制动蹄片与制动鼓的接触面积是否符合要求,若接触面积过小,应更换或检修。

4. 牵引力控制(TRC)系统故障诊断与排除

(1) 故障现象。牵引力控制系统故障指示灯常亮。

(2) 故障原因。

① 轮速传感器或传感器到控制模块之间的线路出现故障(例如,高阻值、断路或短路等)。

② 节气门体执行元件出现故障(如脏污,或线路故障)。

③ 控制模块的电源与搭铁出现故障或控制模块没有编程、匹配。

④ 牵引力控制开关及相关的线路出现故障。

⑤ ABS 系统有问题。

(3) 故障诊断与排除。

① 当 TRC 系统出现故障时首先读取故障代码,根据故障代码提示进行线路断路或短路故障检查。

②检查电源,熔断器或继电器是否正常,电源相关线路的电压应为电池电压。
③检查车速传感器的及连接线路是否正常。
④检查节气门体是否过脏。
⑤检查节气门体及相关线路是否正常。
⑥若线路及传感器未见异常则检查 ECU。

5. 车身电子稳定系统故障诊断与排除

ESP 是一个主动安全系统,该系统是建立在 ABS 系统和牵引力控制系统之上的一个非独立系统,除了监控路面与车轮的附着情况外还识别车辆是否稳定的按驾驶员的给定的轨迹行驶。打开点火开关后,控制单元将做进行自检,所有的电器连接都将被连续监控,并周期性检查电磁阀功能。下面以上海大众的电子稳定系统(ESP)为例介绍车身稳定系统的故障的诊断与排除。

(1) 故障现象。系统不能识别车辆的预期行驶方向(驾驶员意愿),导致 ESP 不起作用,同时车身电子稳定系统警告灯点亮。

(2) 诊断与排除。

①重新标定零点,ESP 系统中,如下自诊断功能可用:00,01,02,03,04,05,06,08,11。

特别说明:更换了转向盘转角传感器 G85 及控制单元 J104 后,须进行校准工作。若 G85 底部检查孔内的黄点清晰可见,则表明传感器在零点位置。更换了压力传感器、侧向/纵向加速度传感器,也需要做调整工作。偏航传感器自动校准。

下列 04 功能"基本设定"中的通道号:

60——转向盘转角传感器零点调整;

63——侧向加速度传感器零点调整;

66——制动压力传感器零点调整;

69——纵向加速度传感器零点调整(四轮驱动);

G85 零点平衡;

连接 VAG1551 或 VAS5051 进入 03 地址。

登录 11Q,40168Q(做多项调整时,只需登录 1 次)。

起动汽车,在平坦路面试车,以不超过 20km/h 速度行驶,如果转向盘是正中位置(若不在正中位置需调整),停车即可,不要再调整转向盘,不要关闭点火开关。

检查 08 功能下 004 通道第一显示区 0 度 – 04Q,060Q,ABS 警告灯闪亮,06 退出,ABS 和 ESP 警报灯亮约 2s,结束。

②侧向加速度传感器 G200 零点平衡。

将车停在水平面上;

连接 VAG1551 或 VAS5051 进入 03 地址;

登陆 11Q,40168Q;

04Q,063QABS 警报灯闪亮;

结束 06 退出。

ABS 和 ESP 警报灯亮约 2s。

若显示该功能不能执行,说明登录有误;若显示基本设定关闭,说明超出零点平衡允许公差。读取 08 数据块(004 通道第二显示区静止时 ±1.5;转向盘转至极限位置,汽车以 20km/h 的速度左、右转弯,测量值应均匀上升)及故障记忆。然后重新进行。

③制动压力传感器 G201 零点平衡。

松开制动踏板;

连接 VAG1551 或 VAS5051 进入 03 地址;

进入 08 阅读测量数据块 005 通道检查第一显示区 ±7bar;

登录(11Q,40168Q);

04Q,066Q;ABS 警报灯闪亮;

结束 06 退出。

ABS 和 ESP 警报灯亮约 2s。

若显示该功能不能执行,说明登录有误;若显示基本设定关闭,说明超出零点平衡允许公差。读取 08 数据块(005 通道)及故障记忆。然后重新进行设定。

④ESP 起动检测。ESP 检测用于检查信号的可靠性(G200,G202,G201),拆卸或更换 ESP 部件后,必须进行 ESP 检测。

连接 VAG1551 或 VAS5051,打开点火开关,进入 03 地址;

进入 04 基本设定,选择 093 通道,按 Q 键;

显示屏显示 on,ABS 警报灯亮;

拔下自诊断插头,起动发动机;

用力踩下制动踏板(制动压力应大于 35bar),直到 ESP 警报灯 K155 闪亮;

以 15~30km/h 速度试车,时间不超过 50s,行车时应保证 ABS、EDS、ASR、ESP 不起作用转弯并保证转向盘转角大于 90°;

ABS 警报灯和 ESP 警报灯熄灭,则 ESP 检测顺利完成;若 ABS 灯不灭,说明 ESP 检测未顺利完成;若 ABS 灯不灭且 ESP 灯亮起,查询存储器。

三、行驶系统常见故障诊断与排除

1. 悬架系统故障诊断与排除

悬架系统的常见故障有行驶跑偏、前轮摆振等故障。

(1)行驶跑偏故障诊断与排除。

①故障现象。汽车直线行驶时,车辆会自动偏向一边,必须用力握住转向盘,才能保持车辆直线行驶。

②故障原因。

A. 左、右两前轮气压不同。

B. 前轮前束值过大或过小。

C. 前轮左、右主销后倾角或车轮外倾角不相等。

D. 单边减振器失效,或左、右两边减振弹力不一致。

E. 左、右前轮轴承松紧度不一致。

F. 车轮单边制动拖滞。

G. 转向节臂、转向节弯曲变形。

H. 后桥轴管变形弯曲。

③故障诊断与排除工艺流程，如图3-66所示。

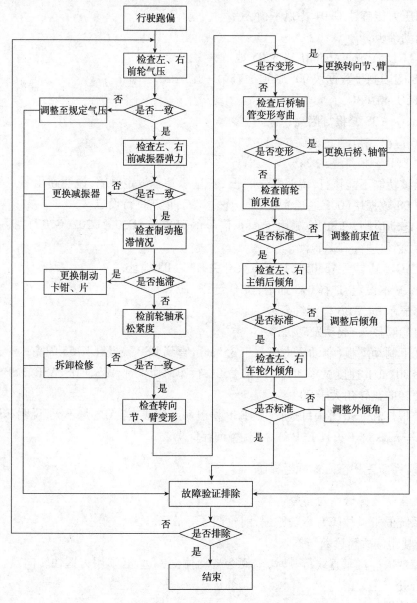

图3-66 行驶跑偏故障诊断与排除流程图

（2）前轮摆振故障诊断与排除。

①故障现象。车辆在中、高速行驶时，出现行驶不稳，严重时，转向盘有明显振动感。

②故障原因。

A. 车轮变形。

B. 前轮倾角、前束不正常。

C. 前轮动平衡失准。

D. 前梁车架变形。

E. 转向拉杆球头松旷。

F. 前轮毂轴承松旷。

G. 前轮减振器失效。

H. 传动轴不平衡。

③故障诊断与排除工艺流程,如图3-67所示。

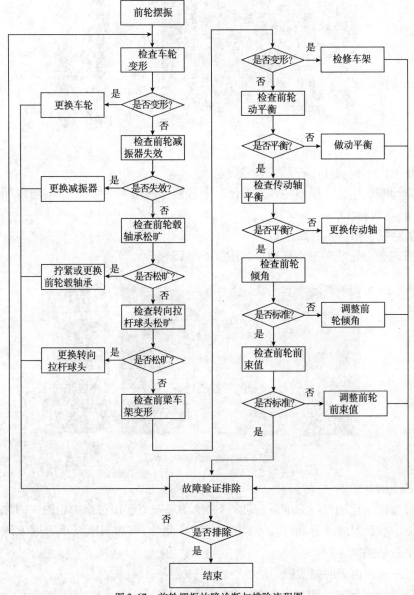

图 3-67　前轮摆振故障诊断与排除流程图

2. 轮胎系统故障诊断

轮胎系统的常见故障有异常磨损、爆胎及胎压监测系统故障等。

(1)轮胎异常磨损故障诊断

轮胎异常磨损有轮胎两胎肩磨损、胎冠中部磨损、胎冠外侧或内侧磨损、胎冠由外侧向里侧(或相反)呈锯齿状磨损及胎冠呈波浪状、叠边状磨损。

①轮胎两胎肩磨损。

A. 故障现象。轮胎两胎肩磨损如图 3-68 所示。

图 3-68　轮胎两胎肩磨损

B. 故障原因。轮胎气压不足,车辆超载。

C. 故障诊断。轮胎气压不足或超载使胎冠接地印迹增宽,并且中部略向内凹,因此胎冠两侧着地,形成两胎肩磨损。

②轮胎胎冠中部磨损故障诊断。

A. 故障现象。轮胎胎冠中部磨损如图 3-69 所示。

图 3-69　轮胎胎冠中部磨损

B. 故障原因。轮胎气压过高。

C. 故障诊断。轮胎气压标准时,其胎冠接地印迹宽于气压过高的轮胎。因此,胎压过高将增加单位接触面积的负荷,加速胎冠中部磨损。此外,帘布层帘线承受过大的拉伸应力,也可导致轮胎早期损坏。

③胎冠外侧或内侧磨损故障诊断。

A. 故障现象。胎冠一侧磨损如图 3-70 所示。

B. 故障原因。

a. 胎冠外侧磨损的原因:车轮外倾角过大或前轴弯曲变形,驾驶车辆经常高速转弯。

b. 胎冠内侧磨损的原因:车轮外倾角过小或前轴弯曲变形,驾驶车辆经常高速转弯。

C. 故障诊断。胎冠外侧或内侧磨损与外倾角有关,应进行车辆四轮定位检测。

图 3-70　轮胎胎冠一侧磨损

④胎冠由外侧向里侧（或相反）呈锯齿状磨损故障诊断。

A. 故障现象。胎冠由外侧向里侧呈锯齿形磨损，如图 3-71a) 所示；胎冠由内侧向外侧呈锯齿形磨损，如图 3-71b) 所示。

B. 故障原因。

a. 前束过大（胎冠由外侧向里侧呈锯齿形磨损）。

b. 前束过小（胎冠由内侧向外侧呈锯齿形磨损）。

C. 故障诊断。故障原因均与车轮定位有关，应进行四轮定位检测以判定故障部位。

⑤胎冠呈波浪状和叠边状磨损故障诊断。

A. 故障现象。胎冠呈波浪状和叠边状磨损如图 3-72 所示。

图 3-71　胎冠由外侧向里侧（或相反）磨损成锯齿形
a) 胎冠由外侧向里侧磨损成锯齿形；b) 胎冠由内侧向外侧磨损成锯齿形

图 3-72　胎冠呈波浪状和叠边状磨损

B. 故障原因。

a. 轮胎动平衡失准。

b. 车轮定位不准。

c. 轮毂及轮毂轴承松旷。

d. 轮辋翘曲变形。

e. 悬架的间隙过大。

f. 经常使用紧急制动。

C. 故障诊断。用举升机举升车辆，握住磨损异常的车轮前后和上下推拉，感觉有无间隙，如果有，说明轮毂轴承松旷，需更换轴承；观察轮辋有无变形，如果有，更换轮辋；把车轮拆下重做动平衡试验；询问驾驶员是否经常进行紧急制动，如果有，建议改掉不良驾驶习惯。

（2）爆胎故障诊断

①故障现象。在汽车行驶时，轮胎突然爆破，伴随有响声，而且会突然出现车身倾斜，操纵失控现象。

②故障原因。

A. 汽车在高温环境下行驶时间过长，轮胎过热，使胎内气压过高而导致爆胎。

B. 汽车超载使轮胎负荷过大而导致爆胎。

C. 载重汽车在使用中，并装双轮胎中一侧轮胎气压不足，或放气后继续行驶而导致爆胎。

D. 载重汽车在行驶中，并装双轮胎中夹有石子，行驶时间过长，磨出裂口而导致爆胎。

E. 轮胎破损或行驶中刮磨坚硬锐利物体，使胎侧刮出裂口而导致爆胎。

F. 装配轮胎时，内胎被外胎压住，充气后，内胎在行驶中被磨破而导致爆胎。

G. 真空胎（无内胎轮胎）胎壁受损、帘布层断裂导致轮胎鼓包，轮胎在行驶中压力作用下爆胎。

（3）轮胎气压警告系统故障诊断。

装备轮胎气压监测警告系统的车辆，会将轮胎气压状态和系统相关的信息通过组合仪表或多功能显示屏显示出来，以东风雪铁龙 C5 车型为例，气压信息显示如表 3-12 所示。

东风雪铁龙 C5 胎气压监测系统信息的显示　　　　　表 3-12

轮胎状态	组合仪表显示	显示信息说明
轮胎气压正常	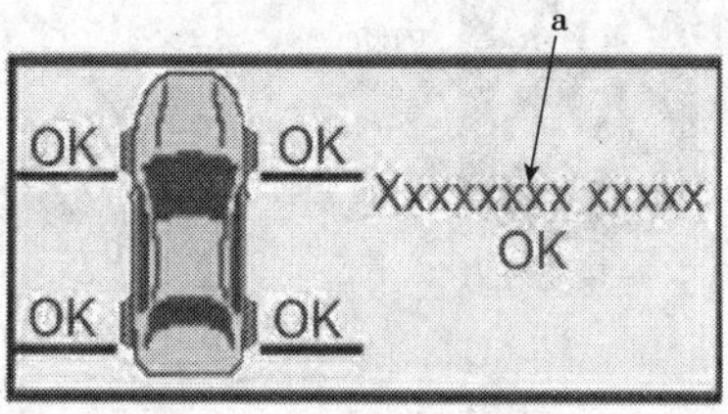 （图示：车辆四轮均显示 OK，标注 a）	a. 压力"正常"的车轮以"正常"符号显示
轮胎气压不足	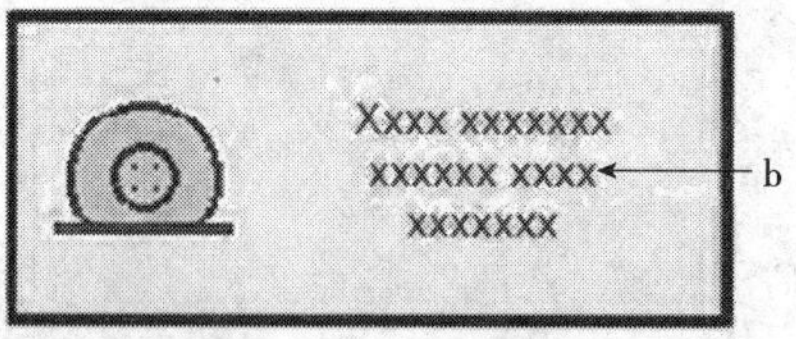 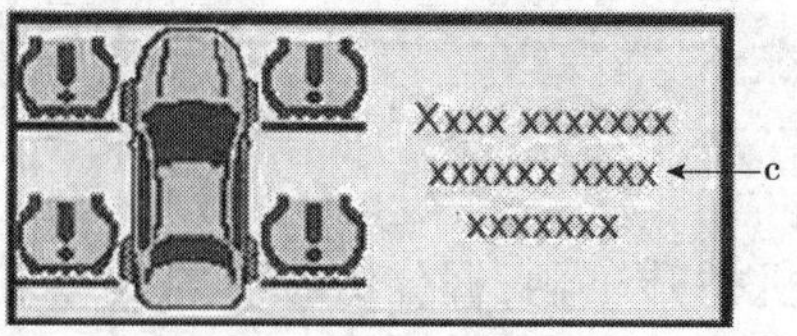 （图示：轮胎警告符号，标注 b；车辆四轮显示警告符号，标注 c）	b. 仪表板上显示"轮胎胎压不足"指示符号； c. 仪表板上显示"轮胎胎压不足"指示符号

续上表

轮 胎 状 态	组合仪表显示	显示信息说明
轮胎穿孔警告		d.仪表板上的"STOP"指示灯点亮； e.爆胎及其位置的指示符号显示在仪表板上
未监控到轮胎压力		f.仪表板上的"SERVICE"指示灯点亮； g.仪表板上出现显示未受监控的轮胎及其位置的指示符号

对于装备胎压监测系统的车辆，由于各车型系统原理和结构上的差异，诊断、检修过程中具体流程和细节有所区别，但大的流程基本一致，要做的工作有：

A.用诊断仪读取故障码、传感器代码、数据流等。

B.对新胎压传感器进行触发和初始化。

C.检修完毕后要对整个系统进行初始化操作。

D.对相关的 ECU 重新设定。

项目四 汽车电气系统简单故障诊断与排除

学习任务1　汽车充电指示灯常亮故障诊断与排除

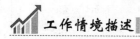
工作情境描述

吴先生驾驶新爱丽舍汽车去度假,在行驶途中突然发现仪表板充电指示灯点亮,随即停车熄火,再起动发动机并高转速运转,但充电指示灯依然常亮。吴先生随即将车开到东风雪铁龙4S店,服务顾问接车后开出工单请你解决此故障。

东风雪铁龙

委托维修派工单

车主姓名	吴××	联系地址	×××××	报修人	吴××
车主电话	135××××××××			报修人电话	135××××××××
派工单号	接车日期	牌照号	车型	VIN号	
R013010714	2013.03.02 9:00	××××××	新爱丽舍手动挡	LDC70312×××××	
备件组织号	购车日期	首次维护日期	行驶里程	预计交车时间	
11255	2010.04.03	2010.01.08	15000km	2013.03.02 12:00	

序号	维修内容	工时	单价(元)	工时费(元)	维修项目类型	维修班组	维修人员
1	检查充电指示灯常亮	3.00	100.00	300.00	正常维修	机电一组	××
2							
3							
4							
5							
6							
7							
8							

序号	备件编码	备件名称	数量	单价(元)	备件费(元)	维修项目类型	备注
1	2Q91882580	发电机	1	900.00	900.00	正常维修	
2							
3							
4							
5							
6							
7							
8							
9							
10							
11							
12							
建议维修项目							

客户意见		维修费用预估	工时费(元)	300.00	本费用为预估费用，实际费用以"车辆维修结算单"为准
本次维修的旧件您希望 带走 □ 不带走 ■ 声明:质量担保更换的备件所有权归东风雪铁龙			备件费(元)	900.00	
			其他(元)		
您的车辆是否需要清洗:清洗 □ 不清洗 □			总计(元)	1200.00	

本派工单一式三份，客户、财务、车间各执一份，维修前请客户仔细阅读维修须知(见客户联背面)
双方签字后，派工单上所记录的内容均要被遵守

客户签名:吴××　　　　　　　接车员签名:盛××

车间联

第　　页,共　　页

学习目标

通过学习,你应当能:

1. 描述新爱丽舍汽车的电源系统结构特点;
2. 进行汽车简单电路的分析;
3. 分析充电指示灯常亮故障产生的原因,能制订诊断检查方案;
4. 正确使用数字万用表和试灯进行故障部位检查;
5. 根据维修手册,正确选用工具和设备在45min内,安全规范的进行新爱丽舍发电机更换;
6. 向客户介绍电源系统使用注意事项;

7. 向客户解释故障判断及处理结果；
8. 把本次诊断与排除的故障编写成案例或技术公报。

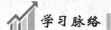学习脉络

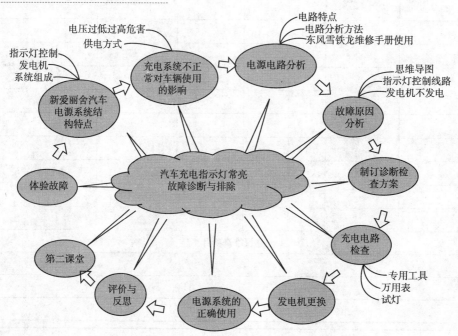

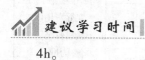建议学习时间

4h。

引导问题

一、任务准备

引导问题1 您体验到的车辆故障现象是怎样的?
(1)作业准备。
①车辆开进工位　　　　　　　　　　　　　　　　　　　　□ 任务完成
②确认是否有安装座椅、转向盘、驻车制动器操纵杆、换挡杆护套以及脚踏垫　□ 任务完成
③检查换挡杆位置，拉起驻车制动器操纵杆　　　　　　　　□ 任务完成
④安装翼子板布　　　　　　　　　　　　　　　　　　　　□ 任务完成
⑤检查相关指示灯及油表　　　　　　　　　　　　　　　　□ 任务完成
(2)汽车发动机起动时的注意事项有：_____
_____
(3)故障现象记录：_____
_____

引导问题 2　新爱丽舍汽车电源系统有何结构特点？

(1)汽车电源系统的基本组成包括蓄电池、发电机、充电指示灯、点火开关、保险和继电器等。

(2)新爱丽舍汽车电源系统的结构特点：

①发电机与电压调节器制成一体，整流电路有 9 个二极管。

②充电指示灯的控制方法是：26VJN 插接器的 5 号脚电压高于 9 号脚，灯点亮；两脚电压相等，灯熄灭。

③发电机皮带张力的调整是通过发电机支架上的调整螺栓实现的。

(3)画出充电指示灯符号，叙述电源系统正常时充电指示灯的工作情况。

_____

_____

引导问题 3　如何正确使用电源系统？

(1)蓄电池。

①不要连续使用起动机。每次起动的时间不得超过____s，如果一次未能起动，应停顿____s 以上再作第二次起动；连续____次起动不成功者，应查明原因，排除故障后再起动发动机。

②安装和搬运蓄电池时，应轻搬轻放，不可敲打或在地上拖曳。蓄电池在汽车上应固定牢靠、以防行车时振动和移位。

③要经常检查蓄电池的_____和_____情况，如发现电解液不足或蓄电池充电不足，要及时进行补充和充电。

④冬季使用蓄电池时应特别注意保持其处于充足电状态，以免电解液密度降低而_____。

(2)交流发电机。

①汽车交流发电机均为负极搭铁，蓄电池搭铁极性必须与此相同，否则，蓄电池将使整流二极管立即烧坏。

②发电机运转时，不能用_____的方法检查发电机是否发电，否则容易损坏二极管。

③一旦发现发电机不发电或充电电流很小时，就应及时找出故障并予以排除，不应继续运转。

④发动机熄火时，应将点火开关断开，否则蓄电池将长期经磁场绕组和调节器放电。

⑤发电机与蓄电池之间的导线要连接可靠，如突然断开，将会产生过电压，易损坏电子元器件。

引导问题 4　充电系统工作不正常对车辆使用有何影响？

(1)汽车在停驶(发动机熄火)、起动和正常行驶时的供电方式有何不同？

_____

_____

(2)发电机发出的电电压如果过高或过低，有什么危害？

_____

_____

引导问题 5　汽车电路有什么样的特点？

(1)采用直流电源。

(2)_____

(3)_____

(4)_____

一个完整的电路通常包括电源、控制器件(开关和继电器等)、_____(易熔线、熔断器和断路保护器等)、_____(导线、线束和插接器等)。

引导问题6 汽车电路图分析的基本要领有哪些？

汽车电路图是用特定图形符号表示的汽车电气各系统元件间相互连接关系及工作状态的图形。对汽车电气维修人员而言,快速、准确地读懂电路图对提高维修效率和质量显得尤为重要。

(1)浏览全图,掌握线路特点。各大汽车厂商的电路图根据绘制者的思维不同,其表达方式不同,阅读者要能很快进入角色,需要先从维修手册中获取该型车辆电路绘制上的特点,线束和插接器等元件的表达方法。

(2)对照图注和图形符号,熟悉有关元器件名称及其在图中的位置、数量和接线情况。

(3)根据回路原则分析电路。任何一个电路都应是一个完整的电气回路,电流从电源正极经导线、开关(或熔断器)到用电器(负载)后搭铁,回到同一电源的正极。

(4)要善于利用汽车电路特点,把整车电路化整为零。汽车电路的单线制,各电路负载相互并联以及两个电源也相互并联的特点,为把整车电路化整为零进行读图提供了方便。整车电路可以按组成汽车电气线路的各个分电路逐一进行分析。

二、方案制定与优选

引导问题7 如何进行爱丽舍汽车电源电路分析？

(1)东风雪铁龙维修手册的使用。

①技术文件分类。东风雪铁龙售后技术文件的制作、发放、管理、应用等方面均按照法国雪铁龙的基本模式。售后文件可分为三大类:维修类技术文件、用户应用技术文件和服务网点运行管理文件。维修类技术文件夹,不同的车型其文件夹的颜色不同,例如,红色的夹子装的是富康的资料,绿色的夹子装的是毕加索的资料,黄色的夹子装的是C2的资料,黑色的夹子装的是凯旋的资料。随着东风雪铁龙对技术、信息保密的不断升级,2008年后生产的新车型不再有纸质的资料,相关资料必须通过互联网和厂家服务器获得。

②维修类技术文件查询。

东风雪铁龙新爱丽舍维修手册如图4-1所示,根据手册图形识别其类别。

 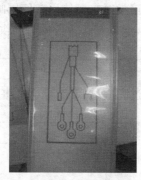 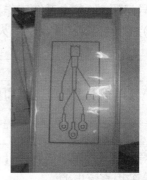

a)_____维修手册　　b)_____维修手册　　c)_____维修手册

图4-1　东风雪铁龙新爱丽舍维修手册识别

（2）新爱丽舍汽车电源系统电路原理图阅读。

①元件识别。从维修手册上查阅到图4-2所示的新爱丽舍汽车电源系统电路图，阅读并完成表4-1中空缺的内容。

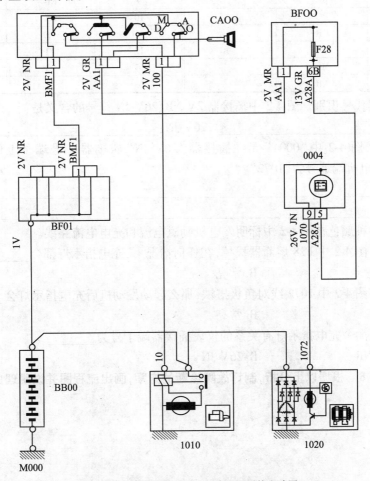

图4-2　东风雪铁龙新爱丽舍汽车电源系统电路图

东风雪铁龙新爱丽舍汽车电源系统电路元件识别　　　　表4-1

编号	电器元件名称	编号	电器元件名称
BB00	蓄电池	0004	
BF01	发动机舱熔断器盒	1010	起动机
CA00	防盗点火开关	1020	
BF00	座舱熔断器盒	M000	

②插接器与导线的识别。

识别东风雪铁龙插接器，首先看是在哪个用电器或ECU上，插接器代码的阿拉伯数字表示有多少个插脚，字母代表此插接器的颜色；东风雪铁龙汽车维修手册上未对导线颜色进行标注，导线的识别可根据导线与插接器连接端标注的数字代号进行，此数字刻在插头或插座上，当导线经过了中间插接器或铰接点后，导线的编号会发生变化。表4-2所列为新爱丽舍汽车插接器颜色代码，完成表4-2中空缺的内容。

东风雪铁龙新爱丽舍汽车电源系统电路导线颜色识别   表4-2

序号	颜色代码	颜色	序号	颜色代码	颜色
1	BA	白	8	OR	橘黄
2	BE		9	RG	红
3	BG	灰褐	10	RS	粉红
4	GR		11	VE	绿
5	JN	黄	12	VI	紫
6	MR		13	VJ	
7	NR				

③插接器代号识别。图4-2中插接器2V NR、26V JN符号的含义是：

2V NR：_____;26V JN：_____

④为什么图4-2中"0004"元件插接器"26V JN"插接器9号端子上的导线编号为"1070"，而发电机端编号为"1072"？

_____

_____

⑤请用两种颜色在图4-2中标明发电机励磁电流和充电电流路线。

⑥如果将图4-2中F28熔断器拔掉，在任何情况下，充电指示灯都会_____。

  A. 不亮　　　　　　B. 常亮

⑦如果将图4-2中1072线对负极搭铁，那么起动发动机后充电指示灯会_____。

  A. 不亮　　　　　　B. 常亮

⑧与新爱丽舍充电指示灯有关的仪表插接器端子号为_____。

  A. 2V NR　　　　　　B. 26V JN

引导问题8　根据以上分析，制订故障诊断的方案，画出流程图并说明理由。

三、实施与控制

引导问题9　如何进行充电指示灯常亮故障的诊断？

(1)作业准备。

常用工具：_____

专用工具：_____

量具：_____

设备：_____

备件及辅料：_____

(2)车间5S。

①在进行车辆操作之前，可以先不装车辆的防护5件套(　　　)。

  A. 正确　　　　　　B. 不正确

理由：_____

②工作服是用来劳动的,所以脏与不脏无所谓(　　　)。
　A. 正确　　　　　　　B. 不正确
理由：_____

③在进行诊断或维修操作时,手上的戒指可以不取(　　　)。
　A. 正确　　　　　　　B. 不正确
理由：_____

④换下的废油、液体可以当一般的垃圾处理(　　　)。
　A. 正确　　　　　　　B. 不正确
理由：_____

⑤在进行汽车清洁时准备一张抹布就可以了(　　　)。
　A. 正确　　　　　　　B. 不正确
理由：_____

⑥用完的工具可以先放在零件车上,操作完成后再一起清理(　　　)。
　A. 正确　　　　　　　B. 不正确
理由：_____

⑦为了工作方便,可以戴着手套进出驾驶室(　　　)。
　A. 正确　　　　　　　B. 不正确
理由：_____

⑧维修作业完成后可以第二天才来打扫卫生(　　　)。
　A. 正确　　　　　　　B. 不正确
理由：_____

(3)检查发电机皮带磨损情况。
用手扳动皮带目视检查,皮带应无_____、_____、_____。
皮带与皮带轮在运转时应_____、应无_____。
(4)检查发电机皮带张紧力。
发电机皮带张紧力的检查需使用专用工具皮带张力检测仪,如图4-3所示。

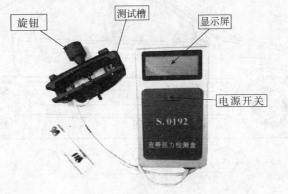

图4-3　皮带张力检测仪

①皮带张力检测仪的校准。先打开仪器电源开关,检查屏幕数值显示是否正常,如不正常,应更换仪器电池。对仪器精度进行检查,即将标准测试板放到张力检查仪测试槽中,旋

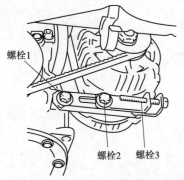

紧仪器旋钮到发出三声响,观看显示屏显示的数值,如果显示的数值在98~118个seem单位,那么仪器的精度就符合要求,如果不在这个范围之内,就需要重新标定张力仪。

②测量。将检测仪的测试槽放在跨度最长的皮带的中央,旋紧仪器旋钮到发出三声响,如果显示屏显示的数值在39~44个seem单位的范围内,那么皮带张力符合要求,否则应重新调整皮带的张力。

③调整。如图4-4所示,皮带张力调整螺栓是_____,锁紧螺栓是_____。

图4-4 发电机皮带调整螺栓和锁紧螺栓

(5)发电机输出电压的检查。

用_____检查发电机输出端的电压,正确的电压是_____;如输出电压_____,则应考虑更换发电机。

引导问题10 如何进行发电机的更换?

(1)作业准备。

常用工具:_____

专用工具:_____

量具:_____

设备:_____

备件及辅料:_____

(2)操作步骤与方法。

①车辆的举升。

如图4-5所示,两柱和剪式举升机举升车辆的部位是_____,卧式千斤顶举升的部位是_____。

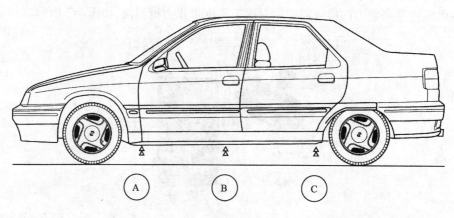

图4-5 车辆的举升

②发电机的拆卸:拆卸右前轮,用图4-6所示的专用工具,拆卸图4-7中所示的塑料铆钉,取下挡泥板,拆下张紧轮,取下发电机驱动皮带,拆卸发电机。

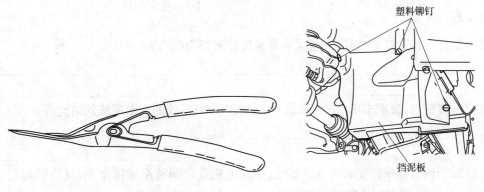

图 4-6　塑料铆钉拆卸钳　　　　　图 4-7　挡泥板拆卸

③新发电机的装配：装上新的发电机和皮带，用张力仪调整皮带张力，装复其他零部件。
④换下来的旧发电机，你的处理方式是_____

四、评价与反馈

1. 小组成果展示

简述本小组收获与体会。

(1)_____
(2)_____

你对其他小组的建议。

(1)_____
(2)_____

2. 评分表（表4-3）

评 分 表　　　　　　　　　　　　表4-3

考核项目	评分标准	分数	学生自评	小组互评	教师评价	小计
团队合作	是否和谐	5				
活动参与	是否积极主动	5				
安全生产	是否积极	10				
现场5S	是否做到	10				
任务方案	是否正确合理	15				
操作过程	是否规范	30				
任务完成情况	是否完成	5				
工具、设备使用	是否规范、标准	10				
劳动纪律	是否能严格遵守	5				
工单填写	有关知识预习是否充分	5				
	总分	100				
教师签字：			年　月　日		得分	

注：违反操作规程，出现人身伤害或导致设备严重故障的，本任务考核0分。

五、第二课堂

(1) 除充电指示灯常亮外,充电系统常见的故障还有哪些?
___
___

(2) 查阅资料,说明丰田 VIOS 汽车、大众 JETTA 汽车等的充电系统的结构特点。
___
___

(3) 对于调节器单独安装的电源系统,在发电机皮带调整正常情况下,发动机起动后充电指示灯不熄灭,请介绍诊断步骤及方法。
___
___

(4) 简述交流发电机的解体检查方法。
___
___

学习任务2 汽车前照灯不亮故障的诊断与排除

工作情境描述

秦先生驾驶一辆新爱丽舍车,在夜间行驶时打开前照灯后发现灯光较暗,照射距离也较近,操纵变光开关灯光无变化,仪表板上的远光指示灯也不亮,秦先生将车开到东风雪铁龙4S店,服务顾问接车后开出工单安排你们小组解决此故障。

东风雪铁龙

委托维修派工单

车主姓名	秦××	联系地址	×××××	报修人	秦××
车主电话	186××××××××			报修人电话	186××××××××
派工单号	接车日期	牌照号	车型	VIN 号	
R013010714	2013.03.02 9:00	××××××	新爱丽舍手动挡	LDC70312××××××	
备件组织号	购车日期	首次维护日期	行驶里程	预计交车时间	
11255	2010.04.03	2010.01.08	15000km	2013.03.02 12:00	

序号	维修内容	工时	单价(元)	工时费(元)	维修项目类型	维修班组	维修人员
1	无远光灯	2.00	100.00	200.00	正常维修	机电三组	××
2							
3							
4							
5							
6							
7							
8							

序号	备件编码	备件名称	数量	单价(元)	备件费(元)	维修项目类型	备注
1	ZQ98171380	远光灯灯泡	2	30.00	60.00	正常维修	
2							
3							
4							
5							
6							
7							
8							
9							
10							
11							
12							
建议维修项目							

客户意见		维修费用预估	工时费(元)	200.00	本费用为预估费用,实际费用以"车辆维修结算单"为准
本次维修的旧件您希望:带走■ 不带走□ 声明:质量担保更换的备件所有权归东风雪铁龙			备件费(元)	60.00	
			其他(元)		
您的车辆是否需要清洗:清洗■ 不清洗□			总计(元)	260.00	

本派工间一式三份,客户、财务、车间各执一份,维修前请客户仔细阅读维修须知(见客户联背面)双方签字后,派工单上所记录的内容均要被遵守。

客户签名:秦×× 接车员签名:刘××

车间联

第 页,共 页

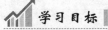

通过学习,你应当能:

1.描述新爱丽舍汽车的灯光系统电路结构特点。

2.分析前照灯不亮故障产生的原因,能制订诊断检查方案。

3.按照诊断流程,正确使用万用表和试灯等设备进行故障诊断,确定故障部位。

4.根据维修手册在20min内,安全规范地进行前照灯灯泡更换。

5.向客户解释故障判断及处理结果。

6.把本次诊断与排除的故障编写成案例或技术公报。

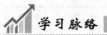

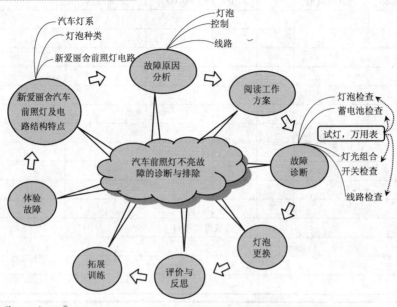

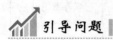

4h。

一、任务准备

引导问题1 您体验到车辆的故障现象是怎样的？
（1）作业准备。
①车辆开进工位　　　　　　　　　　　　　　　　　　　　□任务完成
②确认是否有安装座椅、转向盘、驻车制动器操纵杆、换挡杆护套及脚踏垫　□任务完成
③检查换挡杆位置，拉起驻车制动器操纵杆　　　　　　　　□任务完成
④安装翼子板布　　　　　　　　　　　　　　　　　　　　□任务完成
⑤检查相关指示灯及油表　　　　　　　　　　　　　　　　□任务完成
（2）故障现象记录：＿＿＿＿＿＿＿＿＿＿＿＿＿＿＿＿＿＿＿＿＿＿＿＿＿＿＿
＿＿＿＿＿＿＿＿＿＿＿＿＿＿＿＿＿＿＿＿＿＿＿＿＿＿＿＿＿＿＿＿＿＿＿＿＿＿

引导问题2 新爱丽舍前照灯系统有何结构特点？
新爱丽舍的前照灯没有采用双丝灯泡，而是采用近光灯与远光灯分开的结构，其远近光灯均采用卤素灯。当近光灯点亮，再打开远光灯，近光灯不熄灭，如图4-8所示，2610为左前照灯总成，2615为右前照灯总成。前照灯的控制方式为组合开关直接控制方式。

小知识

前照灯的控制方式有三种：第一种是灯光组合开关直接控制；第二种是继电器控制；第

三种是 ECU 控制。

(1)识读图 4-8 后完成表 4-4 空缺的内容。

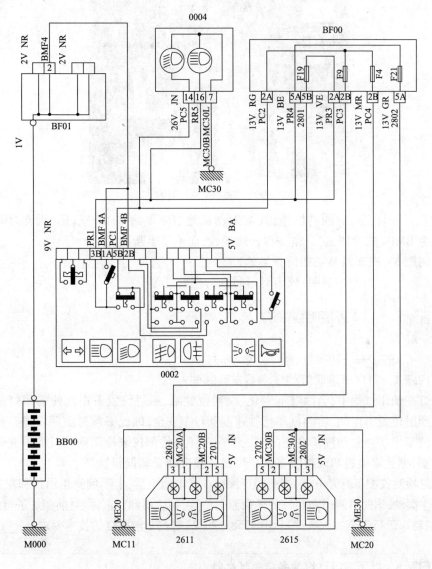

图 4-8　新爱丽舍汽车前照灯电路图

新爱丽舍汽车前照灯电路电气元件清单　　　　　　　　　表 4-4

编　号	电器元件名称	编　号	电器元件名称
BB00	蓄电池	2610	
BF01	发动机舱熔断器盒	2615	
0002	灯光组合开关	13V GR	13 通道的灰色插接器
BF00	座舱熔断器盒	5V BA	
0004		26V JN	

233

(2)在汽车上找到座舱熔断器盒 BF00,找出与前照灯相关的熔断器,如图 4-9 所示。

图 4-9 座舱熔断器盒 BF00

(3)远、近光灯没有共同的熔断器,在发动机舱熔断器盒 BF01 里,远、近光灯共用的是一根编号为 BMF4 的导线,它只是一根普通导线,而不是熔断器。

引导问题 3 汽车灯系是如何分类的?

$$汽车灯系\begin{cases}照明\begin{cases}车内照明:仪表灯、顶灯、行李舱灯等\\车外照明:前照灯、雾灯、牌照灯等\end{cases}\\信号——转向灯、制动灯、倒车灯\end{cases}$$

引导问题 4 对汽车前照灯的技术要求有哪些?

前照灯在使用过程中,会因灯泡老化、反射镜变暗、照射位置不正而使前照灯的发光强度不足或照射位置不正确,影响汽车行驶速度和行车安全,因此必须对前照灯进行检测和调整。目前汽车维修企业和汽车检测站广泛采用前照灯检测仪来检测前照灯的发光强度和光束照射位置,据此来检验和调整汽车前照灯发光强度和光轴偏斜量。

前照灯检测仪配备有光电池,当前照灯照射在光电池上后,上下偏斜指示计和左右偏斜指示计将发生摆动,据此可测出前照灯的光束照射位置,如达不到要求,则对前照灯进行调整。国家标准《机动车运行安全技术条件》(GB 7258—2012)对汽车前照灯的技术要求是:_____

引导问题 5 以下前照灯灯泡各自有什么特点?

(1)白炽灯_____

(2)卤素灯_____

(3)氙气灯_____

(4)LED 灯_____

二、方案制订与优选

引导问题 6 哪些原因导致前照灯不亮?

(1)灯光组合开关损坏。

(2)_____

(3) _____

引导问题7 根据以上分析,制订故障诊断的方案,画出流程图并说明理由。

三、实施与控制

引导问题8 汽车电路检修的注意事项有哪些?
_____

引导问题9 汽车电路检修方法有直观法、断路法、短路法、试灯法等,各适用在什么场合?填入表4-5。

电路检修方法 表4-5

检修方法	适用场合
直观法	
断路法	
短路法	
试灯法	

引导问题10 如何进行前照灯不亮故障的诊断?
(1)作业准备。
常用工具:_____
专用工具:_____
量具:_____
设备:_____
备件及辅料:_____

以下任务实施要点仅是对任务实施过程中重要环节的操作提示,非任务实施流程,请根据自己制定的方案进行操作,并对下面的操作提示进行排序。
你的排序是:_____。
(2)灯光组合开关与线路的初步检查。
前照灯总成的后部结构如图4-10所示,其检查步骤如下:
①取下前照灯后的防尘套。
②拔出灯泡后的5VJN的插头,如图4-11所示。打开电源,灯光组合开关接通远光灯挡。
③用万用表检查。选择万用表直流电压挡,红表笔分别接左5VJN3号端子、右5VJIN3号端子,黑表笔接车身搭铁。应有蓄电池电压,否则应检查电源控制电路。

图 4-10 前照灯后部视图　　　　　图 4-11 5VJN 的插接器

④用测试灯检查。测试灯(图 4-12)的尖端分别接左、右灯线束 5VJN 插接器的 3 号端子，另一端接车身搭铁，如灯亮说明＿＿＿＿，如灯不亮说明＿＿＿＿。

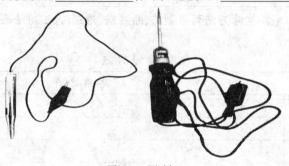

图 4-12 测试灯

小知识

测试灯按电源分为 12V 无源测试灯和 12V 有源测试灯。无源测试灯可用来检查电源电路各线端是否有电，将测试灯一端搭铁，另一端接电气部件电源接头，如灯亮说明电气部件的电源电路无故障；如灯不亮，顺电源方向找出第二接点测接，如灯亮则说明电路在第二接点与电源接头间有断路故障；如灯仍不亮，继续往下点测直到灯亮为止，那故障在最后一个被测接头与上一个被测接点间的电路上，大多为断路故障。有源测试灯只是在手柄内加装两节 1.5V 干电池，它可用来检查电气电路断路和短路故障；如按灯泡种类分为二极管测试灯和普通灯泡测试灯，需要注意的是：灯泡测试灯不可用于检查电子电路系统，除非维修手册中有特殊说明。

将检查结果填写在表 4-6 中。

检查结果表　　　　　　　　　　　　　表 4-6

端　子		万用表测量值(V)	测试灯测试结果(亮或不亮)	结　论
左灯	2610 的 5VJN　1 号脚			
	2610 的 5VJN　3 号脚			
右灯	2615 的 5VJN　1 号脚			
	2615 的 5VJN　3 号脚			

(3)前照灯熔断器的检查。

从图 4-8 可以看出控制左右远光的熔断器分别是＿＿＿＿和＿＿＿＿。

断掉熔断器电源,用万用表就车检查熔断器,如图4-13所示。如果还是不能确定,则拔出熔断器,把熔断器拔出来所使用的工具是_____,观察熔断丝不应有断裂,再用万用表检查判断。万用表显示_____,说明熔断器是正常的,显示_____,说明是不正常的。

(4)灯光组合开关和线路的检查。

①组合开关的检查。爱丽舍汽车前照灯组合开关如图4-14所示,其检查步骤是:用花形螺丝刀拆掉组合开关上下装饰盖板的连接螺钉,并取下盖板;拔下_____插头,从车上拆下灯光组合开关,用万用表的200Ω挡检查组合开关:当把开关旋到近光挡,那么开关9VNR插座上的3B与2B端子应导通,退出近光挡,此两脚应断开;接通远光挡,3B端子与1A端子应导通,退出远光挡,此两端子应断开,无论是否打开远近光灯,9VNR插座上的5B端子和任何一端子都不导通。

图4-13 用万用表检查熔断器

图4-14 爱丽舍灯光组合开关

②相关线路的检查。用万用表的200Ω挡,检查发动机舱熔断器盒到灯光组合开关的导线BMF4的通断;检查灯光组合开关到座舱熔断器盒的导线PR1的通断;检查座舱熔断器盒到左前大灯的导线2801的通断;检查座舱熔断器盒到右前照灯的导线2802的通断。

(5)灯泡检查。用万用表的200Ω挡,测量左、右两个远光灯丝的电阻:其值是左_____,右_____。

根据电阻值来判断灯丝是否损坏:左_____,右_____。

引导问题11 如何进行前照灯远光灯泡的更换?

(1)作业准备。

常用工具:_____

专用工具:_____

量具:_____

设备:_____

备件及辅料:_____

(2)操作步骤。

①取下远光灯的后橡胶防尘套,如图4-15所示。

装防尘套的目的是_____

②拆下远光灯泡后部的插接器和定位卡,如图4-16所示。

拆下插头时要注意_____

此定位卡的固定方式为_____,拆装此定位卡应注意_____

③取下旧灯泡,装上新灯泡。装灯泡的时候要注意_____
对于旧灯泡,你的处理方式是_____
④装复前照灯,并对前照灯进行检查与调整。

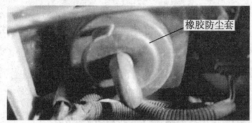

图4-15 远光灯后的橡胶防尘套

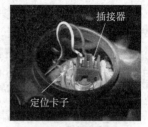

图4-16 远光灯插接器
与灯泡座定位卡

四、评价与反馈

1. 小组成果展示

简述本小组收获与体会。

(1) _____

(2) _____

你对其他小组的建议。

(1) _____

(2) _____

2. 评分表(表4-7)

评 分 表　　　　　　　　表4-7

考核项目	评分标准	分数	学生自评	小组互评	教师评价	小计
团队合作	是否和谐	5				
活动参与	是否积极	5				
安全生产	有无安全隐患	10				
现场5S	是否做到	10				
任务方案	是否正确、合理	15				
操作过程	是否规范	30				
任务完成情况	是否完成	5				
工具、设备使用	是否规范、标准	10				
劳动纪律	是否能严格遵守	5				
工单填写	相关知识预习是否充分,工单填写完整	5				
总分		100				
教师签字:				年 月 日	得分	

注:若违反操作规程,导致人身伤害或设备严重故障,本任务考核0分。

五、第二课堂

(1) 查阅资料,说明奥迪 A6L、丰田皇冠 3.0 等汽车前照灯系统的结构与组成有何特点?

_____
_____
_____
_____

(2) 如何进行汽车前照灯检测与调整?

_____
_____
_____
_____
_____

(3) 汽车前照灯的自动控制系统有哪些功能?

_____
_____
_____
_____

学习任务3　电动车窗不能工作故障的诊断与排除

工作情境描述

谢先生有一辆新爱丽舍汽车,早晨起动发动机后发现通过驾驶员侧门窗控制按钮无法控制左后门玻璃升降,操作左后门控制按钮也不能升降,谢先生将车开到东风雪铁龙服务站,服务顾问接车后开出工单要求你小组解决此故障。

东风雪铁龙

委托维修派工单

车主姓名	谢××	联系地址	×××××××		报修人	谢××
车主电话	135××××××××				报修人电话	135××××××××
派工单号	接车日期		牌照号	车型	VIN 号	
R014010716	2013.01.19　15:31		×××××××	新爱丽舍手动挡	LDC70312×××××	
备件组织号	购车日期		首保日期	行驶里程	预计交车时间	
10011	2010.01.19		2010.08.08	20000km	2014.01.19　17:30	

序号	维修内容	工时	单价(元)	工时费(元)	维修项目类型	维修班组	维修人员
1	左前车窗升降按钮和左后车窗升降按钮不能控制车后车窗升降	1.00	100.00	100.00	正常维修	机电三组	××
2							
3							
4							
5							
6							
7							
8							

序号	备件编码	备件名称	数量	单价(元)	备件费(元)	维修项目类型	备注
1	ZQ91851980	玻璃升降器电机	1	450.00	450.00	正常维修	
2							
3							
4							
5							
6							
7							
8							
9							
10							
11							
12							

建议维修项目

客户意见	维修费用预估		本费用为预估费用，实际费用以"车辆维修结算单"为准
本次维修的旧件您希望:带走□ 不带走■	工时费(元)	100.00	
声明:质量担保更换的备件所有权归东风雪铁龙	备件费(元)	450.00	
您的车辆是否需要清洗:清洗■ 不清洗□	其他(元)		
	总计(元)	550.00	

本派工间一式三份，客户、财务、车间各执一份，维修前请客户仔细阅读维修须知(见客户联背面)双方签字后，派工单上所记录的内容均要被遵守。

客户签名:谢××　　　　　　　接车员签名:秦××

车间联

第　　页，共　　页

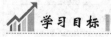

学习目标

通过学习，你应当能：

1. 描述新爱丽舍汽车的电动门窗结构特点；

2. 分析电动车窗不能工作故障产生的原因，能制订诊断检查方案；

3. 按照诊断检查方案，正确使用万用表等设备进行故障诊断，确定故障部位；

4. 根据维修手册在40min内，安全规范的进行左后电动车窗升降电动机总成更换；

5. 向客户解释故障判断及处理结果；
6. 把本次诊断与排除的故障编写成案例或技术公报。

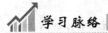学习脉络

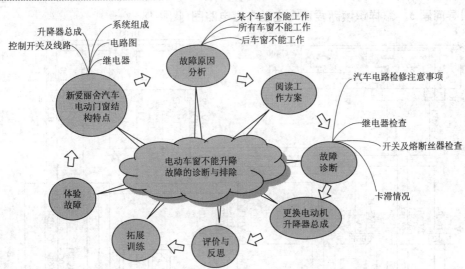

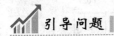建议学习时间

4h。

引导问题

一、任务准备

引导问题1 您体验到的车辆故障现象是怎样的？
(1)作业准备。
①车辆开进工位　　　　　　　　　　　　　　　　　　　　□任务完成
②确认是否有安装座椅、转向盘、驻车制动器操纵杆、换挡杆护套及脚踏垫 □任务完成
③检查换挡杆位置,拉起驻车制动器操纵杆　　　　　　　　　□任务完成
④安装翼子板布　　　　　　　　　　　　　　　　　　　　□任务完成
⑤检查相关指示灯及油表　　　　　　　　　　　　　　　　□任务完成
(2)故障现象体验记录：

引导问题2 新爱丽舍汽车电动门窗系统有什么特点？
(1)汽车的电动车窗系统主要由车窗玻璃、车窗玻璃升降器、电动机和控制开关等组成。新爱丽舍电动车窗升降器总成如图4-17 所示。
(2)电动车窗上的电动机为永磁式或双绕组串励式双向直流电机,新爱丽舍采用永磁式。

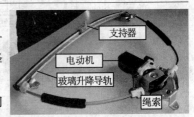

图4-17　新爱丽舍电动车窗升降器

(3) 控制开关一般有两套,一套为总控开关,装在仪表板或驾驶员侧的车门上,因此驾驶员可以控制每个车窗玻璃的升降。另一套为分开关,分别安装在每个车窗上,这样乘客也可以对各个车窗进行升降控制。

(4) 常见的电动车窗升降机构有绳轮式、交臂式和软轴式等几种,新爱丽舍为绳轮式。

引导问题3 怎样识读新爱丽舍电动车窗电路图(图4-18)?

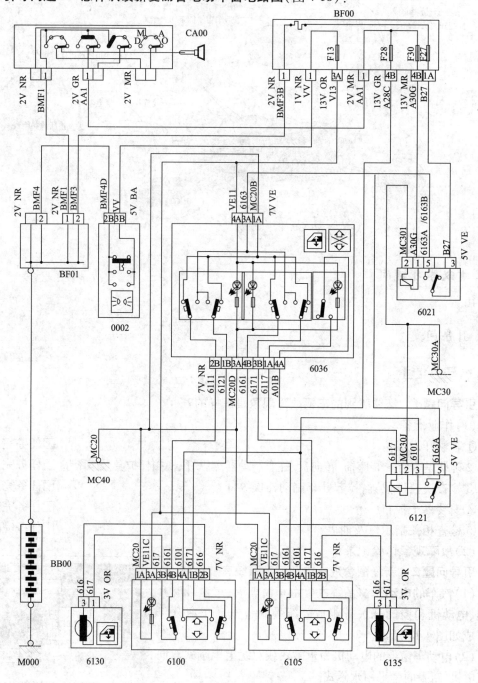

图4-18 新爱丽舍左后、右后电动车窗电路图

(1)根据图4-18,填写表4-8所空缺的元器件名称。

电气元件清单　　　　　　　　　　　　　　　　　　　　表4-8

编　号	电器元件名称	编　号	电器元件名称
BB00	蓄电池	5V VE	
BF01		7V NR 4B	
BF00		6121	
6036		6135	右后车窗升降器电机
CA00		6105	右后车窗升降器后开关
6021		6100	
13V　GR	13通道的灰色插接器	6130	

ECU控制的电动车窗,一般来说ECU和电动车窗控制模块(带电动机)之间以及几个电动车窗控制模块之间通过网络传输控制信号和信息,具有代表性的是CAN网络。为避免频繁的操纵车窗升降而导致的电机过热损坏,ECU控制的电动车窗一般具有电动机热保护功能。进入热保护状态后,ECU不再让电动机工作,等待一定时间后,ECU解除热保护,车窗又可以正常升降。因此,ECU控制的车窗当频繁升降车窗后出现不能升降现象,这不是故障,而是一种控制策略。

(2)继电器的功能。

①识图并完成填空。

A.如图4-19a)所示为一个5脚的常规继电器,请说明各脚的含义。

30 _____;85 _____;
86 _____;87 _____;
87a _____。

B.如图4-19b)所示为继电器的商标和备件号,请叙述DC12V 35/15A的含义:_____
_____。

a)

b)

图4-19　继电器的外观识别

②将图 4-20 连成完整的电路图,并说明灯泡亮与熄灭的条件。

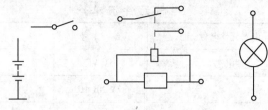

图 4-20 继电器连接图

当_____时,灯亮;
当_____时,灯灭。

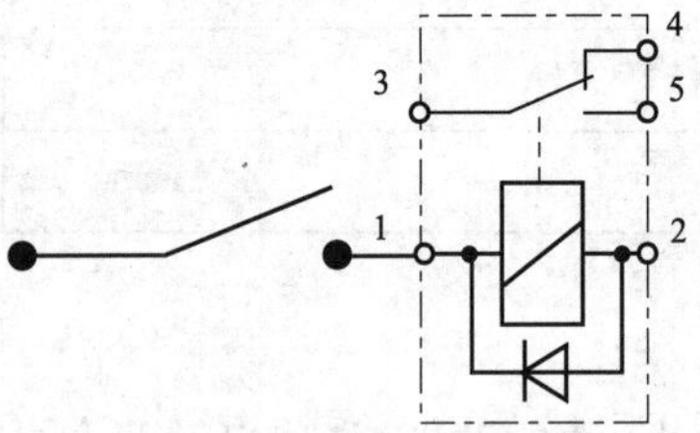

③图 4-21 所示为带保护装置的继电器,将其接线标出来,标明正、负极并说明理由。

(3)根据图 4-18,将左后电动车窗的电路简化,并画在下面(必须标明接线端子)。

图 4-21 带保护装置的继电器

引导问题 4 根据图 4-18 说明车窗禁动功能是如何实现的?
_____
_____

二、方案制订与优选

引导问题 5 哪些原因导致电动车窗无法升降?
根据表 4-9 所列故障,分析故障产生的原因,完善相关内容。

车 窗 故 障　　　　　　　　　　　　　　　　　　　　表 4-9

常见故障	故障原因	诊断思路
某个车窗只能向一个方向运动	分开关故障或分开关至主开关可能出现断路	检查分开关导通情况及分开关至主开关控制导线导通情况
某个车窗两个方向都不能运动	①传动机构卡住; ②_____损坏; ③继电器_____、_____损坏; ④分开关至电动机断路	
所有车窗均不能升降或偶尔不能升降		
两个后车窗分开关不起作用		

引导问题 6 根据以上分析,制订故障诊断的方案,画出流程图并说明理由。

三、实施与控制

引导问题7 如何进行电动车窗无法工作故障的诊断？

(1) 作业准备。

常用工具：_____

专用工具：_____

量具：_____

设备：_____

备件及辅料：_____

(2) 操作步骤。

> **重要提示**
>
> 以下任务实施要点仅是对任务实施过程中重要环节的操作提示，非任务实施流程，请根据自己制定的方案进行操作，并对下面的操作提示进行排序。请标出操作顺序。

您的排序是：_____

(1) 电动车窗继电器的检查。

继电器6021的位置是在_____。继电器6121的位置是在_____。继电器的插脚如图4-19a)所示。

静态检查。线圈性能检查，通过测量线圈阻值进行判定，万用表两表笔分别接端子____和端子____，线圈阻值应符合规定，否则说明线圈烧断或短路；触点性能检查，常闭触点检查两表笔分别端子____和端子____，电阻应为0，常开触点检查两表笔分别接端子____和端子____，电阻应为∞。

工作状况检查。用蓄电池的正负极分别接端子____和____，然后用万用表测量端子____和____是否导通，若不导通应更换。

(2) 检查熔断器。检查_____熔断器是否已熔断。

(3) 电动车窗总开关的检查。

从驾驶员侧装饰板上拆下电动车窗主控开关，主控开关连接器的端子如图4-18所示，用万用表检查总开关在左后车窗处于上升、下降和关闭状态时各个端子的导通情况，并完成表4-10。(将相通的端子连接起来)

电动车窗总开关检查　　　　　　　　　　　　　　　　表4-10

端子位置	左　后		照明	右　后			禁动
	2B	1B	3A	4B	3B	1A	4A
向上							
关闭							
向下							

(4) 左后分开关的检查。

用万用表的欧姆挡检查左后分开关在车窗处于上升、下降和关闭状态时各个端子的导通情况，判定好坏。

(5)检查左后车窗的升降器及玻璃是否有卡滞。

(6)检查左后车窗升降按钮至左后车窗升降电动机之间的线束和插接器。

(7)检查左后车窗升降电动机技术状况是否完好。

拆卸左后车窗升降器后开关的7VNR的插接器,并给插座上的3B与2B端子直接接通蓄电池的正负极,观察车窗升降电动机是否有动作,如有,说明问题不在电动机。

引导问题8 如何进行左后车窗升降电动机总成的更换?

(1)作业准备。

常用工具:_____

专用工具:_____

量具:_____

设备:_____

备件及辅料:_____

(2)操作步骤。

①车门内饰板的拆卸。如图4-22所示,将玻璃降到底部,拆卸门角撑内护板1,螺钉2,车门内手柄护罩3;用内饰拆装专用工具(图4-23)从内端沿边缘向上撬起车门拉手盒4,断开_____,取下车门拉手盒4。用内饰拆装专用工具沿虚线从箭头方向脱开后门内护板卡扣,略向上将后门内护板5从玻璃内装饰条卡槽6中取出。

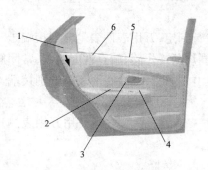
图4-22 拆卸后车门装饰件
1-角撑内护板;2-螺钉;3-手柄护罩;
4-拉手盒;5-内护板;6-卡槽

图4-23 内饰拆卸专用工具

汽车装饰件拆装有哪些注意事项?

_____

_____

_____

②车门相关线束的拆卸。如图4-24所示,拆卸螺钉1、门角撑外护板螺钉2,扬声器3,用小螺丝刀将止推钩右端向上轻轻挑起,并沿箭头方向前推,脱开门锁拉索,取下内门把手4,钻掉"a"处的两个铆钉,拆掉前门拉手盒支架5;拆下防水帘6。

③玻璃升降器总成的拆卸。如图4-25所示,拆下窗内密封条和窗外密封条1;拆下玻璃导轨2;拆下卡夹4,从上部取出玻璃;拆卸螺钉3,拆下玻璃升降器带电动机总成。

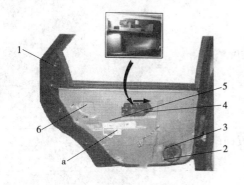
图 4-24 拆卸相关零部件
1-螺钉;2-螺钉;3-扬声器;4-内门把手;
5-拉子盒支架;6-防水帘

图 4-25 拆卸玻璃导轨
1-密封条;2-玻璃导轨;3-螺钉;4-卡夹

④更换新玻璃升降器带电动机总成。
⑤按照拆卸相反的顺序装复剩余的零部件。
对于拆下的旧电动机总成,你的处理方式是_____

四、评价与反馈

1. 小组成果展示

简述本小组收获与体会。

(1) _____

(2) _____

你对其他小组的建议。

(1) _____

(2) _____

2. 评分表(表4-11)

评 分 表   表4-11

考核项目	评分标准	分数	学生自评	小组互评	教师评价	小计
团队合作	是否和谐	5				
活动参与	是否积极	5				
安全生产	有无安全隐患	10				
现场5S	是否做到	10				
任务方案	是否正确、合理	15				
操作过程	是否规范	30				
任务完成情况	是否完成	5				
工具、设备使用	是否规范、标准	10				
劳动纪律	是否能严格遵守	5				
工单填写	相关知识预习是否充分,工单填写完整	5				
总分		100				
教师签字:			年 月 日		得分	

注:违反操作规程,人身伤害或导致设备严重故障的,本任务考核0分。

五、第二课堂

(1) 请叙述一汽-大众迈腾车窗玻璃初始化的步骤。

_____

_____

(2) 请叙述车窗玻璃和天窗一键升降的控制原理(不限车型)。

_____

_____

_____

学习任务4　汽车防盗系统失效故障的诊断与排除

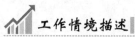

周先生不慎将东风标致307汽车钥匙掉落地上,待上车准备驾驶车时,发现发动机不能起动,打救急电话到4S店,救急人员赶往现场后,发现遥控钥匙能解锁车门,插入点火开关,仪表台防盗指示灯点亮,发动机不能起动,经初步判断为发动机电脑未解锁故障,请你作进一步的故障确认并排除故障。

　东风标致特许销售服务商维修委托书　

维修委托书号	购车日期	服务顾问	车牌号	车型	行驶里程	颜色	进厂时间
2	2009.8	吴××	×××××××	307	95 424km	白	2014.1.15
送修人		联系电话	VIN		发动机号/备件组织号		预计完成时间/变更
周××		131×××××××	LDC933L3×××××		/		/
车主			报修原因:				
联系地址:			钥匙不能起动发动机				
邮政编码:							

换机油机滤□		换汽滤□	换空滤□	换防冻液□	定期维护□	
维修项目	维修类别	维修技工	备件名称	数量	价格(元)	批准
检修发动机不起动故障						

增项:
服务顾问签字:　　　客户签字:

项目四 ● 汽车电气系统简单故障诊断与排除

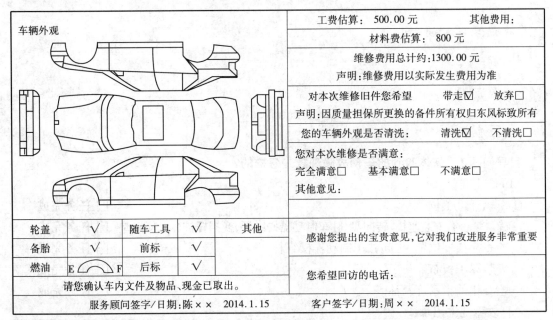

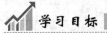 学习目标

通过学习,你应当能:
1. 描述东风标致汽车防盗系统的结构与特点;
2. 分析东风标致汽车防盗系统故障产生的原因,制订诊断检查方案,正确进行故障部位检查;
3. 根据维修手册,正确使用诊断仪 DIAG BOX 在 30min 内完成防盗系统的匹配操作;
4. 向客户解释故障判断及处理结果;
5. 把本次诊断与排除的故障编写成案例或技术公报。

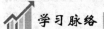 学习脉络

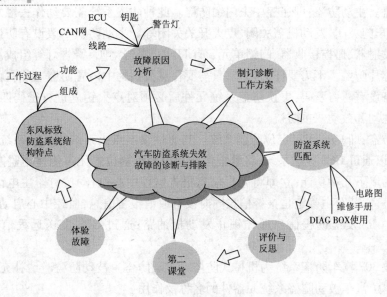

建议学习时间

4h。

引导问题

一、任务准备

引导问题1 您体验到的车辆故障现象是怎样的？

（1）作业准备。

①车辆开进工位	□ 任务完成
②确认是否有安装座椅、转向盘、驻车制动器操纵杆、换挡杆护套及脚踏垫	□ 任务完成
③检查换挡杆位置、拉起驻车制动器操纵杆	□ 任务完成
④安装翼子板布	□ 任务完成
⑤检查相关指示灯及油表	□ 任务完成

（2）故障现象记录：_____

引导问题2 东风标致307汽车防盗系统结构有何特点？

（1）东风标致307汽车采用什么类型的防盗系统？

汽车防盗系统可分为机械式防盗、电子防盗和网络防盗三类。

①机械式防盗锁是应用最早、最常见的车用防盗器，现在已经很少独立使用，主要和电子防盗系统联合使用。常见的机械式防盗锁有转向盘锁和换挡杆锁。机械式防盗锁主要起到限制车辆移动的作用。

②电子防盗通过对汽车电路系统的控制，锁定点火系统或起动系统，使车辆无法起动或行驶，从而达到防盗目的，同时具备防盗和声光报警功能。电子式防盗根据功能分为主动防盗和被动防盗。主动防盗：即遥控中央门锁防盗。此种防盗系统需要动作去触发防盗模式，如遥控锁定、车门关闭、发动机盖关闭、点火开关关闭等。主动防盗一般设有防盗滚动密码。主要由遥控发射器、遥控接收器、门锁单元、车门开关、警告喇叭、警告灯等组成。被动防盗：即点火钥匙芯片防盗。不需要任何操作，只需要在点火钥匙中内置防盗芯片，就具有防盗功能。被动防盗设有防盗密码，更换防盗系统元件后必须对点火钥匙进行密码匹配。目前汽车一般具有主动和被动双重防盗

③网络防盗：即GPS卫星定位防盗系统。其通过锁定点火系统或起动系统达到防盗目的，同时还可以通过GPS导航系统，将警报信息和报警车辆位置无声传递到监控中心。GPS防盗系统包括以下几种功能：立即将警报信息报告监控中心；自动拨打车主电话，车主实时监听车内的声音，若车主确定是报警信息同时没有取消报警信息，监控中心启动对车内情况的监听；通过GPS发送远程信息遥控锁止发动机油路；通过GPS发送远程信息进行语言警告。

东风标致307汽车防盗系统为机械式防盗+主动防盗+被动防盗。请补充填写表4-12中东风标致307汽车被动防盗系统元器件的名称及作用。

东风标致 307 汽车被动防盗系统元件　　　　　　　　　　表 4-12

代　码	名　称	作　用
CLE	点火钥匙	
8208		
CV00	转向盘开关模块	
BSI	智能盒控制系统	
1320		
6220	中央门锁按钮	

(2)东风标致307汽车被动防盗系统的是如何工作的?

小知识

(1)CAN网络介绍。

随着电控单元在汽车中的应用越来越多,车载电子设备间的数据通信变得越来越重要,以分布式控制系统为基础构造汽车车载电子网络系统是很有必要的。在该网络系统中,各电控单元独立运行,控制改善汽车某一方面的性能,同时在其他电控单元需要时提供数据服务。汽车内部网络的构成主要依靠总线传输技术。汽车总线传输是通过某种通信协议将汽车中各种电控单元、智能传感器、智能仪表等连接起来,从而构成的汽车内部网络。其优点有:

①减少了线束的数量和线束的容积,提高了电子系统的可靠性和可维护性。

②采用通用传感器,达到数据共享的目的。

③改善了系统的灵活性,即通过系统的软件可以实现系统功能的变化。

CAN总线是德国博世公司在20世纪80年代初开发的一种串行数据通信协议。它的短帧数据结构、非破坏性总线仲裁技术以及灵活的通信方式使CAN总线具有很高的可靠性和抗干扰性,满足了汽车对总线的实时性和可靠性的要求。

(2)东风标致307网络系统的特点:

①CAN总线网络采用两种类型三个网络。

CAN HS I/S:CAN高速网500kbps,将BSI与发动机罩内动力电控单元相连。

CAN LS 舒适网:CAN低速网125kbps,将BSI与舒适调节电控单元相连。

CAN LS 车身网:CAN低速网125kbps,将BSI与车身电控单元相连。

②东风标致307网络系统中主要元件及其作用。

BSI:智能盒控制系统,安装在驾驶舱内,在不同的网络之间、计算机与诊断工具之间起到桥梁作用;网络供电、重新分配供电的作用;网络唤醒/休眠的作用。

PSF1:发动机舱熔断器盒,由2个模块组成,安装在发动机舱内。其中模块1管理大熔断器确保功率的分配和保护;模块2确保主线束和发动机线束电源分配和保护,通过CAN

LS 车身网与 BSI 通信。

CV00：转向盘开关模块，安装在转向盘下方，通过 CAN LS 车身网与 BSI 连接。主要有以下部件：主控制操纵杆，对照明、指示、清洗等的控制；辅控制操纵杆，对定速巡航和收音机的控制；喇叭开关；高频遥控器；倒车雷达蜂鸣器；安全气囊游丝；GEP 角度传感器。

二、方案制订与优选

引导问题 3　哪些原因可能导致防盗系统故障？

(1) 维修警告指示灯对正极短路、断路或对地短路。

(2) 防盗器天线故障或防盗器控制单元失效。

(3) 钥匙信号电压过低（天线或连线失效；钥匙中的电子芯片失踪或丧失功能；机械齿吻合的点火钥匙不匹配）。

(4) 发动机 ECU 未被授权或不匹配故障。

(5) 钥匙编码错误、点火钥匙匹配故障。

(6) 发动机 ECU 供电与搭铁线路故障。

(7) 高速 CAN 网断路或短路故障。

(8) 诊断仪器线路故障。

你认为还有：_____

引导问题 4　根据以上分析，如何制订与优选工作方案？

请制订东风标致 307 汽车防盗系统故障的诊断流程，并说明理由。

_____
_____
_____
_____

三、实施与控制

引导问题 5　如何使用检测工具 Diag Box？

(1) 什么是 Diag Box？

Diag Box 是标致、雪铁龙系列汽车的专用诊断与维修工具套装。它是打开其他应用程序，进行下列操作（及其他操作）的门户。

①使用维修、故障搜索等工具，对车辆进行诊断与维修操作。

②使用新车交付和维护，对车辆进行新车准备、保养等操作。

③使用其他与诊断、因特网及远程援助有关的功能。

④设置 Diag Box 系统的各种应用程序。

⑤Diag Box 可以存储系统使用到的一些必需的重要信息，使在对某一台车辆进行操作的过程中，无须重复输入这些信息。

Diag Box 的组成和功用如图 4-26 所示。

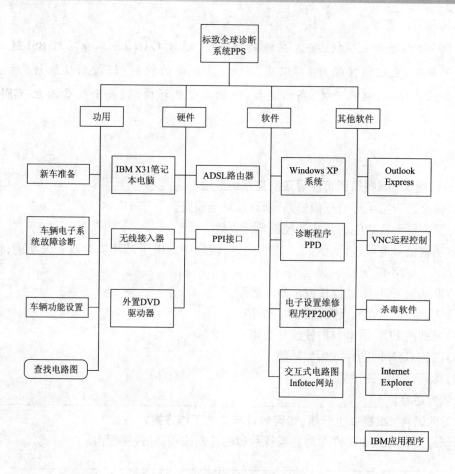

图 4-26 检测工具 Diag Box 组成和功用

（2）如何使用检测工具 Diag Box？

图 4-27 检测工具 Diag Box 的使用的基本流程。

引导问题 6 在维修东风标致 307 汽车防盗系统过程中有哪些安全注意事项？

_____

_____

_____

引导问题 7 如何进行被动防盗系统的诊断作业？

（1）作业准备。

常用工具：_____

专用工具：_____

量具：_____

设备：_____

备件及辅料：_____

（2）东风标致 307 汽车防盗系统电路图的阅读（图 4-28）。

项目四 ● 汽车电气系统简单故障诊断与排除

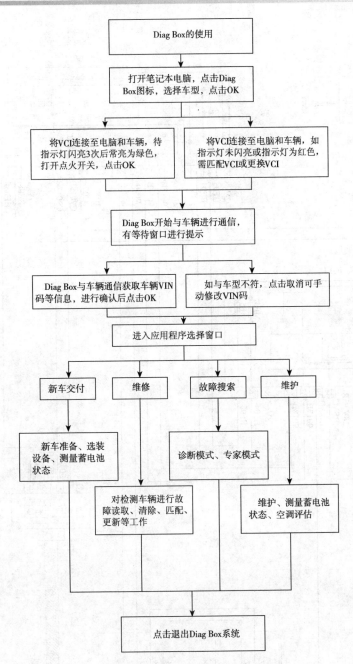

图 4-27 检测工具 Diag Box 的使用

①插接器颜色代码如表 4-13 所示。

插接器颜色代码   表 4-13

名 称	代码	名 称	代码	名 称	代码
黑色	NR	棕色	MR	灰色	GR
红色	RG	绿色	VE	多色	MC
黄色	JN	蓝色	BE		
白色	BA	橙色	OR		

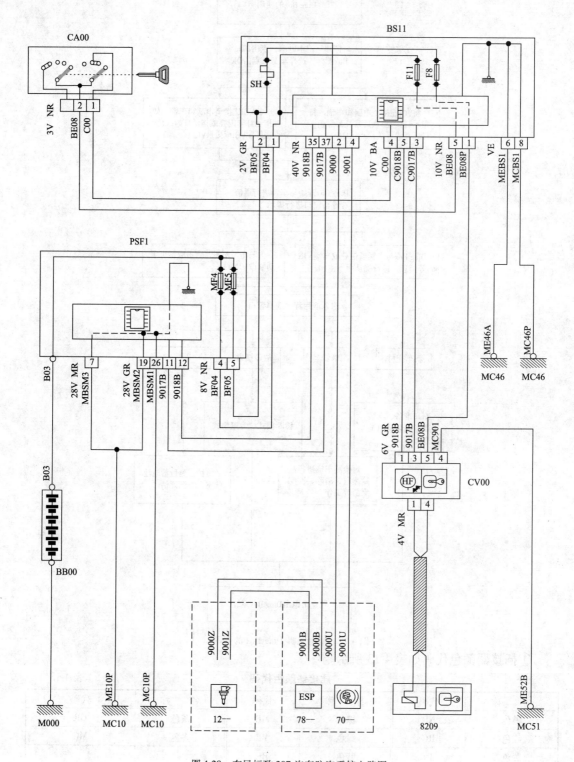

图 4-28 东风标致 307 汽车防盗系统电路图

②查询相关资料,填写导线代码头两个字符的含义。

第一个字符	第二个字符
B:	M:
M:	E:
C:	C:

③画出标致 307 防盗系统的线路原理简图。

引导问题 8 如何进行东风标致 307 的防盗钥匙匹配作业?

(1)作业准备。

常用工具:_____

专用工具:_____

量具:_____

设备:_____

备件及辅料:_____

(2)操作步骤。

①打开 Diag Box,准备好密码卡,如图 4-29 所示。

> **重要提示**
>
> 钥匙编程前请向车主索要密码卡,该车的行驶证、所有合法的钥匙。如不能提供密码卡,可在识别车主身份后,在 service box 网站进行钥匙防启动密码查询。

②诊断仪开机,将 VCI 与诊断仪连接,检查 VCI 指示灯是否闪烁 3 次后常亮为绿色。

③将 VCI 连接至车辆诊断接口后,插入需匹配的钥匙并置于点火挡。

图 4-29 密码卡

④选择车型,诊断仪读取车辆 VIN 号后与诊断车辆核对是否一致。

⑤选择维修选项,进入 BSI 后,进入维修包选项。

⑥进入更换备件中匹配钥匙选项。注意在进行匹配时应有车辆的所有钥匙,否则未匹配钥匙将不能使用,如增加了钥匙,应对以前所有钥匙进行匹配。

⑦输入密码卡上密码,注意密码不包含字母 O 和 I。

⑧输入需编程钥匙数量并确认。最多可编程 5 把钥匙,其中 3 把可遥控钥匙。

⑨关闭点火开关后,当前钥匙匹配完成,诊断仪将显示已匹配钥匙数量,并提示插入下一把钥匙。

⑩重复第⑨步完成所有钥匙匹配。
⑪起动发动机验证钥匙匹配情况。
⑫然后进行钥匙遥控功能匹配。
⑬打开点火开关,在10s内按住钥匙任一按钮,5s,关闭点火开关,等待1min后,遥控匹配完毕。

引导问题9 请登录 service box 网站,查阅 307 防盗锁芯更换的操作步骤。

四、评价与反馈

1. 小组成果展示

简述本小组收获与体会。
(1)_____
(2)_____

你对其他小组的建议。
(1)_____
(2)_____

2. 评分表(表4-14)

评 分 表　　　　　　　表4-14

考核项目	评分标准	分数	学生自评	小组互评	教师评价	小计
团队合作	是否和谐	5				
活动参与	是否积极	5				
安全生产	有无安全隐患	10				
现场5S	是否做到	10				
任务方案	是否正确、合理	15				
操作过程	PPS系统的操作; 钥匙的编程; 防盗钥匙的匹配; 是否规范	30				
任务完成情况	是否圆满完成	5				
工具、设备使用	是否规范、标准	10				
劳动纪律	是否能严格遵守	5				
工单填写	是否完整	5				
总分		100				
教师签字:			年　月　日		得分	

注:违反操作规程,出现人身伤害或导致设备严重故障的,本任务考核0分。

五、第二课堂

(1) 请查阅资料叙述君越汽车防盗系统的控制原理。
_____
_____
_____

(2) 叙述防盗系统的发展现状。
_____
_____
_____

案例 1

发电机转子与炭刷接触不良导致充电指示灯闪烁

(1) 故障现象。一辆新爱丽舍车辆行驶中仪表板充电指示灯闪烁。

(2) 诊断与排除。根据新爱丽舍电源电路图中对充电指示灯控制原理分析,此现象有三种故障原因:发电机驱动皮带故障;电路系统故障;发电机自身故障。

首先检查发电机的驱动皮带有无老化、裂纹、过度磨损等,若正常;再检查皮带的张紧力是否正常,若也正常;接着用万用表测量蓄电池电压是 12.4V,拔开发动机 D+端子橡胶防尘套,起动发动机并将转速升至 2 000 转,用万用表测量 D+端子对地电压,发现电压在 12~14V 之间变化,充电电压不稳定。此现象说明在发电机内部有接触不良。

按工艺拆下发电机,拆下后部罩盖,发现调节器与炭刷支架紧固不良。按标准力矩紧固支架螺栓。装复发电机,故障排除。

案例 2

右前车窗不能升降

(1) 故障现象。一辆新爱丽舍左前车窗升降按钮不能控制右前车窗升降,右前车窗升降按钮控制右前车窗升降正常。

(2) 诊断与排除。右前车窗升降按钮(6017)控制右前车窗正常,说明右前车窗升降按钮、电动机总成、线束、车窗升降继电器(6021)正常。这种情况有二种可能的故障原因:左前车窗升降器控制面板(6036)故障;左前车窗升降器控制面板至右前车窗升降按钮(6017)线束故障。

拆下左前车窗升降器控制面板,用万用表 200Ω 电阻挡测量面板各个端子的通断,不正常。

更换左前车窗升降器控制面板,故障排除。

案例 3

远光灯常亮

(1) 故障现象。一辆凯旋车辆接通电源后,远光灯持续点亮,灯光控制开关不能关闭远光灯,转向盘下仪表远光灯指示灯不亮。

(2)诊断与排除。用诊断仪读取故障代码为 F98E,持续性故障/远光前照灯的点亮。进行参数测量,也可以看出远光灯不工作。

凯旋远光灯的控制流程是:方向盘下控制模块(CVOO)给出控制信号,通过车身网将信息给智能控制盒(BSI),智能控制盒通过车身网传输信息给发动机舱伺服控制盒(PSF1),伺服控制盒给远光灯供电,远光灯点亮。从故障现象我们可以分析出故障不在 CVOO、车身网和 BSI,因此故障最有可能的点是伺服控制盒(PSF1)。

替换此车伺服控制盒(PSF1),故障消失。

更换新的伺服控制盒(PSF1),故障排除。

案例 4

遥控钥匙工作不正常

(1)故障现象。一辆新爱丽舍按遥控器闭锁车门和解锁车门无反应,用机械钥匙闭锁车门和解锁车门正常,按仪表台中控锁按钮闭锁车门和解锁车门正常。询问车主,他说两周前出现遥控器不好用,自己更换过遥控器电池后问题并无改善。

(2)诊断与排除。根据故障现象,门锁开关、中控按钮正常,门锁开关、中控按钮至门锁电动机线束正常,门锁电机总成也正常。故障可能有三种原因:遥控器损坏或发出的高频信息异常;中控门锁控制单元没有接收到信息;中控门锁控制单元接收到的信息有误。

万用表测量遥控器电池电压 3.2V,正常。

用遥控检测盒测量遥控器有信号发出,用诊断仪检测中控锁单元显示蓄电池电压过低故障。判断为中控盒内部接收不到信号。再根据车主的描述分析,遥控器电池亏电后门锁控制单元遥控记忆丢失,车主自己换电池但无法做初始化,所以故障依然存在。

用诊断仪重新做遥控器与门锁控制单元初始化后遥控器功能恢复正常,故障排除。

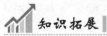

知识拓展

一、汽车电源及电器线路故障诊断与排除

1.汽车电源故障诊断与排除

汽车电源故障主要表现为蓄电池故障和充电系统故障等。

1)蓄电池故障与排除

(1)极板硫化。

①故障现象。电池容量降低,用高率放电计检测,单格电压迅速下降;电解液的密度下降到低于规定的正常数值;蓄电池在开始充电及充电完毕时单格电压过高,可达 2.7V 以上;蓄电池在充电时过早的产生气泡,甚至一开始充电就有气泡;蓄电池在充电时电解液温度上升过快,易超过 45℃;蓄电池放电时电压下降过快,过早的降至终止电压;在极板上生成坚硬、不易溶解的白色大颗粒。

②故障原因。

A. 蓄电池在放电与半放电状态下长期放置,由于昼夜温差的存在,硫酸铅不断在电解液中有溶解与结晶两个相反的过程交替发生,产生再结晶。经过多次再结晶,便在极板上形成粗大的不易溶解的硫酸铅晶体。

B. 蓄电池经常过量放电或小电流深放电,从而在极板细小空隙的内层生成硫酸铅,平时充电不易恢复。

C. 电解液液位过低,极板上部的活性物质露在空气中被氧化,汽车行驶时电解液的波动使其接触氧化了的活性物质,生成粗晶粒的硫酸铅。

D. 初充电不彻底或不进行定期补充充电。蓄电池初充电不彻底或使用期间不进行定期补充充电,使其在半充电状态长期使用,极板上的放电产物硫酸铅长期存在,也会通过再结晶形成粗大的颗粒。

E. 电解液不纯或其他原因导致蓄电池自行放电,均会产生硫酸铅,从而为硫酸铅再结晶提供物质基础。

③故障诊断与排除。蓄电池出现轻度硫化故障,可用 2～3A 的小电流长时间充电,即过充电;或用全放、全充的充放电循环方法使活性物质还原;也可用去硫充电的方法消除。硫化严重的蓄电池,应予以报废。

(2) 自行放电。

①故障现象。充足电的蓄电池放置不用,逐渐失去电量。普通蓄电池由于本身结构的原因,会产生一定的自放电。如果使用中自放电在一定范围内,可视为正常现象,如果超出一定范围放电就应视为故障。一般自放电的允许范围每昼夜在1%以内,如果每昼夜放电超过2%,就应视为故障。

②故障原因。

A. 电解液不纯,电解液中的杂质沉附于极板上产生局部放电。

B. 蓄电池溢出的电解液堆积在盖板上,使正负极桩形成回路。

C. 蓄电池长期放置不用,硫酸下沉,下部密度较上部大,极板上下部发生电位差引起自行放电等。

D. 极板活性物质脱落,下部沉淀物过多使极板短路。

③故障诊断与排除。发生自行放电故障后,应倒出电解液,取出极板组,抽出隔板,再用蒸馏水冲洗极板和隔板,然后重新组装,加入新的电解液重新充电。

(3) 蓄电池容量达不到规定要求。

①故障现象。汽车起动时,起动机转速很快减慢,转动无力;按喇叭声音弱、无力;开启前照灯,灯光暗淡。

②故障原因。

A. 汽车停驶后,有电器还在工作或汽车电路某个地方在漏电,或是使用新蓄电池前未按要求进行初充电。

B. 发电机发电量不足,使蓄电池经常充电不足。

C. 经常长时间起动起动机,造成大电流放电,致使极板损坏。

D. 电解液的相对密度低于规定值,或在电解液渗漏后,只加注蒸馏水,未及时补充电解液,致使电解液的相对密度降低。

E. 电解液的相对密度过高或电解液液位过低,造成极板的硫化。

③故障诊断与排除。首先检查车辆的静态放电电流,判定车辆停驶后是否还有电器在工作或汽车电路某个地方在漏电,逐一检查排除。然后检查蓄电池的外部。看外壳是否良

好,有无裂纹,表面是否清洁,极板上是否有腐蚀及污物,如果有,则为蓄电池外部自放电故障,根据相应故障予以排除;必要时,检查发电机的发电量,检查蓄电池搭铁接线,极柱的连接夹子有无松动,蓄电池接线极柱与极板连接处有无断裂,如果有,则为输出电阻过大,电压降低;测量蓄电池的电解液密度,如果电解液密度低,说明充电不足或新蓄电池未按要求经过充、放电循环,使蓄电池未达到规定的容量;检查电解液液位,如果液位高度不足,且在极板上有白色结晶物质存在,则可能存在极板硫化故障。

蓄电池充电后可用蓄电池检查仪检查蓄电池技术状况,如图 4-30 所示,蓄电池检查仪会把最终结果打印出来,根据检测结果,视情对蓄电池再充电或更换。

图 4-30 用蓄电池检查仪检查蓄电池

2)充电指示灯常亮的故障诊断与排除

(1)故障现象。

发动机起动后,仪表充电指示灯持续点亮;汽车在行驶过程中,仪表充电指示灯点亮。

(2)故障原因。

①发电机驱动皮带打滑。

②发电机不发电或发电量低。

③相关线路出现短路、断路。

(3)故障诊断与排除。

首先查看发电机驱动皮带是否有老化、破损、裂纹,如果有,更换新的皮带,如无,用皮带紧张力仪检查皮带的张紧力,如不符合要求,重新调整皮带张紧力;用万用表检查发电机的输出电压,如不正常,更换新的发电机;最后检查仪表与充电指示灯相关的端子是否对地短路,若有则检修或更换线束。

2. 汽车电器线路故障诊断与排除

汽车电气系统的故障虽然多种多样,但产生故障的原因与诊断方法却有许多共同之处,掌握这些共性知识对我们进行电气系统的故障诊断与分析有很大帮助。

1)工作条件对电器线路工作性能的影响

(1)温度与湿度。温度包括两个方面:一是环境温度,二是线路工作自身发热产生的温度。温度的变化或过高会影响汽车电器线路的工作稳定性,甚至产生故障。

湿度对电路的影响主要表现在水的导电性,液体对电路浸润,降低线路的绝缘性。

(2)电压的波动影响。汽车的电压波动有以下两种情况:

①蓄电池电压不稳引起的电压波动。汽车供电由发电机和蓄电池并联供给,由于交流发电机的发电电压不稳定,蓄电池有稳定电压的作用,当发电机发电不稳或蓄电池断路时,会造成电压波动,影响汽车电器工作电压的稳定性,严重的会对电子元件产生危害。

②汽车传感器、执行元件中的线圈产生的高频振荡脉冲信号,发出电磁干扰信号,引起电压波动,特别是造成微电压和信号电压的不准确。

(3)电器间干扰。由于各电器设备的工作方式不同,元件之间彼此会发生干扰,特别是电子元件,对振荡产生的电磁波干扰异常敏感,因此,汽车计算机系统的屏蔽措施一定要良好。

(4)振动影响。汽车行驶过程中不可避免地会产生振动和冲击,这将影响到车辆电器特别是线路的工作稳定性,如插头松旷、脱线、脱焊、接触不良、搭铁不良等。

2)汽车电气系统的故障种类

(1)断路故障。断路是汽车电器线路常见故障之一,表现为电器线路不通,没有电源或搭铁线路断开等。断路就是电流的通路受阻,不能形成电流回路。按电流的流通状态可分为完全断路和接触不良两种状况。

①完全断路。一般有导线断开、连接端子锈蚀、搭铁导线根本没有与搭铁点搭铁等几种情况。可以用电阻值测量的方法来判断故障点。

②接触不良。主要有导线断股、连接端子锈蚀、连接端子松动、机体件导电不良等几种情况。可以用电阻值测量、电压降测量的方法来判断故障点。

(2)短路故障。短路是指电源线路没经过用电器,直接到达电源负极的现象。电源线路短路会造成熔断丝熔断,甚至线路烧毁,是比较严重的线路故障。短路的故障分为馈电端短路和搭铁线短路。

①馈电端短路。线路馈电端是指在电动机、灯、电磁线圈等用电器前面的线路。线路馈电端短路通常是由于导线绝缘层损坏引起的。造成导线绝缘层损坏的原因有在安装某些车身零件时固定螺钉拧得太紧,安装品质差、导线太松、绝缘层内进入液体变质,绝缘层与发动机灼热的零件(如排气歧管)靠得太近而被烧穿或被车身金属的锋刃割破,或与车身部件间摩擦磨损等。大多数损坏部位可较容易看见,但并不是所有的损坏部位都能直接看见,因为有的损坏部位可能藏在门内或内饰件后面。

新型汽车上的线束密集而复杂,对于不易看见的短路故障是很难发现的。可用万用表进行电压、电阻的测量,也可用检测灯和专用蜂鸣器来检查短路。为安全起见,在检查前可用干电池取代汽车上的12V蓄电池作电源。因为出现短路故障时通常要烧毁熔断丝,所以在检查时首先将已打到电压挡或欧姆挡的万用表或欧姆表或电压表的红表笔接到断路熔断器的负荷端,黑表笔接车身搭铁部位,然后从熔断器座开始沿着线束移动手指,扭捏、抖动、摇晃线束(用手每次移动检查的导线长度 为10~20 cm)。当手触到短路部位时,万用表或欧姆表或电压表的读数应回到零(或接近于零)。若用检测灯和专用蜂鸣器检查短路,此时检测灯亮,蜂鸣器发出蜂鸣声。

对于安装较隐蔽的线束,用上述方法不能对短路部位进行确定时,则必须拆下其饰件进行检查。很多汽车维修资料中都有汽车的布线图。可先用短路检测器进行检查,它至少可以帮助确定短路位置是否在壁板的后面或地毯的下面等。对处于壁板后面的线束,只要认真地检查,就可用短路检测器找到与线束短路非常接近的部位,从而可避免为了接近导线束而拆掉所有部位的壁板。

②搭铁线短路。线路搭铁端即用电器之后的线路。线路搭铁端出现短路故障的诊断比较麻烦。因为很多用电器都在搭铁端用开关控制,如果短路点是在手动开关或其他控制开关之前甚至是开关本身短路,驾驶员将不能关闭用电器。用电器不能断开时,一般都从用电器开始进行诊断,先断开用电器的搭铁线路,如果线路断开(例如灯熄灭或电动机停转),说明问题出在线路的搭铁端。然后对照电路图沿着电路一次检查一个连接点。对于在搭铁端的开关,可用欧姆表或电池检测灯等检查其是否短路。如果开关在断开位置电路仍然是导通的,说明开关短路,应予以更换。

在实际维修中,为了节约时间,特殊情况下可采用跨接布线法,即在可以确定哪根导线出了故障时,将这根导线两端断开,在两个相应端头间连接一根新导线,将其敷设在配线的外面,但要注意其敷设的路线必须是在无保护的条件下能够避免损坏,这样做只是绕过了故障部位,而不是检查了这个部位。例如,车身螺钉穿透了配线,而且仍然在原来的位置上,很可能其他线路已经被损坏,不久就可能引起故障,所以必须根据情况决定是否进行更彻底的修理。

(3)线路接触不良。汽车电器使用大量线路连接,众多的连接线设计有各种插接器,方便拆装和更换总成,插接器的连接性能好坏关系到线路的工作性能,插接器松旷就造成线路接触不良。汽车线路接触不良的故障点多在插接器。

3)汽车电器线路系统故障诊断与检测方法

(1)直观诊断法。汽车电路发生故障时,有时会出现冒烟、火花、异响、焦臭、发热等异常现象。这些现象可通过人的眼、耳、身感觉到,从而可以直接判断出故障所在部位。

(2)断路法。汽车电路设备发生搭铁(短路)故障时,可用断路法判断,即将怀疑有搭铁故障的电路段断路后,根据电器设备中搭铁故障是否还存在,判断电路搭铁的部位和原因。

(3)短路法。汽车电路中出现断路故障,还可以用短路法判断,即用起子或导线将被怀疑有断路故障的电路短接,观察仪表指针变化或电器设备工作状况,从而判断出该电路中是否存在断路故障。

(4)试灯法。试灯法就是通过汽车用仪表灯泡或 LED 灯作为试灯,检查电路中有无断路故障。

(5)仪表法。观察汽车仪表上的电流表、水温表、燃油表、机油压力表等的指示情况,判断电路中有无故障。

(6)换件法。换件法在实际故障诊断中经常采用,使用一个无故障的元件替换怀疑可能出现故障的元件,观察出现故障系统的工作情况,从而判断故障所在。采用换件法必须注意的是,在换件前要对其线路进行必要的检查,确保线路正常后方可使用,否则会造成更大的损失。

(7)仪器法。随着汽车电器设备的日趋复杂,在维修中,特别是维修电子设备较多的车辆,使用一些专用的仪器是十分必要的。

4)汽车电器线路故障诊断注意事项

(1)拆卸和安装电器元件时,应切断电源。

(2)接上蓄电池正负接线时,要确保大功率用电器关闭,正、负极不能接反(应先接正极,再接负极,断开则反)。

(3)更换熔断器时,一定要与原规格相同,切勿用导线替代。

(4)正确拆卸导线插接器。为了防止插接器在汽车行驶中脱开,所有的插接器均采用了闭锁装置。拆开插接器时,首先要解除闭锁,然后把插接器拉开,不允许在未解除闭锁的情况下用力拉导线,这样会损坏闭锁或连接导线。

(5)不允许采用"试火"的办法逐一判断故障部位。也不允许使用普通测试灯对电子控制系统电路进行检测,否则会给某些电路和电子元件造成意想不到的损害。

(6)在发动机工作时,不要拆下蓄电池接线。对于装有电控装置的车辆也不要采用该办法来判断发电机是否发电。

(7)在对汽车电子控制系统诊断时要使用高阻抗的数字万用表。

(8)诊断中不允许使用大头针刺破导线的方法来测量,导线被刺破后空气会进入、金属被氧化而造成接触不良。

二、汽车灯光系统故障诊断与排除

1. 前照灯故障

汽车前照灯控制方式有普通组合开关控制、继电器控制和ECU控制三种方式,普通组合开关控制的照明系统电路如图4-31,继电器控制的如图4-32所示。

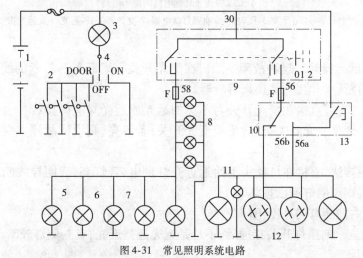

图4-31 常见照明系统电路

1-蓄电池;2-门控开关;3-室内灯;4-室内灯手控开关;5-示廓灯;6-尾灯;7-牌照灯;8-仪表灯;9-灯光开关;10-变光开关;11-远光指示灯;12-前照灯(4个灯亮远光、2个灯亮近光);13-超车灯开关

1)汽车前照灯远近光不全

(1)故障现象。车灯开关处于2挡位置,用变光开关变换远近光,只有远光或只有近光灯亮。

(2)故障原因。

①变光开关损坏。

②远近光中的一根导线断路。

③双灯丝灯泡中某灯丝烧断。

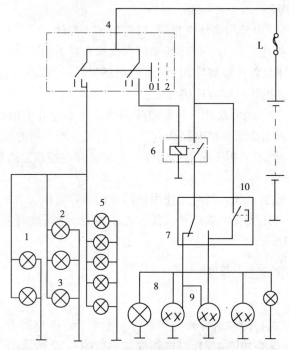

图 4-32 带前照灯继电器的照明电路

1-示廓灯；2-尾灯；3-牌照灯；4-灯光开关；5-仪表灯；6-前照灯继电器；7-变光开关；8-远光灯及远光指示灯；9-近光灯丝；10-超车灯开关

(3)故障诊断与排除。这种故障一般出在变光开关→熔断器→灯丝的线路中。可先检查熔断器是否熔断。如熔断,更换新熔断器。

若熔断器正常,可直接在变光开关与不亮的远光或近光对应的接线柱上施加蓄电池电压试验,如灯亮,则是变光开关损坏,更换变光开关；若不亮,则说明故障在变光开关以后的线路中。

可用电源短接法,直接在灯插头上给远近光灯供电,若灯亮,表明导线断路或插头接触不良；若灯不亮,则说明灯泡已损坏。

2)汽车左、右前照灯的亮度不同

(1)故障现象。前照灯开关接通后,不论是远光还是近光,有一侧灯较暗。

(2)故障原因。

①可能是灯光暗淡一侧的双丝灯泡搭铁不良。

②灯光暗淡的一侧灯泡插头松动或锈蚀使接触电阻增大。

③灯光暗淡的一侧灯泡反射镜积有灰尘或被氧化。

④左、右两侧灯泡的功率不同。

(3)故障诊断与排除。首先检查左、右两侧灯泡的功率是否相同,可采用互换左、右灯泡的办法进行判断。在灯泡的功率相同的情况下,用一根导线,一端接车身,另一端和灯光暗淡的灯泡搭铁接柱相连,如恢复正常,即表明该灯搭铁不良。

若灯泡单丝发光微弱,常为连接该灯泡灯丝的插头松动或锈蚀,使接触电阻过大所致。可用电源短接法迅速判明故障部位。

灯泡搭铁不良时,灯光暗淡的灯泡的两根灯丝不论在接通远光还是近光时,都同时发出微弱灯光。若发现灯泡亮度正常,就不是灯泡搭铁不良故障,一般是前照灯反射镜有灰尘或被氧化,可通过消除灰尘或更换反射镜来排除故障。

ECU控制的前照灯,由于各车型自己的设计与结构特点,其诊断细节可能不尽相同,但基本诊断步骤是相同的。

(1)观察车辆故障现象或相关的故障指示灯,确认故障(有些车型还可大致确定故障范围)。

(2)用诊断仪调取故障代码、数据流,了解故障背景,也可进行执行机构测试,如灯泡、电机的驱动等。从而确定故障范围。

(3)用诊断工具确定故障点。

(4)排除故障,进行系统的初始化或系统的重新设定。

2.转向灯故障诊断与排除

转向信号灯的一般电路如图4-33所示。

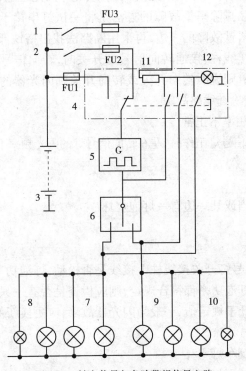

图4-33 转向信号与危险警报信号电路

1-照明灯开关;2-点火开关;3-蓄电池;4-危险报警灯开关;5-转向闪光继电器;6-转向灯开关;7-左转向信号灯;8-左转向指示灯;9-右转向信号灯;10-右转向指示灯;11-降压电阻;12-危险警报指示灯

1)转向信号灯都不亮

(1)故障现象。打开点火开关(转向信号灯工作受点火开关控制的车辆),接通转向信号灯开关,转向信号灯都不亮。

(2)故障原因。

①熔断器熔断、电源线路断路或信号灯系统中有短路处。

②闪光继电器损坏。

③转向信号灯开关损坏。

(3)故障诊断与排除。检查熔断器是否熔断。若熔断,一般是灯系统中有搭铁故障。可在断路的熔断器两端串上一只试灯,再把转向信号灯开关的进线拆下,如果此时熔断器上串联的试灯亮,则为熔断器至转向信号灯开关这一段中有搭铁故障,用断路法,在这一段线路中找出搭铁部位;若在转向信号灯进线拆下后,试灯熄灭,则应接好拆下的导线,拨动转向信号灯开关,拨到哪一边试灯变暗,说明此边正常,拨到另一边试灯亮度不变,说明该侧有搭铁故障,进一步找出搭铁部位,排除故障。

若上述检查中熔断器未断,一般是线路中有断路故障。但应注意,有时某一边转向信号灯线路搭铁,闪光继电器烧坏,看上去像是断路故障,实际是搭铁故障。故应首先短接闪光继电器的两个接线柱,接通转向信号灯开关,此时如转向灯亮,则为闪光继电器损坏所致,应更换;若出现一边转向信号灯亮,而另一边不但不亮,而且当短接上述两接线柱时,有强火花,这表明不亮的一边转向灯线路中某处搭铁,以致烧坏闪光继电器,必须先排除搭铁故障,再换上新的闪光继电器。排除搭铁故障的方法是将一试灯串接于闪光继电器两接柱上,将转向信号灯开关拨至有搭铁故障的一边,再采用断路法找出搭铁部位。

若在短接闪光器两接线柱,接通转向信号灯开关时,转向信号灯仍全不亮,接通危险报警灯开关,若转向灯全亮,则说明转向开关或转向开关到闪光器的线路有故障;如果转向灯仍不亮,应按电路图重点检查线路故障。

2)转向信号灯闪光频率不正常

(1)故障现象。转向信号灯工作时,左右转向信号灯的闪光频率不一致或闪光频率都不正常。

(2)故障原因。

①导线接触不良。

②灯泡功率选用不当或某一边有一灯泡烧坏。

③闪光器故障。

(3)故障诊断与排除。

检查闪光器、转向信号灯开关接线柱上接线是否松动,灯泡功率是否与规定相符,左、右灯泡功率是否相同。若灯泡功率都符合规定,则应检查是否有一只灯泡烧坏。若左、右转向信号闪光频率都高于或低于规定值,一般为闪光器故障,应更换新件。

3. 倒车灯故障诊断与排除

1)手动变速器车型倒车灯不亮

(1)故障现象。挡位杆挂在倒车挡,倒车灯不亮。

(2)故障原因。

①倒车灯的灯泡损坏。

②倒车灯开关损坏。

③线路有断路。

(3)故障诊断与排除。首先检查熔断器是否熔断。若熔断,串接一试灯找出搭铁处,排除故障;若未熔断,可拔下倒车灯开关上所接的两根导线并短接,如短接后倒车灯亮,说明倒车灯开关损坏,应更换新开关。若短接后倒车灯仍不亮,检查灯泡是否烧坏,搭铁是否良好。如有一只倒车灯不亮,则可能是该只灯泡损坏。

2)自动变速器车型倒车灯不亮

(1)故障现象。变速杆在R挡位置,倒车灯不亮。

(2)故障原因。

①倒车灯的灯泡损坏。

②倒车灯电源熔断器或线路故障。

③多功能开关损坏。

④线路断路。

(3)故障诊断与排除。自动变速器车型倒车灯点亮的工作过程是多功能开关把倒车信号给自动变速器电脑,自动变速器电脑再把信号给倒车灯控制模块,控制模块控制倒车灯点亮。所以应首先检查多功能开关的电源线和熔断器;其次再检查倒车灯灯泡是否损坏,然后检查多功能开关是否损坏、检查线路是否有断路,最后检查电脑是否损坏。

4. 制动灯故障诊断与排除

(1)故障现象。踩下制动踏板,制动灯不亮。

(2)故障原因。

①制动灯熔断器及制动灯开关电源线路短路。

②制动灯开关故障或制动灯开关安装错误。

③制动灯泡及线路故障。

(3)故障诊断与排除

重要提示

部分车辆ECU使用制动灯开关信号来实现很多控制,因此制动灯开关信号对ECU来讲是重要信息,一旦制动灯开关信息有误,车辆会有各种各样的故障表现。其故障诊断与排除的步骤大致是:

(1)检查制动灯熔断器以及制动灯开关电源线路;

(2)用诊断仪读取故障代码,读取数据流,比对制动灯开关的逻辑关系;

(3)重新安装制动灯开关或更换制动灯开关;

(4)用诊断仪删除相关的故障代码。

断开制动灯开关插接器,打开点火开关,用万用表直流20V电压挡检测插座电源供电是否正常,如不正常,检查制动灯熔断器及线路是否有故障;如正常,接好插接器,拔掉制动灯插接器,踩住制动踏板,检测制动灯开关输出端是否有电;如无电,用导线直接接制动灯输出端,如有电,则为制动灯开关输出端至制动灯线路故障,如无电,则为制动灯开关故障。

5. 尾灯故障诊断与排除

(1)故障现象。

①尾灯全部不亮。

②部分尾灯不亮。

③尾灯亮度不够。

④尾灯熔断器易熔断。

(2)故障原因。

①灯泡及灯座损坏、熔断器熔断。

②尾灯开关损坏或尾灯开关电源线路断路。

(3)故障诊断与排除。

用测试灯连接尾灯插头,打开尾灯开关,如果测试灯点亮,则是尾灯泡或灯座故障。检查尾灯熔断器性能,判定熔断器是否良好,如良好,则检测熔断器到尾灯线路通断,如良好,则拆卸灯光组合开关,测量相应的端子针脚,如良好,则测量开关到熔断器座线路的通断。

需要说明的是部分车辆的尾灯也采用了ECU控制,其诊断程序与ECU控制的制动灯类同。

三、空调系统的故障诊断与排除

空调系统故障包括暖风系统、制冷系统、通风系统的故障等,其中暖风和通风系统的故障主要表现为无暖风或暖风不足,故障原因往往是风道堵塞,暖风水路不正常等。制冷系统的故障,主要表现为不制冷或制冷不足,故障的原因可以分为制冷循环系统故障和电气控制系统故障。

1. 制冷循环系统故障

在空调系统维修中,一般通过歧管压力表对制冷循环系统高、低压管路压力测量的方式进行制冷循环系统故障诊断。在空调压缩机离合器能够吸合的情况下,将歧管压力表与制冷系统的维修阀连接,起动发动机,运转空调系统,检查系统高压及低压侧的压力。系统正常的情况下,高压侧的压力应为 1.37~1.57MPa;低压侧的压力为 0.15~0.25MPa,如图 4-34 所示。以下是几种不正常的情况:

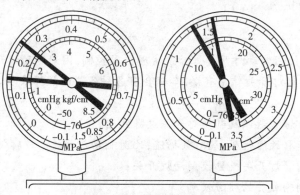

图 4-34 制冷循环系统正常压力

(1)歧管压力表高压指示和低压指示均低。如果空调制冷不足,歧管压力表的高低压表指示的压力均低,如图 4-35 所示,此时应检查系统是否有泄漏的地方,在排除故障后,将制冷剂加足。

(2)歧管压力表的高低压表的指示均过高。如果空调制冷不足,歧管压力表的高低压表的指示均过高,在干燥罐视液镜中看不到气泡,甚至在低转速下也看不到气泡,造成这种现象的原因是系统中制冷剂过量或冷凝器冷却不足。排除时,要将制冷剂量调整至规定量,同时检查车辆的冷凝器及散热风扇。

(3)制冷剂压力不稳定。制冷时有时无,压力表在空调起动动时正常,过一段时间后低

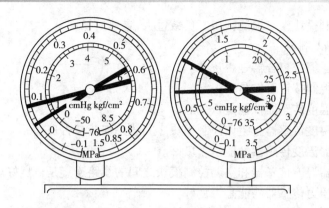

图 4-35 制冷循环系统高低压均低

压表指示真空,高压表的压力也降低很多,过一段时间压力又恢复正常。造成这种现象的原因是系统中有水分,温度降低使水分结冰造成冰堵,制冷循环不能进行。温度上升后冰融化又正常进行,温度下降后又造成冰堵,如此反复。遇到这种情况应更换储液干燥器,并对系统重新抽真空后加注制冷剂。

(4)高压表指示过低,低压表指示过高。若高压表指示过低,低压表指示过高,关闭空调后,高低压很快压力一致,说明空调压缩机效率不高,此时应检修和更换压缩机。此外,冷凝器冷却不足也可能造成高压表指示过低,低压表指示过高。

(5)高压压力偏高,低压压力偏低。造成这种情况的主要原因是:制冷循环系统内有堵塞情况。如果系统完全堵塞,起动空调时,由于制冷剂不循环,低压表即刻显示真空;如果未完全堵塞,低压表在起动空调时渐渐指向真空,在堵塞部位的前后还将出现温差。堵塞的部位常发生在膨胀阀等较细的部位。排除时,查明堵塞的原因,更换堵塞的部件,彻底清理制冷循环管路。

(6)在制冷剂质量正常的情况下,高低压表的压力均指示高于正常值。在制冷剂质量正常的情况下,高低压表的压力均指示高于正常值,说明系统中有空气进入,其表现通常为低压指示越高,制冷效果就越差。出现这种情况时,换制冷剂并对系统进行抽真空,排除系统中的空气。

(7)低压表指示过高,高压表指示正常。如果低压表指示过高,高压表指示正常,低压管路结霜且制冷效果下降,这种情况往往是由于膨胀阀开度过大造成的,维修时要重点检查膨胀阀热敏管的安装情况,在热敏管正常的情况下,应考虑更换膨胀阀。

2. 压缩机系统故障

1)电磁离合器式压缩机电路故障诊断与排除。

以新君威为例。

(1)压缩机工作须满足的条件。

①蓄电池电压 9~18V。

②发动机冷却液温度低于 124℃。

③环境温度高于 1℃。

④空调高压侧压力 269~2 929 kPa。

⑤蒸发器温度高于 3℃。

⑥发动机转速 600~5 500 r/min。

⑦节气门位置小于 100%。

⑧发动机控制模块没有检测到扭矩负载过大,怠速质量不良。

(2)故障诊断与排除。

①检测空调压缩机离合器是否正常。

②检测空调控制按钮工作是否正常。

③检测环境温度传感器性能是否良好。

④检测环境温度传感器至空调控制模块之间线路连接是否良好。

⑤检测蒸发器温度传感器性能是否良好。

⑥检测蒸发器温度传感器和空调控制模块之间的线路连接是否良好。

⑦检测空调压力传感器性能是否良好。

⑧检测空调压力传感器至发动机控制模块之间的线路连接是否良好。

⑨检测压缩机离合器与空调控制模块之间的线路连接。

⑩检测空调控制模块是否正常。

2) 可变排量式压缩机电路故障

可变排量压缩机控制阀由机械元件和电磁单元(调节电磁阀)组成。机械元件按照低压侧的压力关系借助于一个位于控制阀低压区的压力敏感元件来控制调节过程。电磁单元由操纵和显示单元(空调ECU)根据蒸发器出风温度传感器获得的信号,通过500Hz的通断频率电压信号进行控制,从而对压缩机的功率进行无级调节。

(1)故障码诊断。可变排量压缩机不工作,首先确定空调控制单元是否输出控制信号给压缩机调节电磁阀。空调控制单元接收各类温度传感器输入信号和空调开关信号,以及发动机ECU信号,若空调控制单元有故障或接收信号异常,则不发送执行信号给压缩机控制电磁阀。空调控制单元故障诊断可以通过诊断仪读取故障码,根据故障码,诊断排除故障。

(2)数据流分析。以大众车系为例,若空调控制单元和压缩机电磁阀均正常,可以通过空调控制单元数据流分析诊断故障。

①连接诊断仪,起动发动机,打开空调;

②选择空调控制单元(通道号08);

③选择读取数据流(通道号08);

④记录相关数据,将数据与正常数据进行对比。正常数据流参考值见表4-15。

参 考 数 值　　　　　　　　　　　　　　表4-15

数据组-区	含　义	参考数据
001-1	压缩机电流(A)	0.8
001-4	系统压力(kPa)	150
010-1	蒸发器温度(℃)	3
012-4	压缩机所需扭矩(N·m)	6~7

(3)元件检查。压缩机电磁阀可进行电阻值和电压检测。

测量压缩机电磁阀导线插头与压缩机外壳之间的电阻值,通过测量电阻值与标准电阻值比较,确定压缩机电磁阀是否良好。以大众车系为例,压缩机电磁阀电阻值在 15Ω 左右。

空调控制单元控制压缩机电磁阀工作时,压缩机电磁阀接插件插头有 $0\sim12V$ 电压,压缩机输出功率越大,电压越高,由于压缩机电磁阀工作电压是脉冲电压,故实际检测的电压不稳定,只要有电压,即可确定空调控制单元有信号输出。可通过示波器对电压波形进行准确测试。

3. 鼓风机故障诊断

1)手动空调鼓风机

(1)故障现象。鼓风机不工作,鼓风机无高速挡或低速挡。

(2)故障诊断。以大众车型为例。

①检测鼓风机电动机是否正常。

②检测鼓风机电源及搭铁线是否正常。

③检测鼓风机开关及电源是否正常。

④检测调速电阻是否正常。

⑤检测开关至调速电阻之间线路是否良好。

⑥检测调速电阻至鼓风机电动机之间线路是否正常。

2)自动空调鼓风机

(1)故障现象。鼓风机不工作或鼓风机风速无法调节。

(2)故障诊断。

①操作空调面板,确认空调面板显示和操作系统正常。

②点火开关置于ON挡,检测鼓风机电动机电源是否正常。

③诊断仪诊断空调系统故障码,根据故障码提示进行检测。

④短接调速模块插头的鼓风机负极端子与搭铁线端子,鼓风机是否工作。

⑤检测调速模块搭铁线是否良好。

⑥万用表连接调速模块信号端子,调节空调面板鼓风机风量开关,观察信号电压是否变化(插头须在连接状态下测量)。

⑦测量空调面板至调速模块线路是否导通。

4. 空调散热控制系统故障诊断与排除

(1)故障现象。开启空调后,冷却风扇不转动。

(2)故障原因。

①发动机冷却液温度传感器、线路故障。

②风扇继电器、线路故障。

③风扇电机、线路损坏。

④空调制冷剂压力开关、线路故障。

⑤发动机ECU或空调控制ECU故障。

⑥针对多路传输车辆,还应考虑网络、网关控制单元故障。

(3)故障诊断与排除。

①使用诊断仪读取发动机ECU、空调控制ECU、网关控制单元内是否有故障码,如有则优先按故障码提示进行检查。

②利用诊断仪对风扇进行执行器测试,如不工作则检查风扇电机、风扇继电器及其线路。

③利用诊断仪读取冷却液温度传感器数据流是否正常,如不正常检查冷却液温度传感器及其线路。

④利用诊断仪读取空调制冷剂压力开关数据流是否正常,如不正常检查空调制冷剂压力开关及其线路。

⑤如发动机 ECU、空调 ECU、网关控制单元、网络有故障,会伴随有其他故障现象发生,则应根据车辆的实际控制情况,进行相应的检查判断,从而排除故障。

四、防盗系统常见故障诊断与排除

下面以遥控器不工作介绍汽车主动防盗系统故障诊断与排除。

(1)故障现象。按下遥控器的任一按钮,门锁、转向灯和喇叭均无反应。

(2)故障原因。

①遥控器电池电压过低或电池无电。

②遥控器进水、生锈、腐蚀。

③遥控器电路故障。

④遥控信号接收器故障。

⑤遥控器未匹配。

(3)故障诊断与排除,如图 4-36 所示。

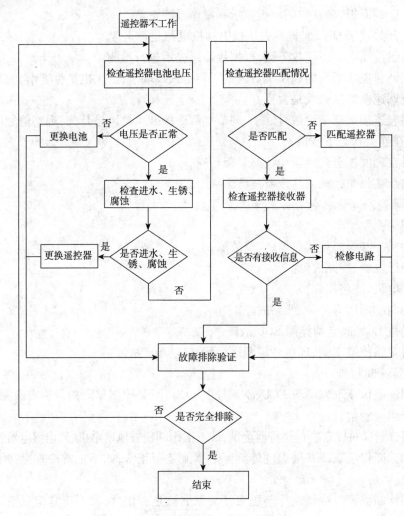

图 4-36 遥控系统不工作故障诊断流程图

五、电控中央门锁系统常见故障诊断与排除

电控中央门锁一般分为继电器控制式、集成电路—继电器控制式、车身ECU(控制单元)控制式。

(1)继电器控制式。使用两个单触点继电器组成双联继电器,控制门锁执行机构的电源,继电器控制门锁执行机构为双线圈电磁阀,目前只有少数车型上使用这种控制方式。

(2)集成电路—继电器控制式

集成电路中控单元由一块集成电路(IC)和两个双触点继电器组成,二者封装在一起。集成电路可根据各种控制开关和条件信号来控制两个双触点继电器工作,双触点继电器所控制的门锁执行器为双向直流电动机。凯越中控门锁电路图如图4-37所示。

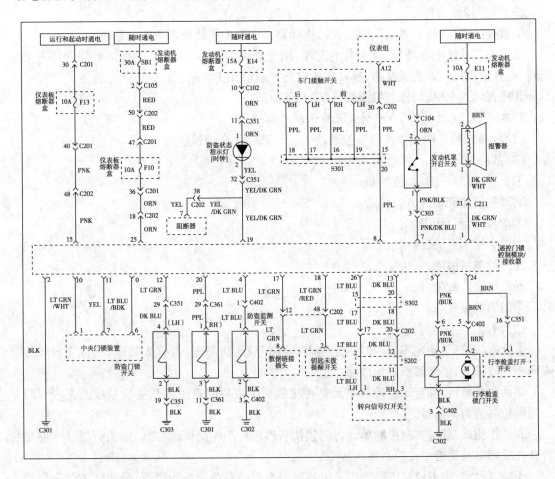

图4-37　凯越中控门锁电路图

(3)车身ECU(控制单元)控制式。新型汽车将中央门锁功能与车身防盗系统、舒适系统集成在一起,组成车身控制单元,统一控制车身电控系统的各种功能,中央门锁开关和车门锁块也为集成电路模块单元。车身控制系统比较复杂,功能繁多,信号线路和执行功能比较多样,故障诊断需要使用诊断仪器。

1. 集成电路—继电器控制式故障诊断与排除

（1）故障现象。按压中央门锁控制按钮，车门锁块（全部锁块或某一锁块）无反应。

（2）故障原因。

①门锁保险损坏。

②门锁继电器损坏。

③中央控制开关、线路故障。

④集成电路控制单元线路故障。

⑤门锁电机故障。

⑥门锁线路故障。

⑦门锁机械故障。

（3）故障诊断与排除。

①检查门锁熔断器，若熔断则需先检查线路是否有短路故障再更换熔断器；

②检查门锁继电器是否工作，若不工作，则检查继电器本身好坏、检查熔断器到继电器线路、检查中央控制开关或线路、检查集成电路控制单元或线路；

③检查门锁电机、门锁电机线路、门锁机械故障。

2. 车身 ECU（控制单元）控制式故障诊断与排除

（1）故障现象。按压中央门锁控制按钮，车门锁块（全部锁块或某一锁块）无反应。

（2）故障原因。

①车身控制单元熔断器熔断。

②驾驶员侧开锁继电器故障。

③车身控制单元损坏。

④中央控制开关、线路故障。

⑤门锁电机故障。

⑥门锁线路故障。

⑦门锁机械故障。

（3）故障诊断与排除。

①读取故障码，确定车身控制单元是否储存相应的故障码，若有故障码，则首先排除故障码相应故障，再继续诊断其他故障。

②读取数据流，确定车身控制单元是否接收到中央控制系统的开关信号以及是否有阻止门锁控制的数据信号。

③动作测试，通过车身控制单元对门锁执行器进行动作测试，确定门锁执行器及线路是否存在故障以及是否中央控制单元故障。

④功能设定，中央控制门锁功能可以通过对车身控制单元的功能设置，改变或设定自锁以及其他各项功能。

六、电动车窗故障诊断与排除

电动车窗的常见故障有四门电动车窗都不工作，驾驶侧门不工作或其他某一门不工作。

1. 传统电动车窗故障诊断与排除

1）四门电动车窗都不工作

（1）故障现象。无论按任何电动车窗开关,四门电动车窗均不工作。

（2）故障原因。由于四门电动车窗电动机和电动车窗开关同时有故障的可能性很小,故障一般在电动车窗总控开关。

（3）故障诊断与排除。

对于电动车窗的诊断,拆掉控制按钮的插接器,直接用蓄电池给车窗电动机供电,如果电动机不动,说明问题在开关以后的线束或电动机自身,如果电动机动作,那么问题在开关或开关以前的线路,可按以下步骤逐一排除。

①检查电动车窗电源熔断器;

②检查驾驶侧门车窗总控开关电源和搭铁线是否良好;

③检查或更换电动车窗总控开关总成。

2）驾驶侧门电动车窗不工作

（1）故障现象。按驾驶侧车门电动车窗总控开关,驾驶侧门车窗升降器不工作,其他车门电动车窗控制正常。

（2）故障原因。由于驾驶侧门车窗升降器只由总控开关控制,与其他开关无关,故障主要在驾驶侧门电动车窗系统。

（3）故障诊断与排除。

①检查电动车窗总控开关电源和搭铁线是否良好。

②按动电动车窗总控开关,测试是否有电源信号输出。

③检测总控开关到驾驶侧门电动车窗电动机线路是否良好。

④检测驾驶侧门车窗电动机是否良好。

⑤检查驾驶侧门车窗玻璃升降器是否良好。

⑥检查驾驶侧门车窗玻璃和门窗胶槽是否良好。

2. 电子控制电动车窗系统故障诊断排除与排除

新型汽车电动车窗均采用电控单元控制模式。电动车窗开关与ECU集成,如图4-38所示。门窗升降电动机与车窗控制模块之间集成,如图4-39所示。四门开关和驾驶侧电动车窗控制模块之间是通过网络多路传输控制信号和信息,并与舒适控制单元或车身控制单元通信。电动车窗的控制功能也较多。其故障诊断的方法一般是:

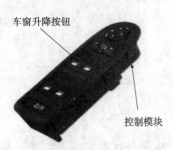

图4-38 驾驶侧电动车窗控制模块

图4-39 电动车窗控制模块与电动机总成

(1) 直观诊断。

①检查电动车窗电源熔断器是否良好。

②检查电动车窗开关功能情况。

③检查玻璃窗是否卡滞。

④检查车门线束连接器是否良好。

⑤检查电动车窗开关插头是否接触良好。

(2) 诊断仪诊断。

①读取车身控制单元故障码,根据故障码提示进行检修。

②读取车身控制单元数据流,读取车门开关单元数据传输信号。

③读取车身控制单元电动车窗功能设置情况。

④如需要,进行控制单元编码。

(3) 自动功能设定。电动车窗系统在故障诊断和维修操作后,需要进行初始化设定,否则可能会出现电动车窗自动升降功能及其他功能失效。

小知识

对于配备网络多路传输的电子控制电动车窗,具有代表性的是 CAN 网络和 LIN 网络,其诊断流程一般是:

(1) 用诊断仪与各控制单元通信,读取故障代码;

(2) 读取数据流,进行执行机构测试,确定故障范围;

(3) 检查线束、插接器的连接是否良好;

(4) 检查 ECU 的供电与搭铁是否良好;

(5) 确定 ECU 是否损坏;

(6) 进行相关的编码或初始化设定。

七、安全气囊故障诊断与排除

(1) 故障现象。起动发动机之后安全气囊警告灯常亮。

(2) 故障原因。

①碰撞传感器故障。

②气囊故障。

③系统保险器熔断。

④方向盘上的螺旋电缆损坏。

⑤控制单元故障。

⑥气囊系统相关线路断路或短路。

(3) 诊断与排除。安全气囊的故障诊断流程如图 4-40 所示。

重要提示

错误或粗心的维修诊断可能导致气囊意外起爆,从而导致严重伤害。在对安全气囊进行维修时必须严格按照维修流程进行,以避免损失和伤害,如有任何疑问不要擅自维修。

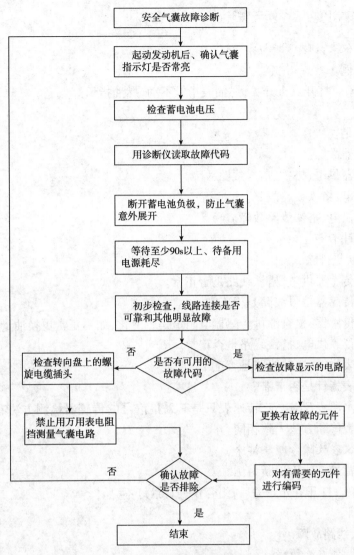

图 4-40　安全气囊故障诊断流程

在拆装安全气囊系统任何部件之前，需拆下蓄电池负极桩头，等待 90s 以上，待安全气囊的备用电源耗尽为止。

已经起爆的安全气囊，需更换控制单元、碰撞传感器、中央传感器等，并检查转向柱是否变形和安全带是否卡滞。

如果车辆内部浸入了大量水，淹没了气囊部件，必须更换传感器、气囊、气囊模块。

禁止测量安全气囊的内部电阻，这可能会使安全气囊起爆、产生危险。

车辆发生碰撞后即使安全气囊未起爆，也要对安全气囊系统进行检修。

禁止在传感器和控制单元未牢固地固定在车上时，接通气囊系统电源。

气囊要小心轻放，必须顶面朝上。这样，如果气囊意外起爆，气囊就有足够的膨胀空间，避免气囊突然张开弹向人或物体，导致伤人或损坏车辆。

八、组合仪表常见故障诊断与排除

1. 传统组合仪表故障诊断与排除

以燃油表为例。

(1) 故障现象。打开点火开关,燃油表指针不动,燃油指示灯点亮。

(2) 原因。

①燃油量不足。

②油量传感器故障。

③油量传感器供电、搭铁、信号线路故障。

④油量表供电、搭铁线路故障。

⑤组合仪表供电、搭铁线路故障。

⑥油量表指针卡滞。

(3) 故障诊断与排除。

①检查油量传感器供电、搭铁线路是否正常。

②检查油量传感器信号线路是否正常。

③拨动油量传感器,检查油量传感器电阻值是否变化,如不正常更换油量传感器。

④检查组合仪表供电、搭铁线路是否正常。

⑤检查油量表供电、搭铁线路是否正常。

⑥检查油量表指针是否卡滞。

组合仪表上水温表、车速表、转速表只是其采集信号的传感器检测方法有所不同,其余诊断方法与油量表诊断方法大致相同。

2. 电子组合仪表故障诊断与排除

以组合仪表背景灯故障诊断为例。

(1) 故障现象。打开灯光开关后,组合仪表背景灯不亮。

(2) 故障原因。

①小灯开关、线路故障。

②组合仪表背景灯泡故障。

③组合仪表背景灯亮度调整开关故障。

④组合仪表背景灯线路故障。

(3) 故障诊断与排除。

①打开灯光开关,检查玻璃升降器按钮、空调面板背景灯是否点亮,如不亮则可能为小灯开关、线路故障。

②检查组合仪表背景灯亮度调整开关是否可调节玻璃升降器按钮、空调面板背景灯亮度,如不能调整则为组合仪表背景灯亮度调整开关故障。

③拆卸组合仪表,检查组合仪表背景灯泡是否损坏,如损坏则更换。

④检查组合仪表背景灯线路是否正常,如不正常进行修复。

3. 组合仪表控制 ECU 故障诊断与排除

目前较多汽车组合仪表控制 ECU 为独立的控制单元,通过汽车多路传输系统与汽车网络系统连接,各种传感器信号和电控系统信息通过多路传输系统实现传输和共享。故组合仪表控制ECU的故障诊断需要借助诊断仪的帮助。

可通过诊断仪读取故障码、进行执行器测试等进行故障诊断,同时还应考虑ECU配置、网线等故障原因,其余故障诊断方法大体与前两类故障解决方法一致。

九、音响系统常见故障诊断与排除

1. 普通音响主机不工作故障诊断与排除

(1)故障现象。打开点火开关,主机面板无显示,打开主机电源开关,音响无任何反应。

(2)故障原因。

①音响系统处于防盗模式。

②音响常供电保险及线路故障。

③车辆附件挡(ACC)电源熔断器及线路故障。

④音响主机熔断器故障。

⑤音响外壳搭铁、线路搭铁故障。

⑥车辆处于经济模式(装有电源智能管理系统的车辆)。

(3)故障诊断与排除。

①检查音响常供电熔断器是否熔断、线路是否断路或短路。

②检查车辆附件挡(ACC)电源熔断器是否熔断、线路是否断路或短路。

③检查音响主机熔断器是否熔断。

④检查音响外壳搭铁、线路搭铁情况是否正常。

⑤检查车辆是否处于经济模式,起动发动机若音响系统工作,则表明音响进入经济模式,并非故障。

⑥检查音响系统是否处于防盗模式,进行防盗锁止判断,若处于防盗模式,进行解码。

2. 普通音响收音机正常、碟片播放不正常故障诊断与排除

(1)故障现象。打开点火开关,收音机正常工作、碟片播放不正常。

(2)故障原因。

①碟片问题。

②音响系统音源模式(mode键)设置问题。

③音响主机放碟器故障。

④音响主机激光头脏污。

⑤音响主机过热。

(3)故障诊断与排除。

①检查碟片是否损坏、音频格式是否正确。

②检查音响主机音源模式(mode键)设置是否正确。

③检查音响是否过热。

④拆卸音响主机进行激光头清洗。

⑤拆解音响主机放碟器。

小知识

对于网络控制的音响系统故障,在进行上列操作之前,可进行读取故障码,根据故障码解决相应问题;进行执行器测试,查找相关问题和进行防盗解码。

十、车身电器附件常见故障诊断与排除

1. 喇叭系统故障诊断
(1)故障现象。按压喇叭按钮,喇叭无声音。
(2)故障原因。
①喇叭损坏。
②喇叭线路故障。
③喇叭继电器或熔断器故障。
④喇叭按钮卡滞故障。
⑤车身模块及线路故障。
(3)故障诊断。
①按压喇叭按钮检查是否卡滞。
②检查喇叭继电器或熔断器是否损坏。
③按压喇叭按钮,用诊断仪读取数据流(有车身模块的车辆)。
④用诊断仪对喇叭进行执行器测试(有车身模块的车辆)。
⑤检查喇叭是否损坏。
⑥检查喇叭线路是否正常。

2. 倒车雷达故障诊断与排除
(1)故障现象。
打开点火开关,将变速器挡杆挂入倒车挡,倒车雷达蜂鸣器无声音、倒车距离无显示。
(2)故障原因。
①蜂鸣器、蜂鸣器线路故障。
②倒车雷达探头、倒车雷达探头线路故障。
③倒车雷达模块、倒车雷达模块线路故障。
④倒车挡灯开关、倒车灯线路故障。
(3)故障诊断与排除。
①检查倒车灯是否正常工作,如正常工作可判断倒车挡灯开关、倒车灯线路无故障。
②检查倒车雷达模块供电、搭铁是否正常,如正常则进行第③步。
③检查倒车雷达模块输入信号,如不正常则进行第④、⑤步,判断倒车雷达模块是否正常。
④检查倒车雷达探头供电、搭铁是否正常,如正常则进行第⑤步。
⑤检查倒车雷达探头信号线是否断路、短路,如正常则更换倒车雷达探头。
⑥检查倒车雷达模块输出信号,若正常则检查蜂鸣器、蜂鸣器线路是否正常。

> **重要提示**
>
> 倒车雷达探头供电一般为8V电压。针对目前很多车型将倒车雷达系统放置在多路传输系统中，倒车挡信号、倒车雷达模块输出信号均可使用网络进行传输，所以除上述诊断步骤外，还应通过专用诊断仪检查倒车雷达功能是否抑制、网线是否正常、参数配置等是否正确等情况。

3. 雨刮器不工作故障诊断与排除

（1）故障现象。打开点火开关，操纵刮水器控制手柄，刮水器不工作。

（2）故障原因。

①刮水器熔断器熔断。

②刮水器电动机故障。

③刮水器电动机低速、高速供电线故障。

④刮水器电动机搭铁线故障。

⑤刮水器控制手柄供电故障。

⑥刮水器控制手柄机械故障。

（3）故障诊断与排除。

①检查熔断丝是否熔断，如正常工作进行第②步，如不正常更换熔断器后，进行第④步。

②将刮水器控制手柄分别放置在低速、高速挡，分别检查刮水器电动机输入电压是否正常，如正常进行第③步，如不正常进行第④步。

③检查刮水器电动机搭铁是否良好，如良好则刮水器卡滞或电动机损坏。

④检查刮水器控制手柄供电是否正常，如不正常则熔断器熔断或线路故障。

⑤将刮水器控制手柄分别放置在低速、高速挡，分别检查刮水器控制手柄输出供电是否正常，如不正常则是刮水器控制手柄故障或线路故障。

> **重要提示**
>
> 针对目前，较多车型刮水器利用LIN网控制，故针对刮水器故障可利用诊断仪进行故障码读取、参数测量、执行器测试等方法进行故障判断、检查。

4. 玻璃清洗器故障诊断与排除

（1）故障现象。打开点火开关，操纵刮水器控制手柄，无玻璃清洗液喷出。

（2）故障原因。

①无玻璃清洗液。

②玻璃清洗器电动机供电输入、搭铁线故障。

③玻璃清洗器电动机故障。

④玻璃清洗器开关供电线故障。

⑤玻璃清洗器开关故障。

⑥玻璃清洗器喷嘴堵塞。

⑦玻璃清洗器至喷嘴管路损坏或堵塞。

（3）故障诊断与排除

①检查是否有玻璃清洗液，如没有则添加玻璃清洗液。

②打开点火开关,操纵玻璃清洗器开关,听玻璃清洗器电动机是否工作,如工作则检查玻璃清洗器喷嘴、玻璃清洗器至喷嘴管路,若不工作则进行第③步。

③检查玻璃清洗器电动机供电线是否正常,如正常进行第④步,如不正常进行第⑤步。

④检查玻璃清洗器电动机搭铁线是否正常,如正常则玻璃清洗器电动机故障;如不正常进行修复。

⑤检查玻璃清洗器开关供电线是否正常,如不正常则是玻璃清洗器开关至玻璃清洗器电动机线路故障,如正常则玻璃清洗器开关损坏。

参 考 文 献

[1] 陈家瑞. 汽车构造[M]. 北京:人民交通出版社,2006.
[2] 周林福. 汽车底盘构造与维修[M]. 北京:人民交通出版社,2005.
[3] 秦兴顺. 汽车使用与维修[M]. 北京:人民交通出版社,2009.
[4] 郭远辉. 汽车车身电器及附属电器设备检修[M]. 北京:人民交通出版社,2005.
[5] 周建平. 汽车电器设备构造与维修[M]. 北京:人民交通出版社,2005.
[6] 汤定国. 汽车发动机构造与维修[M]. 北京:人民交通出版社,2005.
[7] 李春明. 汽车电器设备与维修[M]. 北京:高等教育出版社,2007.
[8] 汤姆·登顿. 汽车故障诊断先进技术[M]. 张云文,译. 北京:机械工业出版社,2009.
[9] 解福泉. 汽车典型电控系统构造与维修[M]. 北京:人民交通出版社,2005.
[10] 尹万建. 汽车电器设备原理与检修[M]. 北京:高等教育出版社,2008.
[11] 蔡兴旺,付晓光. 汽车构造与原理实训[M]. 北京:机械工业出版社,2008.
[12] 陈文华. 汽车发动机构造与维修[M]. 北京:人民交通出版社,2001.
[13] 吴际璋. 当代汽车电控系统结构原理与检修[M]. 北京:人民交通出版社,2009.
[14] 胡光辉. 汽车故障诊断技术[M]. 北京:电子工业出版社,2008.
[15] 许智宏. 别克凯越轿车维修手册[M]. 北京:机械工业出版社,2004.
[16] 李春明. 捷达/捷达王轿车电气系统使用与维修[M]. 北京:北京理工大学出版社,2002.
[17] 陈峰,步渊. 东风雪铁龙爱丽舍轿车维修手册[M]. 北京:人民交通出版社,2003.
[18] 戴胡斌. 丰田系列轿车维修一本通[M]. 南京:江苏科学技术出版社,2007.
[19] 尹力会. 一汽花冠轿车维修手册[M]. 沈阳:辽宁科学技术出版社,2005.
[20] 张春英. 一汽威驰使用与故障分析[M]. 北京:高等教育出版社,2008.
[21] 陈育彬. 新款轿车防盗系统检修、遥控设定与保养灯归零手册[M]. 北京:机械工业出版社,2006.
[22] 朱建凤,李国忠. 常见车系CAN-BUS原理与检修[M]. 北京:机械工业出版社,2006.
[23] 李春明,双亚平. 汽车电路读图[M]. 北京:北京理工大学出版社,2006.
[24] 朱军. 汽车故障诊断方法[M]. 北京:人民交通出版社,2008.
[25] 谭本忠. 汽车故障排解思路与实例[M]. 北京:机械工业出版社,2008.
[26] 胡建军. 思维与汽车维修[M]. 北京:机械工业出版社,2006.
[27] 燕来荣. 汽车充电系统及其故障诊断[J]. 城市车辆,2009,4.